中文社会科学引文索引（CSSCI）来源集刊

U0687349

珞珈管理评论

LUOJIA MANAGEMENT REVIEW

2017年卷 第1辑（总第20辑）

武汉大学经济与管理学院主办

WUHAN UNIVERSITY PRESS
武汉大学出版社

图书在版编目(CIP)数据

珞珈管理评论.2017年卷.第1辑:总第20辑/武汉大学经济与管理学院主办.—武汉:武汉大学出版社,2017.4
ISBN 978-7-307-16151-1

Ⅰ.珞… Ⅱ.武… Ⅲ.企业管理—文集 Ⅳ.F272-53

中国版本图书馆 CIP 数据核字(2017)第 067867 号

责任编辑:陈 红 责任校对:汪欣怡 版式设计:韩闻锦

出版发行:**武汉大学出版社** (430072 武昌 珞珈山)
(电子邮件:cbs22@whu.edu.cn 网址:www.wdp.com.cn)
印刷:武汉中科兴业印务有限公司
开本:787×1092 1/16 印张:13.75 字数:323 千字
版次:2017 年 4 月第 1 版 2017 年 4 月第 1 次印刷
ISBN 978-7-307-16151-1 定价:28.00 元

目　　录

CONTENTS

企业应对合作伙伴不当行为的策略及对公司绩效的影响[*]

● 李昭娅[1]　仲为国[2]　赵步同[3]

(1　韩国首尔大学商学院　韩国首尔　100744；2　北京大学光华管理学院　北京　100871；
3　江苏理工学院商学院　常州　213001)

【摘　要】在组织关系网络化日益发展的情境下，商业合作伙伴的不当行为给予企业越来越多的挑战。企业该如何回应合作伙伴的不当行为以减少潜在损失，便成为一个非常重要的话题。从沟通及身份认同理论出发，我们定义了两种类型的回应策略：基于身份和基于事件的回应。不同的回应策略会在不同的社会情境下起作用，从而影响市场对企业的反应。通过对中国上市企业回应合作伙伴违规行为事件的分析，我们发现，基于身份的回应会正向影响投资者对公司的反应，且当公司与其合作伙伴关系更接近时，此效应更强。与此相比，基于事件的回应只有在事件因果模糊性低的情况下起作用。本文为企业回应合作伙伴引起的不确定性提供了新的视角。

【关键词】合作伙伴不当行为　回应策略　企业市场绩效
中图分类号：C93　　文献标识码：A

1. 问题的提出

企业不当行为是指偏离了监管制度和社会规范的组织行为，例如血汗工厂（Lamin & Zaheer，2012），危险产品（Govindaraj & Jaggi，2004），以及欺诈性的账务、资金和审计（Harris & Bromiley，2007；Krishnan，2005）。近年来，此类不当行为越来越受到监管部门、公众和学者的关注。更为重要的是，随着商业社会变得越来越网络嵌套化，企业更可能遭遇商业伙伴的不当行为。企业如何应对此类事件至关重要，因为这不仅会危害违规者自身的生存和发展，更会对其合作伙伴的声誉、地位、财务状况和会计绩效等产生不利影响。

* 基金项目：国家自然科学基金项目"转型经济背景下企业制度影响能力跃迁机制与路径：基于制度、网络与知识的视角"（71572005）以及教育部人文社会科学项目"反馈对员工创造力的影响：心理资本的调节作用"（14YJA630095）资助。
通讯作者：仲为国，E-mail：zwg@ gsm. pku. edu. cn。

对于描述组织如何对合作伙伴的不当行为做出反应，一种主导性的视角是所谓的基于事件的战略(event-based strategy，EBS)，这种反应战略关注伙伴的负面事件或行为。具体来说，主要依据沟通传播理论和制度理论，公司可以采用诸如口头说明(否认或承认，Elsbach，1994；Marcus & Goodman；1991)、降低事件侵犯性(Benoit，1997；Coombs，2007)、书面道歉(Benoit & Brinson，1994；Chatman，Bell & Staw，1986)、复原业绩相关的结果(Knight & Petty，1999；Marcus & Goodman，1991)、脱离联系和顺应(Zavyalova et al.，2012)等之类的战略，来保护或恢复其业绩和正当性(Chung，Singh & Lee，2000；Lamin & Zaheer，2012)。

基于事件的战略视角提供了很好的见解和发现。然而，这种解释的视角仍存在一定的不足。主要的问题在于其欠缺对社会化的考虑，即没有考虑到伙伴关系所嵌入的社会关系和情境(Zahra，Priem & Rasheem，2005)。这种疏忽相当令人惊讶，因为对伙伴不当行为的反应决策在根本上是社会性的(Jones，1991；Zey-Ferrell & Ferrell，1982)。正因为如此，一系列不断增多的研究转而关注企业与合作伙伴的关系，这就是基于身份的战略(identity-based strategy，IBS，Pratt，2000；Carberry & King，2012)。举例来说，Rao，Davis 和 Ward(2000)发现公司可能会从纳斯达克股票市场转移到纽约证券交易所，因为它们察觉到和认同不一致的信号。Yu 等(2008)论述了，公司采取行动远离那些实施了不当行为的伙伴是很自然的。Jensen(2006)得出结论，出于威胁认同的事件(安然事件等)引发的身份焦虑，许多客户在安达信会计师事务所惊人地崩溃时远离了它。尽管这两个系列的研究都相当有洞见，它们倾向于在没有多少交流的情况下各自独立地发展繁荣。有一些关于公司对伙伴不当行为反应的研究融合了事件和事件中包含的关系。但几乎没有研究在单个研究中清晰地区分和同时评估基于事件的战略和基于身份的战略的效果。

并且，以往的研究通常以发达经济体的经济环境来检验 EBS(基于事件的策略)和 IBS(基于身份的策略)的有效性。目前对于发展中国家和地区，尤其是像巴西、俄罗斯、印度和中国这样的新兴经济体，对其反应的理解仍十分有限。这个研究空白非常值得深入探讨，因为发展中的经济体在世界经济中发挥了越来越重要的作用(Wright，Filatotchev，Hoskisson & Peng，2005)。新兴经济体的典型特征是薄弱的市场基础设施和高度制度化的社会规范(Tsui，Schoonhoven，Meyer，Lau & Milkovich，2004)。不管在发达经济体中应对策略如何有效，种种体制下的基本假设都会影响策略的最终效果，导致应对策略应用于发展中经济体的结果偏于预期(Henisz & Zelner，2010)。因此，随着发达经济体对发展中经济体直接投资的不断增加，对发展中经济体的企业反应策略的实证研究变得很有必要。

2. 理论与假设

2.1 合作伙伴的行为失当与企业基于身份的策略

组织行为失当在很久以前就得到了许多学者的关注。Greve 等(2010)对组织行为失当进行了深入研究，他们认为，组织行为失当是"经由社会监督者判定的发生在组织内或者由组织实施的越界行为，这条界限清晰地将合法、道德和富有社会责任感的行为与其对立面分离开来"。同样的, Zavyalova 等(2012)将行为失当定义为"置企业利益相关者于风险之中, 并与利益相关者期望相悖的举动"。组织行为失当的实施者可能是个人(Vadera & Pratt, 2013; Wiesebfeld, Wurthmann & Hambrick, 2008), 也可能是组织(Zahra 等, 2005)或其他类型的集体实体(Bertrand & Lumineau, 2013)。在本研究中, 我们将重点关注核心企业利益相关者的行为失当, 这些利益相关者包括股东、雇员、客户、子公司、公司收购者、收购目标、供应商和联盟伙伴等。也就是说, 与之前的研究相比, 我们对企业合作伙伴这一概念给出了更为广泛的界定。

为了应对合作伙伴行为失当给核心企业带来的不利影响, 以往研究主要提出了两种应对策略: 基于认同的策略和基于事件的策略。组织身份囊括组织中核心、独特和持久的特性, 是对"组织是谁"的回答(Albert & Whetten, 1985)。组织认同则是知觉同一性与群体归属感的集合体(Ashforth & Mael, 1989)。企业通过它们与其他组织之间的关系——即关系认定与认同来进行自我定位(Brickson, 2005, 2007; Sluss & Ashforth, 2007, 2008)。这种关系认同反映了企业将它与外部实体的关系视作自我及自我延伸定位部分的程度(Aron & Aron, 2000)。基于彼此采取的行动和相互之间的影响, 合作伙伴会积极地处理信息来评估他们所珍视的(作为自我身份一部分的)关系方面是否能被证实或受到威胁。因此, 已经建立的这种关系角色从属于再评估(Heide & Wathne, 2006)。再评估的结果可能会导致关系认同, 也可能会导致不认同(Sluss & Ashforth, 2007)。

尽管许多类型的合作伙伴行为都会潜在地威胁到关系认定, 我们仍然关注到合作伙伴的不正当行为, 即那些由于返回抑制(Yu et al., 2008)严重威胁到长期关系, 以及促使关系再评估和引发关系不认同的行为。根据社会认同理论(Pratt, 2000), 我们将以组织认同为基础的战略定义为一家焦点企业应对合作伙伴不正当行为时针对合作关系而非事件本身采取的行动。我们进一步将以组织认同为基础的战略具体划分为四种类型: 去认同化、去身份认同、认同否定和积极认同。

去认同化原本是指在最开始感觉到一段关系的破裂时, 成员有可能打破他们之间的相互认同关系。在本文中, 去认同化是指一个核心企业公开地宣布全部不当行为与该企业无论是过去还是现在都没有任何关系。例如, 一个大型的美国化工企业撤回了对某个有前途的目标公司的收购计划, 因为该目标公司的生产线存在实际风险(Bowman & Kunreuther, 1988)。这个案例不涉及深入的认同过程, 而是在关系开始前就戛然而止。当核心企业反对合作伙伴的不良行为时, 就会产生对原本认同的否定。比如一个公司可能承认与其供应商的关系, 但会同时提醒供应商这种合作伙伴关系并不稳固, 因为公司并不认同供应商的价值观和行为。去认同化和认同否定的区别就在于, 前者不需要企业间的联系。认同的矛盾涉及对立的思想、感觉和核心企业与合作伙伴之间的行为。最终, 积极的身份认同表明了即使合作伙伴存在不良行为, 核心企业也愿意认同合作关系。除此之外, 核心企业还会采取实际行动纠正合作伙伴的行为, 以便使合作双方的价值与社会价值相符。例如, 核心企业可能会以代表整体关系的形象出面向公众道歉, 而不是仅代表自己一个企业。合作伙伴会共同采取行动来纠正不当行为。然后, 核心企业和合作伙伴会共同采取行动来纠正不当行为。

去身份认同和认同否定属于消极的身份回应策略而积极认同属于积极的身份回应策略。我们认为, 积极的身份回应策略对公司股票的市场价值和财务表现有更好的影响。原因如下：第一，积极 IBS 意味着核心企业在社会中体现出了是一个负责任的组织。这种责任帮助公司从社区获得更多的支持和在未来吸引更多的合作伙伴（Jensen，2006）。此外，通过核心公司采取负责任的行动也可以帮助曾做出不当行为的合作伙伴决定做出积极的改变，变得更加忠于这种合作关系，导致更富有成效的合作。第二，在中国的情景下，企业内嵌在集体主义文化中，人们往往将合作伙伴的违法行为归咎于社会背景，如监管干预和竞争环境，而不是社会行动者（Chao et al.，2008；Friedman et al.，2007）。这样的归因过程是对核心企业有利的（Barnett & King，2008；Paruchuri & Misangyi，2015）。至少，积极IBS 帮助核心企业赢得可信赖的合作伙伴的礼仪声誉。为此，核心企业建立或维持了其市场合法性（Dacin，Oliver & Roy，2007）。因此，我们假设：

假设 1　积极的基于身份的应对策略与企业绩效正相关。

2.2　合作伙伴的行为失当与核心企业基于事件的策略

基于事件的策略，是指核心企业对伙伴企业的不良行为作出响应，但仅针对事件本身，而不是针对合作伙伴关系。其核心逻辑是核心企业可以与外部行为者，尤其是合法性仲裁者，针对事件的属性与仲裁者进行谈判从而影响公司以获得社会认可和批准（Kostova，Roth & Dacin，2000）。EBS 一般包括四种类型的子战略：否认、蔑视、去耦和适应（Lamin & Zaheer，2012）。否认是指否定对事件的指控，通常是对伙伴企业的问题和做法做出必要的解释（Elsbach，1994）。例如，企业可以简单地宣布，指控毫无有效性（Myers，1998）。蔑视是指挑战、指责和质疑原告（Lamin & Zaheer，2012）。通常情况下，公司利用各种证据特别是历史记录有力地质疑它是一个坏的组织的指控。例如，企业可以强烈地指出原告的过失，并强调该公司不应成为控方的目标（Berner，2000）。去耦涉及保护一个核心企业从指控的源头纠正措施。例如，公司可能通过强调活动的负面属性，而非伙伴的特性终止与伙伴的关系。最后，适应包括首先承认这些指控，然后开始在组织范围内采取纠正措施的行动。例如，核心企业可能会为合作伙伴的特定事件改变行为规范（Haq，1995）。

否认和蔑视反映了消极的 EBS 而去耦和适应反映了积极的 EBS。我们认为，积极的EBS 对公司股票的市场表现有较好的影响。首先，积极的 EBS 表明核心企业服从了外部权威和社会规范的期望—致性的制度压力。这样，核心企业可以恢复其合法性（Lamin & Zaheer，2012；Oliver，1991）。其次，与口头的道歉相比，积极纠正措施也显示了 EBS 公司可信的承诺和对社会规范的遵守，从而加强企业与更广泛的利益相关者群体之间的关系（Coombs，2007；Hearit，1995）。最后，积极的 EBS 还表明核心企业对合作伙伴不当行为所带来的潜在负面影响的控制能力，从而防止市场贬值的溢出效应（Donnelly，2008）。因此，我们假设：

假设 2　积极的基于事件的应对策略与企业绩效正相关。

2.3　IBS 和 ERS 战略的边界条件

我们从两个角度界定 IBS 和 EBS 的边界条件——关系邻近性和因果模糊性。关系邻近性是指焦点企业及其合作伙伴之间正式角色的距离远近（Heide & Wathne，2006），它体现了焦点企业影响和控制其合作伙伴行为的难易程度。例如，焦点企业与其高管及员工的关系邻近程度高于该企业同供应商间的联系。我们认为，这种关系邻近程度越高，积极的 IBS 将对企业绩效产生更为正面的影响。研究者已发现，关系邻近性为焦点企业及其合伙人的社会和认知邻近性发展提供了协同社会化的背景（Boschma, 2005；Caniëls et al., 2014），反过来又推动了双方合作关系的发展（Broekel & Boschma, 2012；Cunningham & Werker, 2012）。

另外，较高的关系邻近性使得将合伙人不当行为归咎于社会环境而非行动者自身的归因过程更加明显，因而强化了积极的 IBS 对企业绩效的影响。在中国背景下，关系邻近性暗含着对内群体成员与否的判断。此前研究者已发现在东方文化中，相对于外群体，人们倾向于将内群体视作更为积极的关系，也就是内群体偏私（Chen, Brockner & Katz, 1998；Mullen, Brown & Smith, 1992）。因此，外界怀有核心企业应对其更为邻近的合伙人承担更多责任的积极期待。但是，如果焦点企业对其合伙人采取消极的 IBS，这种消极反应则显示出该企业轻易放弃责任，同时也传递出该企业并没有努力寻求更优解决办法的信号。此类违背外界积极期待的行为会得到来股票市场的糟糕反馈。与之相比，如果焦点企业采用积极的 IBS，这就证实了人们对于内群体偏私的积极期待，从而强化归因过程。因此，我们作出如下假设：

假设 3　企业与其合作伙伴之间的关系越邻近，积极的基于身份的应对策略与企业绩效的正相关越强。

因果模糊性描述的是外部评估人员对负面事件意义及影响的认识的不确定程度，并由此带来的多种解释（Powell, Lovallo & Caringal, 2006；Santos & Eisenhardt, 2009）。由于会对决策产生重要影响，更高的因果模糊性需要在解释方面做出更多的努力（March & Olsen, 1976）。因果模糊性与不确定性是不同的，因为不确定性可以通过获取更多的信息而消除，决策者可以认识到不确定性的程度（Weick, 1995）。然而，在模糊的环境中，决策者甚至无法找到一个解决的方向。

我们认为，因果模糊性导致了外部社会对核心企业积极的 EBS 更多的怀疑态度，因此减弱了积极的 EBS 对公司表现的影响。原因如下：尽管积极的 EBS 确实给核心企业提供了合法性和其他方面的好处，但是它们也增加了较大的额外成本。从成本-收益的视角来看，积极的 EBS 给核心企业带来了额外的成本，但是消极的 EBS 并不会这样。例如，积极的 EBS 需要核心企业在现有日程、结构和政策方面做出重大改变，这造成了不必要的资源浪费，同时分散了企业管理者的注意力，因此给企业的盈利造成了负面的影响（Meznar et al., 1994）。不仅如此，高度的因果模糊性促使人们对企业表现产生更高的期望，这也增加了企业保持现状的压力（Petkova et al., 2014）。同时，因果模糊性也给核心企业采用消极的 EBS 制造了机会，因为模糊性使得外部评价者减轻了对核心企业投机取巧行为的监督和制裁（Carson, Madhok & Wu, 2006；Ouchi, 1980）。基于此，我们认为：

假设 4　不当行为的因果模糊性越高，积极的基于事件的应对策略与企业绩效的正相关越弱。

3. 研究方法

3.1 数据与样本

　　为了检验我们的假设，我们通过一个两阶段的程序来收集数据。在第一阶段中，我们建立了焦点公司样本。在上海证券交易所和深圳证券交易所公开上市的所有中国公司被纳入这个样本之中。在第二个阶段中，我们确立了伙伴样本，该样本包括所有与焦点公司有关系的实体。重要的是，我们要求这些伙伴实体必须发生过至少一种不端行为，即违反监管法律或社会规范和期望。我们使用了中国核心报纸全文数据库中的六种核心报刊：《中国证券报》、《证券日报》、《证券时报》、《中国经营报》、《经济观察报》和《21世纪经济报道》。其中，前三者是中国证券监督委员会指定的披露上市公司、保险公司和信托公司信息的报纸，而后三者在公民社会中扮演意见领袖的角色，它们影响了其他信息渠道，因此这三种报纸中的信息可以代表一个公司在新闻中是如何被描述的。我们还使用了Factiva数据库、LexisNexis数据库以及公司年度报告和网站信息来补充从报纸上获取的信息。本研究的时间窗为2001年至2013年。

　　我们将"事件"定义为：关于焦点公司如何做出反应的报道在这六种报纸中出现的第一天。报道中详细记录了焦点公司如何对伙伴公司的负面新闻立即做出反应。研究者发现，这种负面新闻会严重影响公司的股票价格，因此公司需要立即对此做出反应（Rindova, Pollock & Hayward, 2006; Pollock & Rindova, 2003）。我们通过两步程序来确保样本的精确性。在第一步中，我们在指定的媒体资源中对暗含公司不端行为的短语和词组进行搜索。我们首先搜索了一组较宽泛的短语来鉴别此类事件，之后将范围集中到那些产生精确搜索结果的短语上，最终的搜索词语包括"不端行为"、"不当行为"、"调查"、"指控"、"违反"、"丑闻"、"耻辱"，以及"诉讼"。为了减少可能存在的无关变量的影响，当某事件与其他事件相重叠时，则将该事件从样本中剔除。在第二步中，基于对两种不同反应的定义，我们准确鉴别了焦点公司的反应策略——究竟企业是使用了针对合作伙伴的应对策略，还是针对事件本身的应对策略，并将使用了混合反应策略的案例从样本中剔除。我们使用了公司在各种不同发行物上的公告来补充信息资料，包括公司对于其商业伙伴的不端行为的澄清报告等。最终，我们收集到188次事件和172家公司的数据。

　　为了评估市场的反应程度，我们将样本与国泰安CSMAR数据库中列出的企业加以匹配。我们还使用中国资讯、CSRC附属网站以及WIND数据库对CSMAR数据库中的信息进行了补充完善。从这些数据库来源中，我们获取了每个企业的股票行情数据以及其他重要变量。

3.2 概念测量

　　因变量。本研究中因变量为累计超额收益率（CAR）。通过利用从CSMAR数据库获得的股票价格数据，在不同的事件窗口期，我们通过对异常收益进行加总，计算得到了累计超额收益率(即第一天的累计异常收益，第二天的累计异常收益以及从第一天到第二天连续日的累计异常收益)。由此，存在异常偏离预期值现象的股票数量能够反映在我们累计异常收益的计算当中。

自变量。第一个自变量是基于身份的应对策略(IBS)。基于在澄清声明报道中获取到的公司对其合作伙伴不端行为事件的回应，我们将 IBS 定义为一个虚拟变量：如果上述公司的回应是积极的，取值为 1；反之为 0。第二个自变量是基于事件的应对策略(EBS)，它是虚拟变量，如果上述公司的回应是积极的，取值为 1；反之为 0。为确保 IBS 和 EBS 是可靠的，我们邀请了两个研究助理，使他们随我们的指令各自独立进行事件报告的编码。二者之间的评分者间信度为 0.85。针对不一致的地方，我们通过讨论以达成评分一致。

关系邻近度。邻近度为一个连续变量，取值范围为 0 到 3。当目标企业与其合作伙伴之间的认同感更为相近时，该变量的数值也会相应增加。

因果模糊度。模糊度是一个虚拟变量。如果事件被控告的因果模糊性较高，即此时投资者很难推断事件的潜在真相，该变量取值为 1，否则取值为 0。因果模糊性高的事件包括关于技术或创新的产权归属问题，合同纠纷问题，需要专业知识辨别的问题等。

控制变量。我们控制了公司规模和年龄。公司规模根据公司事件回应公告前一财年在册职工数确定(数据来自 CSMAR 数据库)，公司年龄即公司总的运营年数，用事件回应公告发布时的年份减去公司成立时的年份得到。并且我们也将行业影响因素考虑在内。本次研究中来自制造业的公司数量最多。如果公司属于制造业，行业变量取值为 1，其他情况则取值为 0。最后，考虑到公司事件回应的效果在中国不同的地域会有所不同，为了控制地域影响因素，我们将中国分为三个地域(东部、中部和西部)。我们将东部的公司作为参照组，并使用两个虚拟变量(中部、西部)来表明公司所处的地域。中部哑变量当公司注册地在中国中部地域省份时取值为 1，其他情况下为 0。同理，西部哑变量当公司注册地在中国西部地域省份时取值为 1，其他情况下为 0。

3.3 数据分析

我们使用普通最小二乘法(OLS)来检验之前的假设，并且为了评估公司事件回应对其财务绩效的影响，在计算累计异常收益率(CAR)时用到了事件研究法。同时，为了检查结果的稳定性，我们使用了事件后两天的 CAR 做补充分析，结果具有一定的稳定性。模型都用 STATA 14.1 版本的统计软件进行了测试。

4. 结果与分析

我们对普通最小二乘法回归进行了共线性诊断检验。在所有模型里，基于身份的策略和关系接近度的交叉项方差膨胀因子(VIF)为最大值 2.15，并且方差膨胀因子的平均值为 1.36，均在方差膨胀因子的临界值以下，因此多重共线性对本研究而言不是问题。本研究的变量描述性统计及相关系数如表 1 所示。

表1   描述性统计分析与相关系数表

	均值	方差	1	2	3	4	5	6	7	8	9
1. CAR(T_{0+1})	−0.00	0.04	1								
2. 基于身份的策略	0.73	0.44	0.063	1							
3. 关系邻近度	1.30	1.10	−0.05	0.12*	1						
4. 基于事件的策略	0.27	0.44	0.04	−0.06	0.13*	1					
5. 因果模糊度	0.48	0.50	0.08	0.10	−0.09	−0.06	1				
6. 企业年龄	2.54	0.46	0.03	0.02	0.02	0.01	0.03	1			
7. 企业规模	7.84	1.46	0.05	−0.07	0.03	0.15**	−0.03	−0.21***	1		
8. 制造业企业	0.60	0.49	0.07	0.00	−0.19***	−0.06	0.07	0.09	−0.06	1	
9. 中部地区企业	0.25	0.43	0.07	0.07	0.02	0.09	0.10	0.11	0.04	0.14**	1
10. 西部地区企业	0.13	0.34	0.07	0.02	−0.03	−0.06	−0.06	−0.03	−0.12*	0.09	−0.22***

注：$n = 188$；* 表示 $p < 0.10$，** 表示 $p < 0.05$，*** 表示 $p < 0.01$。

表2 是回归分析结果。我们检验 H1 和 H2 中 IBS 和 EBS 的主要影响，表2 中的模型2 表明，积极的基于身份的策略与超额累计收益率正相关（$\beta = 0.015$，$p < 0.05$），支持了假设 H1。

模型3 显示，积极的基于事件的策略与超额累计收益率尽管正相关但是不显著（$\beta = 0.009$，$p > 0.10$），拒绝了假设 H2。

表2   回归分析结果

	CAR(T_{0+1})				
	M1	M2	M3	M4	M5
企业年龄	0.006	0.006	0.006	0.008	0.006
	(0.007)	(0.007)	(0.007)	(0.007)	(0.007)
企业规模	0.001	0.002	0.001	0.001	0.001
	(0.002)	(0.002)	(0.002)	(0.002)	(0.002)
制造业企业	0.005	0.005	0.005	0.003	0.001
	(0.006)	(0.006)	(0.006)	(0.006)	(0.006)
中部地区企业	−0.009	−0.010	−0.010	−0.010	−0.011
	(0.007)	(0.007)	(0.007)	(0.007)	(0.007)
西部地区企业	−0.004	−0.005	−0.004	−0.005	−0.000
	(0.009)	(0.009)	(0.009)	(0.009)	(0.009)
基于身份的策略[H1]		0.015**		0.003	
		(0.007)		(0.010)	

	CAR(T_{0+1})				
	M1	M2	M3	M4	M5
基于事件的策略［H2］			0.009		0.024 ***
			(0.007)		(0.009)
关系邻近度				-0.012 **	
				(0.005)	
身份策略×邻近度［H3］				0.011 *	
				(0.006)	
因果模糊性					0.020 ***
					(0.007)
事件策略×模糊性［H4］					-0.032 **
					(0.014)
常数项	-0.028	-0.042	-0.027	-0.029	-0.035
	(0.026)	(0.027)	(0.026)	(0.027)	(0.026)
Adj. R-squared	0.001	0.011	0.001	0.027	0.030
F-statistic	0.579	1.360	0.761	1.641	1.732

注：观测值 188，括号内是标准差。$^{*}p < 0.10$，$^{**}p < 0.05$，$^{***}p < 0.01$。

表 2 中模型 4 的结果表明，关系邻近度对企业绩效 CAR 具有显著的负向作用($\beta = -0.012$，$p<0.05$)，说明越是关系邻近的合作伙伴，对企业的负向影响越强。当加入基于身份的应对策略与关系邻近度的交互项后，我们发现两者的交互项显著地正向影响企业绩效($\beta=0.011$，$p<0.10$)，即在关系邻近度越高的情况下，企业采取积极的基于身份的策略能够显著地降低合作伙伴对其绩效的负面影响，支持了假设 H3。

最后，模型 5 的结果显示，因果模糊性与企业绩效 CAR 显著正相关($\beta = 0.020$，$p<0.01$)，说明越是因果模糊的事件，对企业的负向影响越弱，甚至对企业的 CAR 有正向影响，这可能是由于事件给予企业额外的曝光度与市场注意力。当加入基于事件的应对策略与因果模糊度的交互项后，我们发现两者的交互项显著地负向影响企业绩效($\beta=-0.032$，$p<0.05$)，即在因果模糊度越高的情况下，企业采取积极的基于事件的策略与企业绩效之间的关系越弱，支持了假设 H4。

5. 讨论

5.1 理论意义

本研究旨在研究新兴经济背景下应对合作伙伴不当行为策略的有效性。我们发现，积极的基于事件的策略相较于消极策略，并没有对公司绩效产生更多的积极影响，而积极的基于身份的策略确实对公司绩效有积极影响。此外，本研究还揭示了关系邻近性能够增强积极的基于事件的策略对公司绩效的积极影响。因果模糊性削弱了积极的基于事件的策略和公司绩效之间的关系，因果模糊性越低，积极的基于事件的策略相比消极策略就越有效。本研究对现有文献具有一定的贡献。

第一，本研究首次对基于身份和基于事件的策略的不同影响提出了清晰说明和经验证据。我们论证了两种策略在恢复合法性中机制的不同。基于身份的策略更关注关系，而基于事件的策略更强调事件。虽然之前的文献趋于分析二者的独立性，但本研究试图研究二者之间的联系。

第二，我们并不侧重于企业如何从不同的利益相关者那里恢复组织的合法性（Lamin & Zaheer，2012），而是研究了企业如何回应不同利益者的不正当行为。先前的文献关注于在一些利益相关者群体中出现的企业产品的非法性问题（比如，证券分析师，Benner & Ranganathan，2012；Zuckerman，1999）或者企业的不正当行为（比如，血汗工厂，Lamin & Zaheer，2012）。而我们详细地阐述了利益相关者的不正当行为和企业怎样能够基于与合作者的关系邻近度作出对它们不正当行为的反应。今后的研究可以进一步考察和对比某些特定群体的利益相关者，以及企业如何运用不同种类的策略以防止负面溢出效应并捍卫其合法性。

第三，我们对文献的贡献在于揭示了不同类型应对策略的边界条件。先前的研究已经考察了当一个核心企业本身作出不正当行为时的某些应对策略的边界条件。比如，Zavyalova 等人（2012）发现技术措施能帮助企业在媒体报道的基调上减弱它们自己的不正当行为所带来的负面效应；相反，仪式上的措施能扩大这种负面效应。我们的研究第一次探讨了核心企业在其合作者采取不正当行为时一些应对策略的边界条件。我们清晰地阐述了基于事件策略的有效性会显著地受因果模糊性影响（事件的属性），并且基于身份策略的有效性会显著地受关系邻近度的影响（关系的属性）。今后的研究可以探索更多的事件和关系的维度，以考察两种策略的边界条件。

5.2 管理意义

本研究的重要意义在于防止合作企业对核心企业负向效应的溢出。另外的重要意义在于，研究了在中国这样的新兴体中，核心企业如何修复企业合法性。近些年，企业已开始逐渐增强制度意识并强化了媒体监管体制。因为合作企业不道德行为，许多管理者在处理合法性流失方面的问题时承受了越来越多的压力。这一过程中，有些管理者认为事件响应战略有效，而另外的管理者认为身份响应战略有效。然而，根据我们的研究，管理者应该首先评估外部仲裁人对于因果模糊程度的评估。其次，判断事件响应战略是正向还是负向效应的。就身份响应战略而言，一条通用的原则是正向身份响应战略优于负向身份响应战略。另外，如果企业采用正向响应战略，则核心企业和合作企业间的关系亲近程度越高，管理效果就越好。

5.3 局限与不足

本研究存在一些不足，同时也预示了将来的研究方向。第一，我们没有区分不同类型的不当行为。这些不同行为并非同质的，而且可能对我们的研究产生不同的影响。今后的研究会更细致地检验这些不当行为间的差异。

第二，我们融合了合作企业的不同不当行为。在核心企业的视角下，没有区分这些行为产生的潜在的损害程度。值得注意的是，在核心企业看来，不同利益相关者的不当行为可能会产生不同程度的企业合法性流失，因为利益相关者在能力、重要程度、合法性方面存在差异。例如，供应商的环境不当行为可能在核心企业看来是不合法的，而顾客同样的行为可能不是负向效应的。如果没有区分不同不当行为的差异性，可能会混淆不同战略的效果。因此，未来的研究需区分不同不当行为产生的不同效果。

第三，就中文出版物而言，我们限定了研究的新闻报刊和报道内容，并且借助它们反映了合作企业的不当行为。其实，还有很多消息渠道，像互联网、电视以及其他语言的口述材料。今后的研究应该涵盖更广泛的国际化焦点下的信息渠道，以检验企业响应战略的效果。

◎ 参考文献①

[1]Barnett, M. L., King, A. A. Good fences make good neighbors: A longitudinal analysis of an industry self-regulatory institution[J]. *Academy of Management Journal*, 2008, 51(6).

[2]Bertrand, O., Lumineau, F., Fedorova, E. Why do firms take part in cartels? A motivation-opportunity-choice Approach[J]. *Academy of Management Proceedings*, 2013 (January).

[3]Bhattacharya, C. B., Sen, S. Consumer-company identification: A framework for understanding consumer's relationships with companies[J]. *Journal of Marketing*, 2003, 67 (2).

[4]Boschma, R. Proximity and innovation: A critical assessment[J]. *Regional Studies*, 2005, 39(1).

[5]Brickson, S. L. Organizational identity orientation: Forging a link between organizational identity and organizations' relations with stakeholders[J]. *Administrative Science Quarterly*, 2005, 50(4).

[6]Brickson, S. L. Organizational identity orientation: The genesis of the role of the firm and distinct forms of social value[J]. *Academy of Management Review*, 2007, 32(3).

[7]Broekel, T., Boschma, R. Knowledge networks in the Dutch aviation industry: The proximity paradox[J]. *Journal of Economic Geography*, 2012, 12(2).

[8]Caniëls, M. C. J., et al. Conceptualizing proximity in research collaborations//R., Rutten, et al. The *social dynamics of innovation networks* [M]. New York: Routledge, 2014.

[9]Carberry, E. J., King, B. G. Defensive practice adoption in the face of organizational stigma: Impression management and the diffusion of stock option expensing[J]. *Journal of Management Studies*, 2012, 49(7).

① 由于篇幅限制，本文仅标注了 2000 年以后的较新近文献，全部参考文献可向作者索取。

［10］Carson，S. J. ，Madhok，A. ，Wu，T. Uncertainty，opportunism，and governance：The effects of volatility and ambiguity on formal and relational contracting［J］. *Academy of Management Journal*，2006，49(5).

［11］Chao，M. M. ，Zhang，Z. X. ，Chiu，C. Y. Personal and collective culpability judgment：A functional analysis of east Asian-north American differences［J］. *Journal of Cross-Cultural Psychology*，2008，39(6).

［12］Coombs W. T. Protecting organization reputations during a crisis：The development and application of situational crisis communication theory［J］. *Corporate Reputation Review*，2007 (10).

［13］Cunningham，S. W. ，Werker，C. Proximity and collaboration in European nanotechnology［J］. *Regional Science*，2012，91(4).

［14］Dacin，M. T. ，Oliver，C. ，Roy，J-P. The legitimacy of strategic alliances：An institutional perspective［J］. *Strategic Management Journal*，2007，28(2).

［15］Desai，V. M. Mass media and massive failures：Determining organizational efforts to defend field legitimacy following crises［J］. *Academy of Management Journal*，2011，54(2).

［16］Donnelly R. Accounting，board independence and contagion effects from adverse press comment：The case of elan［J］. *British Accounting Review*，2008 (40).

［17］Friedman，R. ，Liu，W. ，Chen，C. C. ，Chi，S-C. S. Causal attribution for interfirm contract violation：A comparative study of Chinese and American commercial arbitrators［J］. The *Journal of Applied Psychology*，2007，92(3).

［18］Ganesan，S. ，Brown，S. P. ，Mariadoss，B. J. ，Ho，H. Buffering and amplifying effects of relationship commitment in business-to-business relationships［J］. *Journal of Marketing Research*，2010，47(2).

［19］Govindaraj，S. ，Jaggi，B. Market overreaction to product recall revisited—The case of firestone tires and the ford explorer［J］. *Review of Quantitative Finance and Accounting*，2004(23).

［20］Greve et al.. Organizations Gone Wild：The causes，processes，and consequences of organizational misconduct［J］. The *Academy of Management Annals*，2010，4(1).

［21］Harris，J. ，Bromiley，P. Incentives to cheat：The influence of executive compensation and firm performance on financial misrepresentation［J］. *Organization Science*，2007，18(3).

［22］Heide，J. B. ，Wathne，K. H. Friends，businesspeople，and relationship roles：A conceptual framework and a research agenda［J］. *Journal of Marketing*，2006，70(3).

［23］Henisz，W. J. ，Zelner，B. A. The hidden risks in emerging markets［J］. *IEEE Engineering Management Review*，2010，42(2).

［24］Highhouse，S. ，Broadfoot，A. ，Yugo，J. E. ，Devendorf，S. A. Examining corporate reputation judgments with generalizability theory［J］. *Journal of Applied Psychology*，2009 (94).

［25］Jensen，M. Should we stay or should we go? Accountability，status anxiety，and client defections[J]. *Administrative Science Quarterly*, 2006(51).

[26] Jonsson, S., Greve, H. R., Fujiwara-Greve, T. Undeserved loss: The spread of legitimacy loss to innocent organizations in response to reported corporate deviance[J]. *Administrative Science Quarterly*, 2009, 54(2).

[27] Lamin, A., Zaheer, S. Wall Street vs. Main Street: Firm strategies for defending legitimacy and their impact on different stakeholders[J]. *Organization Science*, 2012, 23 (1).

[28] Massa, M., Rehman, Z., Vermaelen, T. Mimicking repurchases[J]. *Journal of Financial Economics*, 2007, 84(3).

[29] Paruchuri, S., Misangyi, V. F. Investor perceptions of financial misconduct: The heterogeneous contamination of bystander firms [J]. *Academy of Management Journal*, 2015, 58(1).

[30] Petkova, A. P., Wadhwa, A., Yao, X., Jain, S. Reputation and decision making under ambiguity: A study of US venture capital firms' investments in the emerging clean energy sector[J]. *Academy of Management Journal*, 2014, 57(2).

[31] Pfarrer, M. D., Smith, K. G., Bartol, K. M., Khanin D. M., Zhang X. Coming forward: The effects of social and regulatory forces on the voluntary restatement of earnings subsequent to wrongdoing[J]. *Organization Science*, 2008, 19(3).

[32] Pollock, T. G., Rindova, V. P., Maggitti, P. G. Market watch: Information and availability cascades among the media and investors in the U S IPO market[J]. *Academy of Management Journal*, 2008, 51(2).

[33] Pollock, T. G., Rindova, V. P. Media legitimation effects in the market for initial public offerings[J]. *Academy of Management Journal*, 2003, 46(5).

[34] Powell T. C., Lovallo D., Caringal C. Causal ambiguity, management perception, and firm performance[J]. *Academy of Management Review*, 2006, 31(1).

[35] Pratt, M. G. The Good, the bad, and the ambivalent: Managing identification among Amway distributors[J]. *Administrative Science Quarterly*, 2000, 45(3).

[36] Rindova, V. P., Pollock, T. G., Hayward, M. L. A. Celebrity firms: The social construction of market popularity[J]. *Academy of Management Review*, 2006, 31(1).

[37] Santos, F., Eisenhardt, K. Constructing markets and shaping boundaries: Entrepreneurial power in nascent fields[J]. *Academy of Management Journal*, 2009(52).

[38] Scherer, A. G., Palazzo, G. The new political role of business in a globalized world: A review of a new perspective on CSR and its implications for the firm, governance, and democracy[J]. *Journal of Management Studies*, 2011, 48(4).

[39] Shin, H., Dovidio, J. F., Napier, J. L. Cultural differences in targets of stigmatization between individual- and group-oriented cultures[J]. *Basic and Applied Social Psychology*, 2013, 35(1).

[40] Sluss, D. M., Ashforth, B. E. Relational identity and identification: Defining ourselves

through work relationships[J]. *Academy of Management Review*, 2007(32).

[41]Sluss, D. M., Ashforth, B. E. How relational and organizational identification converge: Processes and conditions[J]. *Organization Science*, 2008, 19(6).

[42] Sullivan, B. N., Haunschild, P., Page, K. Organizations non-gratae? The impact of unethical corporate acts on interorganizational networks[J]. *Organization Science*, 2007, 18 (1).

[43] Tsui, A. S., Schoonhoven, C. B., Meyer, M. W., Lau, C-M., Milkovich, G. T. Organization and management in the midst of societal transformation: The people's republic of China[J]. *Organization Science*, 2004, 15(2).

[44] Vadera, A. K., Pratt, M. G. Love, hate, ambivalence, or indifference? A conceptual examination of workplace crimes and organizational identification[J]. *Organization Science*, 2013, 24(1).

[45] Wiesenfeld, B. M., Wurthmann, K. A., Hambrick, D. C. The stigmatization and devaluation of elites associated with corporate failures: A process model[J]. *Academy of Management Review*, 2008, 33(1).

[46] Wright, M., Filatotchev, I., Hoskisson, R. E., Peng, M. W. Strategy research in emerging economies: Challenging the conventional wisdom [J]. *Journal of Management Studies*, 2005, 42(1).

[47]Yu, T., Sengul, M., Lester R. H. Misery loves company: The spread of negative impacts resulting from an organizational crisis[J]. *Academy of Management Review*, 2008, 33(2).

[48]Zahra S. A., Priem, R. L., Rasheem, A. A. The antecedents and consequences of top management fraud[J]. *Journal of Management*, 2005, 31(6).

[49]Zavyalova, A., Pfarrer, M. D., Reger, R. K., Shapiro, D. L. Managing the message: The effects of firm actions and industry spillovers on media coverage following wrong doing [J]. *Academy of Management Journal*, 2012, 55(5).

[50]Zhang, X., Bartol, K. M., Smith, K. G., Pfarrer, M. D., Khanin, D. M. CEOs on the edge: Earnings manipulation and stock-based incentive misalignment [J]. *Academy of Management Journal*, 2008, 51(2).

Dealing with Partners' Misbehaviors: The Effects of Response Strategies on Firm Performance

Li Zhaozheng[1] Zhong Weiguo[2] Zhao Butong[3]

(1 Business School of Seoul National University, Seoul, 100744;

2 Guanghua School of Management of Peking University, Beijing, 100871;

3 Business School of Jiangsu University of technology, Changzhou, 213001)

Abstract: How can a firm respond to its partners' misbehaviors to mitigate the potential losses? We identify two types of response strategies: identity- and event-based response strategies. We argue that a firm's different response strategies reflect the different value propositions of the firm and may take effect in different social contexts. Event history analyses of the responses to partner misbehaviors of Chinese public-listed firms reveal that identity-based responses have a positive effect on investor reactions to the firm. This relationship becomes stronger when the relationship between the firm and the partner is more proximal. By contrast, event-based responses do not have direct effect on firm performance. However, under lower level of causal ambiguity positive event-based strategies are more effective than negative ones while under higher level of causal ambiguity positive event-based strategies hurt firm performance. Our research provides new insights into how firms can respond when they have to face the uncertainties caused by their partners in developing economy.

Key words: Partner's misbehaviors; Response strategies; Market performance

专业主编：陈立敏

信心理论与实证：制度缺失环境下资源匮乏型企业的竞争信心与创新搜索意向[*]

● 周长辉[1]　卢天池[2]　张　诚[3]

(1，2　北京大学光华管理学院　北京　100871；3　北京城市学院　北京　100083)

【摘　要】中国企业的战略成长实践与当代西方企业战略管理学中主导的理论视角(如资源观和制度观)存在着悖论，即：在制度缺失环境下资源匮乏型企业难以对创新搜索进行投入，然而，显见的"例外的案例"("Exceptional Cases")又如何予以解释呢？我们的研究致力于解答这个悖论。本文报告了我们所构建的信心理论模型，并对该理论模型先后两次采取不同方法进行实证检验，实证结果为该理论模型提供了强有力的支持。研究发现：企业的竞争信心能够减弱或者补偿因资源和制度约束所导致的消极影响，并能够直接驱动搜索意向。本文最后讨论了提出信心理论的意义和研究发现的启示。

【关键词】竞争信心　搜索意向　资源匮乏　制度缺失

中图分类号：C93　　文献标识码：A

1. 引言

纵观中国企业战略成长的历程，不难识别如海尔、联想、比亚迪和华为这样的具有奇迹性的成功案例。然而，这些案例对当代西方战略管理学中主导的理论视角之解释力却提出了挑战。企业资源基础观(Resource-based View，RBV，以下简称"资源观")认为可持续的竞争优势建立在异质性资源的基础上(Barney，1991)。具有竞争优势的企业一定持有有价值的、稀缺的、不易被模仿的并且难以被替代的资源。如果我们应用资源观来检视海

* 基金项目：国家自然科学基金杰出青年基金课题"国际化与企业战略"(71188002)；国家自然科学基金面上项目课题"企业对制度环境(作为机会与约束)的差异反应与影响研究"(71472004)；国家自然科学基金面上项目课题"中国企业动态能力与动态优势研究"(71072047)。

致谢：论文的早期版本曾在北京大学、香港大学、吉林大学等有关研讨会上报告过，感谢参会学者所给予的积极反馈。尤其感谢 Luo Yadong 和王铁民所给予的建设性意见。特别感谢曾宪聚、李璨和李江雁对本文的悉心校对。

通讯作者：周长辉，E-mail：czhou@ gsm. pku. edu. cn。

尔、联想、比亚迪和华为这样的企业案例之今天，那么则不难在资源基础和竞争优势之间建立理论联系。然而，如果以该视角去检视这些企业案例之昨天、之前天，那么，理论与现实的悖论就出现了。资源观无法解释当年这些企业在资源极度匮乏的条件下，如何迈向创新搜索（Innovation Search）并走向长期导向的战略成长历程。同样的悖论也存在于制度基础观（Institution-based View，IBV，以下简称"制度观"）对这样"例外的"（"Exceptional"）成功案例的观照。

为了解决这些悖论，更主要地，为了提炼和发展源自中国企业战略成长实践的战略学理论，本文第一作者基于多年的实践观察、透视与感思，提出了信心的视角。信心作为关键的战略变量，解释了为什么在资源和制度约束的条件下，有的企业能够锐意进取，积极寻求改进、突破和超越。大量的案例反映了信心对创新搜索的重要影响，比如：格兰仕从毛纺产业毅然向微波炉产业转型并快速地实现全球领先；浙江银轮机械和天成自控持续改进产品，加大研发投入，追求行业领先；均胜通过全球并购获取先进制造经验和关键战略资产，不胜枚举。限于篇幅，本文省略基于案例的质性研究部分，只报告我们结合学术文献对竞争信心理论模型的推演和诠释的两项实证检验。两项实证检验围绕着共同的研究聚焦点（Focus），其可以表述为：制度缺失环境下资源匮乏型企业的竞争信心对搜索意向之影响。竞争信心和搜索意向皆属于以企业家或者高管团队为代表的企业层面构念。搜索意向乃创新行动和持续承诺（Commitment）之前因（Antecedent），聚焦之，更能揭示企业在资源和制度约束条件下做出具有进取精神的战略决策的内在张力。我们以信心理论与资源观和制度观进行对话，并试图调和。我们聚焦并强调竞争信心到搜索意向的理论联系，意味着本研究具有强烈的偏于"认知"的倾向性。这也是我们着意要与西方主导的战略理论视角相偏离之处，即创新之处。

2. 理论推演与模型构建

2.1 创新搜索和搜索意向

创新搜索乃组织学习和积累能力之过程，该过程具有不确定性（Greve，2003；Leiponen & Helfat，2010），并且耗时耗力（Garriga et al.，2013），需长期持续地投入承诺（Commitment）。虽然对创新搜索的研究已经有大量文献积累，但仍然存在一个关键的缺口，即极少有研究尝试深入考察和分析创新搜索的认知驱动过程（Ocasio，1997；Tripsas & Gavetti，2000）。本研究我们聚焦考察"搜索意向"之影响因素，旨在填补这一空白。Bird（1988）曾把"意向"（Intention）定义为一种使人的注意力、经验和行为都专注于一个特定的目标或行为方式的精神状态。Hamel 和 Prahalad(1989)把意向引申到企业层面，称之为战略意图（Strategic Intent），强调战略意图驱动企业设立更有张力的目标并以新的方式参与竞争。搜索意向可以理解为企业战略意图的重要组成部分，是企业家和其高管团队渴望并专注于创新搜索活动的精神状态。这个定义与 Ocasio(1997)所提议的聚焦注意力（Focus of Attention）的原则是一致的。因此，我们相信，研究搜索意向有助于揭示中国企业战略成长悖论的深层机制。

2.2 从资源观和制度观看中国企业的创新搜索意向

资源观是当代西方战略管理学中主导的理论视角（Penrose，1959；Wernerfelt，1984；Barney，1991）。资源观的要旨在于强调有价值的（Valuable）、稀缺的（Rare）、难以模仿和难以替代（Inimitable and Non-substitutable）的异质性资源乃企业创新和获取竞争优势的关键基础。在资源观的启发下，现有研究多关注冗余资源如何影响企业战略选择与绩效（Levinthal & Wu，2010）。如果企业的资源水平较高，超出日常经营所需，形成了冗余资源，那么企业会具有较高的耐心或者失败容忍度（Tolerance to Failure），从而更能承受风险，更愿意进行创新搜索（Cyert & March，1963；Greve，2003；Chen & Miller，2007）。而如果一个企业资源匮乏，有限的资源水平将难以满足创新搜索过程中对资源的需求，包括进行密集的信息搜集、技术实验和持续改进所需要的大量资源投入。同时，由于创新搜索过程具有不确定性，投入有可能得不偿失，风险会令企业却步不前。总之，按照资源观的看法，资源匮乏的企业很难投入可持续的创新过程，表现出较弱的创新搜索意向。资源观的假设可以表述为：

假设1 搜索意向与资源匮乏负相关，即资源匮乏越严重，搜索意向越弱。

新制度主义经济学强调企业的战略选择受制于制度环境（North，1990；Williamson，1975）。Khanna和Palepu（1997）率先采用制度的视角考察新兴市场国家的战略取向。他们提出制度缺失（Institutional Voids）的概念，以之说明由于普遍缺乏有效的制度机制，包括资本市场、劳动力市场、政府规制，以及合约履行机制等，企业若选择聚焦的战略（Focus Strategy）是危险的。反过来，多元化的战略，即把外部市场内部化的选择，可以帮助企业规避不确定性，克服由于制度缺失而导致的外部资源获取成本过高的问题，是为制度观。若将制度观的逻辑适用于对中国企业的创新搜索过程的研究，必然预期搜索意向受到抑制。制度观的假设可以表述为：

假设2 搜索意向与制度缺失负相关，即制度缺失越严重，搜索意向越弱。

2.3 竞争信心：概念与作用机制

资源观和制度观的解释是结构性的，强调的是企业经营所依赖的"硬通货"，却忽略了认知和精神层面的"软性"要素和机制。在中国情境下，"软性"要素和机制具有特别关键的意义，在企业战略行为中发挥着重要作用。我们发现企业的信心，尤其是竞争信心，对资源匮乏和制度缺失的不利影响起到了重要的调节作用，不仅能减弱资源和制度约束所带来的消极影响，还能直接驱动企业的创新探索。

2.3.1 信心概念的文献基础

"信心"通常表示一种确信的心理状态（a State of Being Certain），即相信某个假设或者预测是正确的，或者某个行为选择是最优的。"自信"是指对于自己的信心，可以定义为个人对于自身的能力、重要性、成功性以及价值的确信程度（Coopersmith，1967）。竞争信心的概念，是将个人层面的概念引申到组织层面，表征企业组织对于自身在市场竞争中取得成功的能力的确信程度。我们参考和借鉴了大量的有关文献，包括个体层面的管理研究（Stajkovic & Luthans，1998；Vithessonthi & Schwaninger，2008；Child & Möllering，2003），消费者行为研究（Bearden et al.，2001；Loibl et al.，2009），创业领域的研究（Moreno et al.，2007；Hogarth & Karelaia，2012），以及体育心理学研究（Vealey，1986；Levy et al.，2014）。在战略管理研究文献中，Rhee 等（2006）和 Das 和 Teng（1998）的文献可能是仅有的明确提出企业层面的信心概念的研究文献。Das 和 Teng（1998）提出合作信心（Partnership Confidence）能够提高企业建立联盟的意愿。Rhee 等（2006）提出企业的模仿信心（Imitation Confidence）能够提高模仿密度。这些文献对信心机制的研究发现，为我们理解竞争信心的作用提供了有益的启发。

2.3.2 竞争信心的调节效应

我们认为，竞争信心能够调节资源稀缺性和制度缺失对创新搜索意向的作用。前已述及，在资源匮乏和制度缺失的条件下，企业通常会表现出较弱的搜索意向。信心不足的企业更加敏感于资源的匮乏，认为它是难以克服的障碍，受困于资源的匮乏，因而愈发不愿意进行创新搜索。信心不足的企业同样会更敏感于分配风险的存在，更在意外部环境的不确定性，面对过高的交易成本和风险犹豫不决，担心难以从创新搜索中获利，因而搜索意向会愈发微弱。

较强的竞争信心则可减轻资源和制度约束带来的负面影响。这一调节作用主要是通过两个机制实现的。其一，竞争信心改变企业看待资源的角度和方式。有信心的企业或者相信自己能够更有效地使用和发挥现有的资源，或者相信总能通过寻求获取新的资源，从而突破现有资源的限制。企业可以一种创造性的方式利用资源，使之发挥出意想不到的作用。企业的竞争信心还可以作为一个积极的信号传递给外界，使企业获得关注以及外部的资源支持和发展机会。其二，信心能够降低对企业资源和环境所隐含的风险的感知（Bearden et al.，2001）。在中国这样的新兴市场中，创新搜索的风险可能由很多因素引起，比如缺乏关键知识、情况不熟悉和技术不确定性（Fabrizio，2009；Leiponen & Helfat，2010）。来自于环境中的风险因素更为显著：商业伙伴的机会主义行为（Luo，2007），欠缺知识产权保护（Zhang et al.，2007）以及国家的产业政策、信贷手段和资本市场制度变动不居。然而，具有较强的竞争信心的企业，会更加关注在约束条件下的可以借力之处、转化之处和获利之处。它们不会过分在意分配风险，至少不会因此而缩手缩脚。这样的企业更积极进取，创新搜索意向较高。

综上，我们得出竞争信心的调节效应假设：

假设 3a　竞争信心能够减轻资源匮乏对创新搜索意向的负向影响；而且，资源匮乏越严重，竞争信心越重要。

假设 3b　竞争信心能够减轻制度缺失对创新搜索意向的负向影响；而且，制度缺失越严重，竞争信心越重要。

2.3.3 竞争信心的主效应

竞争信心不仅能调节资源和制度因素的影响，其自身还能对创新搜索意向产生直接的积极影响。这可以从如下几个角度去理解。其一，竞争信心强的企业，具有积极的愿景和前瞻性，取得进展则备受鼓舞，发生错误或者失败也不气馁。其二，竞争信心激发潜能，提高动态能力。这点受到了体育心理学研究的启发。体育心理学研究发现体育信心（Sport-confidence）能够激发潜能，调动力量，提高竞技性能，有助于运动员获得好的竞赛成绩

（Vealey，1986；Levy et al.，2014）。这点也从我们所跟踪调研的企业案例中反复得到了印证。与个体一样，企业组织的最大潜能就是学习能力。我们发现，竞争信心强的企业更具有学习的愿望，也更具有学习能力。其三，与第二点一脉相承，竞争信心促进信息寻求和利用。消费者行为研究启发我们，自信心高的消费者会从多个不同的渠道寻求信息来降低风险和不确定性（Loibl et al.，2009）。同理，竞争信心强的企业会积极寻求信息和有效处理多源信息，比如通过增加知识的熟悉程度和知识组合的经验，从而降低技术不确定性、商业中的机会主义风险和规避不利的分配风险。其四，竞争信心强的企业更加具有耐性，更具有长期坚持和坚守的精神，使创新搜索活动具有长期导向，不至于行百里者半九十，半途而废。总之，我们假设：

假设 4　搜索意向与竞争信心正相关，即竞争信心越强，搜索意向越强。

3　实证检验 1

3.1　研究方法

3.1.1　数据搜集和样本

实证检验 1 的背景是国家高新技术产业园区企业。问卷调研在 2003 年实施。我们对截至 2002 年底在中国科技部注册的全部 28388 家科技园区企业进行了随机抽样，该抽样方式可以确保样本企业与总体企业在行业领域、企业规模和企业年龄等方面的分布一致性。通过随机抽样，我们得到了 1890 家企业作为问卷发放对象，每个园区有 30 到 45 家。为了方便开展问卷调研，我们在有关主管部门的支持下，在每个科技园区都设置了一个联系人，主要从事两方面的工作：一是将问卷发放给该联系人所在园区的样本企业；二是回收填写好的问卷并交给我们。我们在问卷的首页做了对所回收的问卷进行信息保密的承诺，并且指出，如果企业担心通过联系人转交问卷会泄露信息，可以不采用转交的方式，而是将填写好的问卷直接邮寄给我们。

我们于 2003 年 9 月底开始发放问卷，到 2003 年 11 月共回收了来自 35 个科技园区的 1200 多份问卷。由于联系人的工作变动及身体疾病等个人原因，我们未能从剩余的 18 个园区中回收问卷。在回收了问卷的 35 个园区中，有 2 个园区的问卷回收量小于 5。为了减少实证分析中的异质性和噪音，我们从样本中去掉了来自这些园区的企业问卷。进而，为了检验通过联系人回收问卷是否会造成数据搜集的偏差，我们委托一家专业的研究咨询公司对随机抽取的 150 家北京地区的科技园区企业进行了问卷发放和回收工作。我们对于上述两个样本的数据分布进行了比较，没有发现显著差异。于是，我们将这两个样本进行合并，得到了来自 33 个科技园区的 1277 家企业的问卷。在去掉重复问卷和有明显信息错误的问卷之后，得到了 1258 份可靠问卷。

我们根据问卷填写人的信息识别出了 485 份由企业的高层管理者填写的问卷。我们所界定的高层管理者包括总经理、副总经理、总经理助理、董事会秘书和部门总监（如技术总监、财务总监、运营总监和营销总监等）。对于问卷填写人是董事长的情况，如果其同时又是企业的主要负责人，从而对于企业经营有实质的决策权，我们也将其归为高层管理者。

进而，我们从样本中剔除了在园区中成立的时间少于 12 个月的企业。原因是考虑到这些非常新的企业正处于最初的生存动荡期，尚未进入创新成长期，并且对于各方面的感知还不够成熟和稳定，从而可能给数据分析带来噪音。最后，我们去掉了在回归变量中有缺失数据的样本，得到 351 个企业样本用于数据分析。

3.1.2 变量和测量

(1) 因变量——创新搜索意向

我们在问卷中设计了 6 个反映型指标 (Reflective Indicators)，涉及技术引进和消化、研发费用、原创性技术创新、二次开发、建立研发机构、外部研发合作 (Fabrizio, 2009)，每个指标都采用了 7 点李克特量表 (Likert Scale)。我们将所有的指标进行了简单平均，得到搜索意向的变量值 ($\alpha = 0.7621$)。

(2) 自变量

①资源匮乏。由于本研究背景是高科技企业，对于研发资源的依赖程度很高，我们主要采用了研发资源来测量企业的资源匮乏。我们采用了如下算式进行测量：资源匮乏 = 1 - 企业的研发员工数/企业员工总数。我们将期望水平统一设置为 1，从而控制了企业之间期望水平的差异，得以方便地横向比较企业之间的资源缺口程度。

②制度缺失。我们参照 Khanna 和 Palepu (1997；2000a；2000b) 提出的制度缺失所包含的不同方面，并借鉴和拓展了 Li 和 Atuahene-Gima (2002) 对于"制度支持"构念的测量，建立了 7 个基于 7 点李克特量表的指标来测量制度缺失，问题涉及获得银行贷款的难易、政府财政扶持、人事户口制度、合法权益保障、创业信息、政策稳定性以及知识产权交易市场。取均值得到了制度缺失的变量值 ($\alpha = 0.8470$)。

③竞争信心。我们利用 3 个具体问题衡量竞争信心，分别对市场竞争力、长期盈利能力和生存能力、面对国际化竞争生存能力和竞争能力进行评价。评价基于 7 点李克特量表。取均值得到竞争信心的变量值 ($\alpha = 0.8229$)。

(3) 控制变量

除了园区哑变量和行业哑变量外，控制变量包括企业年龄，即以从企业入园到 2003 年 11 月为止的时间长度来测量企业年龄、企业规模 (2002 年底的员工总数的对数值)、企业所有制性质和以往专利。我们从中国知识产权局获取了样本企业在 2003 的专利授权信息。如果企业在 2003 年前获得过专利授权，则将"以往专利"取值为 1，否则为 0。

3.1.3 检验构念的单维性和聚合效度

为了检验创新搜索意向、制度缺失和竞争信心这三个潜变量的单一维度性和聚合效度，我们做了一系列检验。(1) 我们计算了各潜变量的 Cronbach alpha 系数，发现均超过了 Nunnally (1978) 所建议的 0.7 的基准水平，验证了构念的内部一致性和可靠性。(2) 我们对测量各潜变量的共 16 个指标进行了探索性因子分析。各个测量指标都载荷到了相应的潜变量上，与我们的理论模型是一致的。(3) 我们还做了验证性因子分析。在做验证性因子分析时，我们允许各潜变量之间存在相关，并且设定测量指标和它们的误差项不相关。模型的拟合统计量达到了可以接受的水平：$\chi^2 = 335.66$, $df = 101$, $\chi^2/df = 3.323$, NNFI = 0.90, GFI = 0.83, CFI = 0.92, IFI = 0.92, SRMR = 0.081。各构念的因子载荷均显著为正，并且绝大多数超过了 0.5 的基准水平，只有一个为 0.47，也非常接近于 0.5。上述结果支持了构念的单维性和聚合效度。

3.1.4 检验构念的区分效度——验证性因子分析

为了检验构念之间的区分效度，我们遵循 Gatignon 等（2002）的方法对构念的两两组合进行了验证性因子分析。具体分为两步：第一步，我们对于构念的两两组合进行了非限制性因子分析，即允许模型自由估计构念之间的相关系数。第二步，对上述构念组合进行限制性因子分析，即将构念之间的相关系数限定为 1。对于特定的构念组合，如果非限制性模型的拟合度显著地优于限制性模型，则表示它们是不同的构念（Anderson 1987），即使它们之间可能是显著相关的（Gatignon et al.，2002；Gatignon，2003）；反之，如果非限制性模型的拟合度没有显著地优于限制性模型，则无法证实它们是不同的构念。表 1 展示了我们的分析结果。可以发现，对于每一个构念组合，非限制性模型的拟合度都显著地优于限制性模型，从而验证了构念之间的区分效度。

表 1　　　　　　　　　　检验区分效度的验证性因子分析

构念组合	相关性	卡方值	自由度	卡方值变化	自由度变化	P 值
竞争信心 vs. 创新搜索意向	0.62	93.68	26	163.56	1	0.000
	1	257.24	27			
制度缺失 vs. 创新搜索意向	0.41	247.53	64	262.49	1	0.000
	1	510.02	65			
竞争信心 vs. 制度缺失	0.41	194.51	34	230.48	1	0.000
	1	424.99	35			

3.1.5 检验共同方法偏差

为了检验共同方法偏差，我们选择了 Harman 的单因素测试这一通行做法（Kirkman & Shapiro，2001）。具体地，我们进行了未旋转的因子分析，共得出了三个因素，分别解释了 35.59%、16.79% 和 7.20% 的方差。由于没有产生单个的因素，并且没有一个因素解释了绝大多数的方差，可以排除本研究中的共同方法偏差（Podsakoff & Organ，1986）。此外，如果我们的调节作用假设得到了实证支持，则更可以排除受到共同方法偏差影响的可能性，因为问卷填答者不可能事先构想出变量之间的交互作用来使回答产生系统性的偏差（Aiken & West，1991）。

3.2 数据分析与实证结果

3.2.1 描述性统计分析

（1）描述性统计分析和相关系数矩阵

我们对于实证分析数据进行了描述性统计分析，并计算出了 Pearson 相关系数矩阵，如表 2 所示。

表2

描述性统计分析和相关系数矩阵

变量	均值	标准差	最小值	最大值	1	2	3	4	5	6	7	8	9
1. 企业年龄	56.18	39.15	12	155									
2. 企业规模	1.73	0.64	0.30	4.02	0.16**								
3. 民营企业	0.37	0.48	0	1	-0.24***	-0.36***							
4. 国有企业	0.22	0.41	0	1	0.15**	0.27***	-0.40***						
5. 外资企业	0.09	0.29	0	1	0.08	0.05	-0.24***	-0.17**					
6. 以往专利	0.09	0.29	0	1	-0.02	0.22***	-0.10†	0.15**	0.00				
7. 竞争信心	5.87	1.14	1	7	-0.03	0.09†	0.03	-0.12*	0.01	-0.06			
8. 资源匮乏	0.65	0.25	0	1	0.21	0.50***	-0.26***	0.15**	0.11*	0.00	0.01		
9. 制度缺失	1.99	1.34	0	6	-0.11*	-0.27***	0.21***	-0.18***	0.05	-0.09†	-0.34***	-0.18***	
10. 创新搜索意向	5.89	1.02	1	7	0.00	0.06	0.11*	-0.08	-0.10†	0.01	0.48***	-0.10†	-0.27***

注：（1）†、*、**、***分别表示在10%、5%、1%和0.1%的水平下显著；（2）样本量为351。

（2）检验多重共线性

从相关系数表中可以看出，某些变量之间存在显著的相关。因此，我们计算了不含交互项的回归模型的方差膨胀因子（Variance Inflation Factors）来检验变量之间是否存在多重共线性问题（Kleinbaum et al., 1998）。结果显示，方差膨胀因子的值均小于 10，排除了一阶变量之间的多重共线性。我们还对二阶交互项的有关变量进行了均值中心化处理，从而排除了它们发生多重共线性的问题。

3.2.2　逐步普通最小二乘回归

我们通过逐步普通最小二乘回归来验证假设，结果如表 3 所示。

表 3　　　　　　创新搜索意向影响因素的逐步普通最小二乘回归结果

变量	模型 1	模型 2	模型 3	模型 4
控制变量				
园区哑变量	控制	控制	控制	控制
行业哑变量	控制	控制	控制	控制
企业年龄	-0.00	0.00	0.00	0.00
	(0.00)	(0.00)	(0.00)	(0.00)
企业规模	0.19†	0.10	0.21†	0.18†
	(0.11)	(0.10)	(0.11)	(0.11)
民营企业	0.22	0.20	0.21	0.21†
	(0.14)	(0.13)	(0.13)	(0.13)
国有企业	-0.15	0.01	-0.02	-0.05
	(0.16)	(0.15)	(0.14)	(0.14)
外资企业	-0.26	-0.33	-0.23	-0.23
	(0.22)	(0.20)	(0.20)	(0.20)
以往专利	0.03	0.11	0.00	0.08
	(0.20)	(0.18)	(0.18)	(0.18)
自变量				
竞争信心		0.37***	0.33***	0.29***
		(0.05)	(0.05)	(0.05)
资源匮乏			-0.72**	-0.71**
			(0.25)	(0.25)
制度缺失			-0.09*	-0.11*
			(0.05)	(0.05)
交互项				
竞争信心 × 资源匮乏				0.41*
				(0.20)

变量	模型 1	模型 2	模型 3	模型 4
竞争信心 × 制度缺失				0.07 *
				(0.03)
常数项	5.46 ***	2.94 ***	3.61 ***	3.94 ***
	(0.40)	(0.47)	(0.50)	(0.54)
R^2	0.24	0.38	0.40	0.42
调整后的 R^2	0.12	0.28	0.31	0.32
F 统计量	2.04 ***	3.84 ***	4.07 ***	4.13 ***
样本量	351	351	351	351

注：(1)†、＊、＊＊、＊＊＊分别表示在 10%、5%、1% 和 0.1% 的水平下显著；(2)括号内的数值是标准误差。

可以发现，用于验证假设的 4 个模型的 F 统计量都是显著的，并且 R 平方和调整后的 R 平方值都较高，表明模型的总体拟合度较高。在模型 3 中，资源匮乏和制度缺失的回归系数都显著为负，假设 1 和 2 得到支持。在模型 4 中，我们加入了竞争信心和资源匮乏的交互项，以及竞争信心和制度缺失的交互项，发现其回归系数均显著为正，从而支持了假设 3a 和假设 3b。在模型 2、模型 3 和模型 4 中，竞争信心的回归系数均显著为正，从而支持了假设 4。图 1、图 2 和图 3 更形象地表现了竞争信心的调节效应和主效应。如图 1 所示，对于竞争信心低的企业来说，资源匮乏对于创新搜索意向有着强烈的负向影响；而对于信心高的企业，这一影响明显减轻了。在图 2 中，我们可以观察到类似的情形，即制度缺失对于创新搜索意向的负向影响在信心高的企业中得以减轻。我们根据模型 4 中的标准化回归系数绘制了图 1、图 2 和图 3，所显示的变化趋势与假设 3a、假设 3b 和假设 4 的预测是一致的。

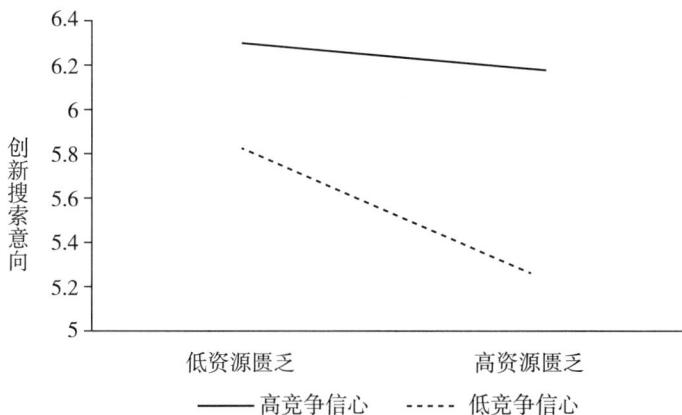

图 1　竞争信心对资源匮乏和创新搜索意向关系的调节作用

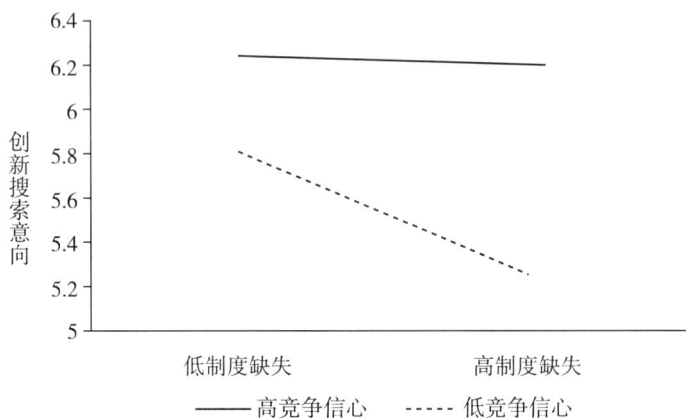

图 2　竞争信心对制度缺失和创新搜索意向关系的调节作用

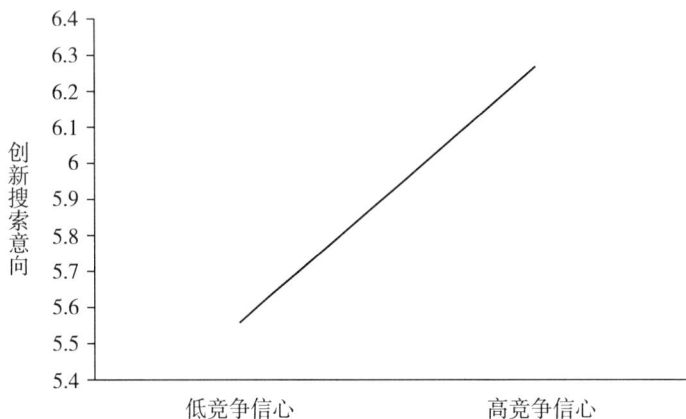

图 3　竞争信心对创新搜索意向的主效应

3.2.3　补充缺失数据后的回归分析

在最初筛选获得的 485 份由高层管理者填写的问卷中，有一些变量存在较多的缺失数据，如企业年龄的缺失率为 6.6%，企业规模的缺失率为 4.9%，研发员工数量的缺失率为 13.4%。由于研发员工数的缺失数据最多，我们采用了回归的方法对缺失数据进行补充，即用园区、行业、企业年龄和企业规模来预测研发员工数量。然后，我们从 485 个样本中剔除了入园不足 12 个月的企业，以及在回归变量中有缺失数据的样本，得到 366 个回归样本进行稳健性检验。我们对这 366 个样本做了验证假设的回归分析，得到了与前述一致的结果。

3.2.4　补充检验一：中介效应检验

按照资源观和制度观，企业资源和制度环境均会影响竞争信心，或者说信心是资源与搜索意向的中介变量。尽管这不是我们的信心理论的主旨，但我们进行了中介效应的检验。检验分为两个部分进行。首先，根据 Baron 和 Kenny（1986）提供的方法，检验是否存在竞争信心的中介效应。如果存在，随后我们进行 Sobel's（1982）Test 检验具体的中介类型如表 4 所示。

表 4 　　　　　　　　　**OLS 回归——竞争信心中介效应检验**

变量	Model 1 因变量（竞争信心）	Model 2 因变量（搜索意向）	Model 3 因变量（搜索意向）
控制变量			
园区哑变量	控制	控制	控制
行业哑变量	控制	控制	控制
企业年龄	0.00	0.00	0.00
企业规模	0.30*	0.31**	0.21†
民营企业	0.07	0.23†	0.21
国有企业	−0.37*	−0.14	−0.02
外资企业	0.33	−0.12	−0.23
以往专利	−0.35	−0.11	0.00
自变量			
资源匮乏	−0.57†	−0.91**	−0.72**
制度缺失	−0.31***	−0.20***	−0.09*
竞争信心			0.33***
常数项	7.09***	5.92***	3.61***
R^2	0.29	0.31	0.40
调整后 R^2	0.17	0.20	0.31
F 统计量	2.51***	2.78***	4.07***
样本量	351	351	351

注：†、＊、＊＊、＊＊＊分别表示在 10%、5%、1% 和 0.1% 的水平下显著。

表 4 的结果显示，以竞争信心为因变量的模型 1 和以创新搜索意向为因变量的模型 2 及模型 3 均显著，说明竞争信心满足中介效应检验的三个条件，即中介效应存在。

竞争信心作为资源匮乏与创新搜索意向的中介变量，能够解释资源匮乏 20% 的效应，间接效应对直接效应的比例为 0.26，小于 0.8，因而，竞争信心部分调节资源匮乏与创新搜索意向的关系。此外，竞争信心作为制度缺失与创新搜索意向的中介变量，能够解释制度缺失 52% 的效应，间接效应对直接效应的比例为 1.10，大于 0.8，因而，竞争信心完全调节制度缺失与创新搜索意向间关系（如表 5 所示）。

表5			竞争信心 Sobel's Test 检验	
Sobel's Test 结果	z-value	P>∣Z∣	间接效应对直接效应的比例	中介效应占总效应的比例
竞争信心作为资源匮乏和搜索意向的中介变量	−1.82	0.069	0.26	0.2
竞争信心作为制度缺失和搜索意向的中介变量	−4.44	0	1.1	0.52

3.2.5 补充检验二：过度自信效应检验

在探讨竞争信心效应的基础上，我们尝试探究过度自信是否对模型变量间关系产生影响。在完整的研究模型中添加过度自信变量(竞争信心的平方项)，过度自信自身未对因变量产生影响。在此基础上继续向模型中添加过度自信和资源匮乏的交互项及过度自信和制度缺失的交互项，我们发现，过度自信对制度缺失不敏感，但过度自信和企业资源匮乏有关，即当资源匮乏很高的时候，过度自信很可能存在，并且会降低企业创新搜索意向。

4. 实证检验 2

4.1 研究方法

4.1.1 样本和数据搜集

实证检验 2 的背景是中国机械工业企业。问卷调研在 2009 年 11 月借中国机械工业协会召开年会之际实施。该问卷在 2003 年国家高新技术产业园区企业调研问卷的基础上进行了有针对性的改进。共有 176 家企业的 218 位管理者参会。以填答者为单位，共回收 103 份填答的问卷(含同一企业不同人填写的问卷)。其中，高管共有 31 份填答(含重复)，高管和中层管理者共 82 份填答(含重复)。以企业为单位计数，71 家企业填答问卷(不含同一企业不同人的重复填写)，问卷回复率为 40.34%。另外，回收的问卷中有 11 家企业在"到会名录"中找不到，由于这些企业实际参加了报告会并填写了问卷，应计算在参会企业总数和填答企业总数内。若按此计数，则共有 187 家企业参会，82 家企业填答问卷，问卷回复率为 43.85%。

在问卷回收的过程中，我们请求填答者提供包含个人信息的名片，并根据个人信息进行了校对。从 103 条填答记录中删除 9 条未识别公司名称的记录，对于重复记录，按照填答者的工作年限对重复观测值进行加权平均计算(缺失值不进行加权计算，若重复记录全部为缺失值，则记录为缺失值)，共剔除重复记录 11 条。对于在"到会名录"中找不到的企业，若企业信息(能否识别、是否为重复填写)和问卷信息比较完整，则保留相关记录，否则剔除，共剔除 3 条记录。此外，剔除缺失严重的记录(缺失接近或大于 50%)，共剔除 4 条记录。同时，删除各类非企业填答者(如各类协会或研究院)的记录 2 条。最终获得有效问卷 74 份。其中中层及以上有效问卷为 54 份。

4.1.2　变量和测量

本项实证检验采用贝叶斯分析方法。按此方法，我们可以根据先验信息确定自变量与因变量的分布，不需要考虑控制变量的干扰，只考虑自变量的主效应和交互效应。

（1）因变量——创新搜索意向（SI）

为了测量创新搜索意向，我们设计了 6 个反映型指标（7 点李克特量表），从搜索密度、搜索定位和选择等方面反映搜索意向，见表 1。我们将所有指标进行了简单平均，得到搜索意向（SI）变量。数据缺失率为 0.45%，我们采用序列平均值方法补全。

（2）自变量

①资源匮乏（R_P）。资源状况从财务资源、人力资源、知识资源、组织资源和物质资源 5 个方面对资源匮乏进行测量（7 点李克特量表）。从 1 点到 7 点表示资源状况逐渐变好。我们使用公式 $R\_P = 7 - R$ 计算资源匮乏，数值越大，资源匮乏越严重，其中 R 表示企业资源境况。最后，将所有指标进行了简单平均，得到资源匮乏变量。

②制度缺失（ConCf_P）。制度环境状况从贷款制度、人才制度、知识产权保护制度等 9 个方面进行了测量（7 点李克特量表）。由从 1 点到 7 点表示资源状况逐渐变好。我们使用公式 $ConCf\_P = 7 - ConCf$ 计算制度缺失，数值越大，制度缺失越严重，其中 $ConCf$ 表示企业所处制度环境境况。最后，将制度缺失指标取均值，得到制度缺失变量。我们采用序列平均值的方法补全了 1 个数值。

③竞争信心（ComCf）。我们从企业在国内国际市场上的竞争力、长期盈利能力、研发创新能力等 7 个方面对企业在竞争方面所具有的信心进行评价（7 点李克特量表）。通过对这些指标取均值获得竞争信心变量。

4.1.3　检验构念的单维性和聚合效度

（1）验证性因子分析

实证检验 1 的探索性因子分析结果已经显示了各构念具有良好的聚合效度，加之实证检验 2 所采用的构念的测量维度是在实证检验 1 基础上进行改进的，因此，本研究直接进行验证性因子分析。

此次验证性因子分析得到了意想不到的结果，构念的聚合效度并没有预想的那么好，问题出在我们基于 2003 年的问卷所改进的问题中，有的与机械工业企业样本不甚适合，比如"与高校及科研机构合作"（SI6）。针对此问题，我们剔除载荷（Loading）小于 0.5 的问题，重新进行因子分析，以便得到对各个构念具备一致性的测量。需要注意的是，剔除小因子载荷的问题后，测量竞争信心的第 7 个问题（$ComCf_7$）在第二次进行验证性因子分析时，载荷小于 0.5，出现这种情况的原因可能为 $ComCf_7$ 代表的向量方向与 $ComCf_2$、$ComCf_3$、$ComCf_4$ 有较大差异，从而影响了竞争信心构念的内部一致性，因而将其剔除。最终的验证性因子分析结果如表 6 所示，剔除后构念的因子载荷均在 0.6 以上，并且模型的拟合统计量达到了可以接受的水平。

表6 验证性因子分析

搜索意向		资源状况		制度状况		竞争信心	
SI$_1$	0.82	R$_2$	0.76	ConCf$_5$	0.82	ComCf$_2$	0.65
SI$_2$	0.65	R$_3$	0.93	ConCf$_6$	0.66	ComCf$_3$	0.81
SI$_4$	0.79	R$_4$	0.69	ConCf$_7$	0.65	ComCf$_4$	0.77

模型拟合统计量：$\chi^2 = 361.3$，$df = 66$，$\chi^2/df = 5.47$，CFI $= 0.98$，TLI $= 0.97$，SRMR $= 0.081$

（2）构念区别效度和聚合效度检验

我们采用比较潜变量平均方差提取值（AVE）与潜变量相关系数平方（SC）的方法判断构念的区别效度和聚合效度。如果潜变量平均方差提取值大于相关系数平方，则该构念具有良好的区别效度。如果潜变量平均方差提取值大于 0.5，则该构念具有良好的聚合效度。判断结果见表7。

表7 区别效度和聚合效度

	潜变量相关系数平方				潜变量平均方差提取值		
	搜索意向	资源状况	制度状况	竞争信心	AVE	区别效度	聚合效度
搜索意向					0.572	没问题	没问题
资源状况	0.004				0.644	没问题	没问题
制度状况	0.001	0.000			0.511	没问题	没问题
竞争信心	0.000	0.219	0.053		0.562	没问题	没问题

检验结果显示，搜索意向、资源匮乏、制度缺失和竞争信心均具有良好的区别效度和聚合效度。

4.1.4 检验共同方法偏差

为了检验共同方法偏差，我们选择了与实证检验1相同的方法。具体地，我们进行了未旋转的因子分析，共得出了四个因素，分别解释了 30.1%、17.6%、13.8% 和 10.5% 的方差。由于没有产生单个因素，并且没有一个因素解释了绝大多数方差，可以排除本研究中的共同方法偏差（Podsakoff & Organ，1986）。此外，如果我们的调节作用假设得到了实证支持，则更可以排除受到共同方法偏差影响的可能性，因为问卷填答者不可能事先构想出变量之间的交互作用来使回答产生系统性的偏差（Aiken & West，1991）。

4.1.5 Cronbach alpha 系数

我们计算了各潜变量的 Cronbach alpha 系数，均能够达到 Nunnally（1987）所建议的 0.7 基准水平，验证了构念的内部一致性和可靠性。

4.1.6 贝叶斯统计检验

我们采用贝叶斯统计方法进行假设检验和补充检验，相比于实证检验1所采用的传统统计回归方法，贝叶斯统计方法主要有以下优点：（1）贝叶斯统计能够将以往经验中获得的信息（先验信息，如变量间关系）与样本信息相结合，进行统计推断，统计推断的结果更加贴近现实中构念间的关系（Zyphur & Oswald，2015）；（2）贝叶斯统计借助模拟方法（Simulation）可以基于变量的后验分布信息生成大量样本，并从中抽取有效样本进行参数分析，这弥补了传统统计方法面对小样本分析时出现的大偏差问题束手无策的不足；（3）传统统计学派认为，模型统计参数是未知且固定的，而贝叶斯统计学派认为，模型参数是随机且服从一定分布的，因而贝叶斯统计结果的表述更加容易被接受。

4.2　数据分析与实证结果

本文采用贝叶斯（Bayesian）基于有限样本模拟的方法对模型进行分析，使用 Random-walk Metropolis-Hastings 方法进行抽样。使用 Stata 14 作为分析软件。

4.2.1　回归模型

本检验所依据的回归模型为：

$$SI = \beta_0 + \beta_1 ComCf + | \beta_2 | (-R\_P) + | \beta_3 | (-ConCf\_P) + \beta_4 Com\_R + \beta_5 Com\_Con + \varepsilon$$

其中，Com_R 为中心化的资源匮乏与竞争信心相乘获得的交互项，Com_Con 为中心化的制度缺失与竞争信心相乘获得的交互项。需要注意的是，根据本文的理论分析，资源匮乏和制度缺失均与创新搜索意向负相关，因此，$\beta_2 < 0$，$\beta_3 < 0$。但是，在随后的贝叶斯分析中，β_2 和 β_3 系数的绝对值先验分布被定义为满足正区间 Gamma 分布（Gamma 分布的定义域不包含负区间，因此只能考虑 β_2 和 β_3 系数的绝对值分布），为了不影响模型整体分析过程，将 β_2 和 β_3 的负号转移给自变量 R_P 和 ConCf_P，这样自变量和其系数作为整体考虑并未发生变化，因此不会影响整个分析过程，只要将回归得到的绝对值系数添加负号，即可获得真正的回归系数。值得一提的是，这里的负号转移只具有数学上的含义，不具有管理学的含义。

4.2.2　系数先验分布

资源匮乏对创新搜索意向回归系数先验分布的确定，应考虑以下因素：此次调研量表均由 7 点李克特量表构成，每个变量的值分布在闭区间 [1，7]。因而，资源匮乏对创新搜索意向的单变量系数先验分布的绝对值在区间（0，7）上。此外，资源匮乏对创新搜索意向的边际效应（可以用单变量系数的绝对值来衡量）不能过大（如单变量系数绝对值为 5、6、7），也不能过小（如单变量系数绝对值为 0.05）。如果单变量系数过大，即单位资源匮乏的变动引起搜索意向完全变化（如搜索意向从 7 点降到 1 点），说明资源匮乏在现实中"统治性地"决定企业创新搜索意向。资源匮乏对创新搜索意向的边际效应也不能过小，如果过小，那么这种效应不易被识别和观测。因此，在本检验中，我们设定资源匮乏对创新搜索意向的单变量系数绝对值分布在（0，5），服从共轭 Gamma（12，0.2）分布，形状参数为 12，规模参数为 0.2，如图 4 所示。同理，制度缺失对创新搜索意向的单变量系数绝对值服从共轭 Gamma（12，0.2）分布，定义竞争信心对创新搜索意向的单变量系数服从 Gamma（12，0.2）。

交互项对创新搜索意向的单变量系数先验分布的确定，除考虑以上因素外，还应注意资源匮乏和制度缺失对搜索意向的作用方向与竞争信心相反，因而，竞争信心与资源匮乏

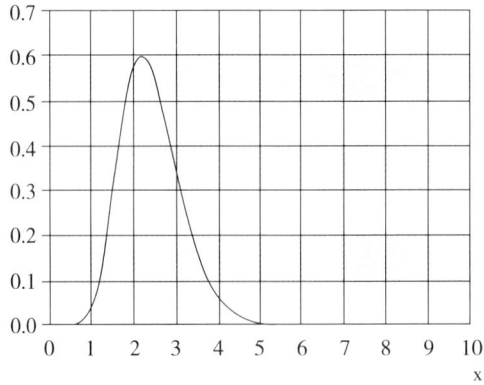

图 4　Gamma(12，0.2)概率密度函数

或制度缺失的交互作用的边际效应应小于三者单独作用于搜索意向的边际效应。此外，由于交互项(乘积项)的值很可能大于 7，应当适当放宽 Gamma 分布的上尾。因此，缩小 Gamma 分布形状参数的同时放大规模参数，定义交互项对创新搜索意向的分布服从 Gamma(6，0.4)，如图 5 所示。常数项和方差项我们采用 Jeffreys 分布，如表 8 所示。

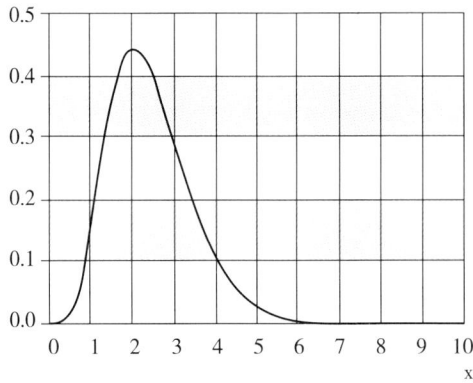

图 5　Gamma(6，0.4)概率密度函数

表 8　　　　　　　　　　　　　　　参数先验分布

参　　数	分　　布
资源匮乏	Gamma(12，0.2)
制度缺失	Gamma(12，0.2)
竞争信心	Gamma(12，0.2)
竞争信心×资源匮乏	Gamma(6，0.4)
竞争信心×制度缺失	Gamma(6，0.4)
截距/常数项	Jeffreys 分布
方差项	Jeffreys 分布

4.2.3 调研样本描述性统计分析

(1)描述性统计分析和相关系数矩阵

我们对于实证分析数据进行了描述性统计分析，如表9所示。

表9 描述性统计

变量	均值	标准差	最小值	最大值	1	2	3	4	5
1. 创新搜索意向	6.24	0.63	4	7					
2. 资源匮乏	3.00	1.15	0.67	5	−0.07				
3. 制度缺失	2.36	1.05	0.67	6	−0.05	0.26			
4. 竞争信心	4.51	0.97	2.33	7	0.03	−0.47	−0.29		
5. 竞争信心×资源匮乏	−0.51	1.19	−4.98	1.49	−0.02	0.12	−0.30	−0.05	
6. 竞争信心×制度缺失	−0.29	1.41	−3.48	9.06	0.15	−0.23	0.25	0.17	−0.18

注：$n = 74$。

(2)检验多重共线性

从相关系数表中可以看出，某些变量之间存在显著相关。因此，我们计算了不含交互项的回归模型的方差膨胀因子来检验变量之间是否存在多重共线性问题(Kleinbaum et al. , 1998)。结果显示方差膨胀因子 VIF 值均小于 2，远小于 10 的标准，排除了一阶变量之间的多重共线性问题。此外，由于向模型中添加二阶交互项可能产生多重共线性问题，我们将一阶变量进行均值化，然后相乘得到二阶交互变量，使得二阶交互变量和一阶构成变量之间不相关，从而有效降低多重共线性(Aiken & West, 1991)。随后，我们检验了含交互项的回归模型的方差膨胀因子，发现 VIF 均小于 2，远小于 10 的标准，从而排除了多重共线性问题。

(3)Bayesian 回归分析

为获得更好的运算聚合效度及样本混合效度，我们把随机生成的样本数设定为100000，Burn-In 样本数为 5000，Thinning 值为 4。为确保统计推断的有效性，在进行分析前，需要先对模型模拟样本参数聚合性及自相关性进行检验。就模型 1 而言，我们可以从图 6 看出，竞争信心系数的聚合效果很好，说明参数模拟结果能够有效代表后验分布，可

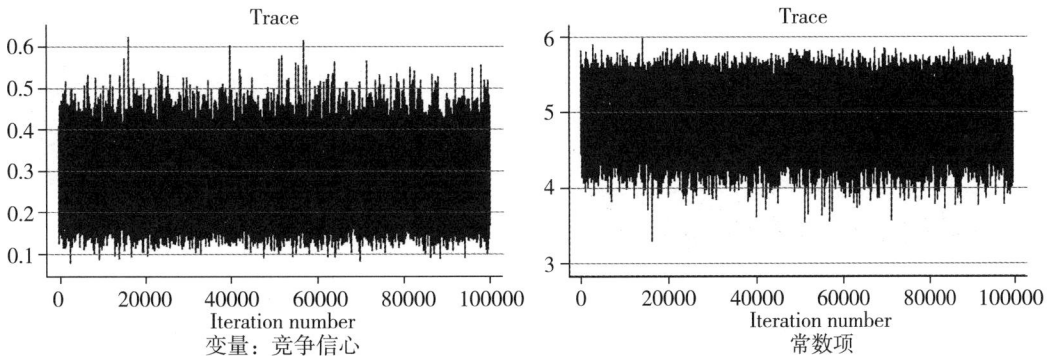

图6 模型 1 参数的迹(Trace)

以使用参数的后验均值进行统计推断。此外，我们可以清晰地从图7看出，随机生成的各样本参数自相关性在 lag 10 后都趋近于 0，确保了随机抽样过程的有效性，表明了参数估计的准确性。因此，模型 1 的估计结果可以用来进行统计推断。

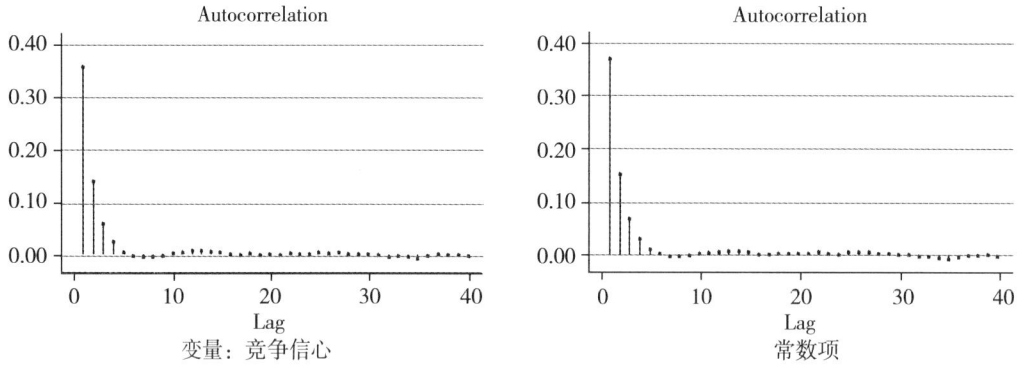

图 7　模型 1 参数的自相关性

同理，从图 8 可以看出模型 2 的变量参数具有很好的聚合性，从图 9 可以看出各参数在 lag 20 后自相关性趋近于 0。因此，模型 2 的估计结果可以用来进行统计推断。

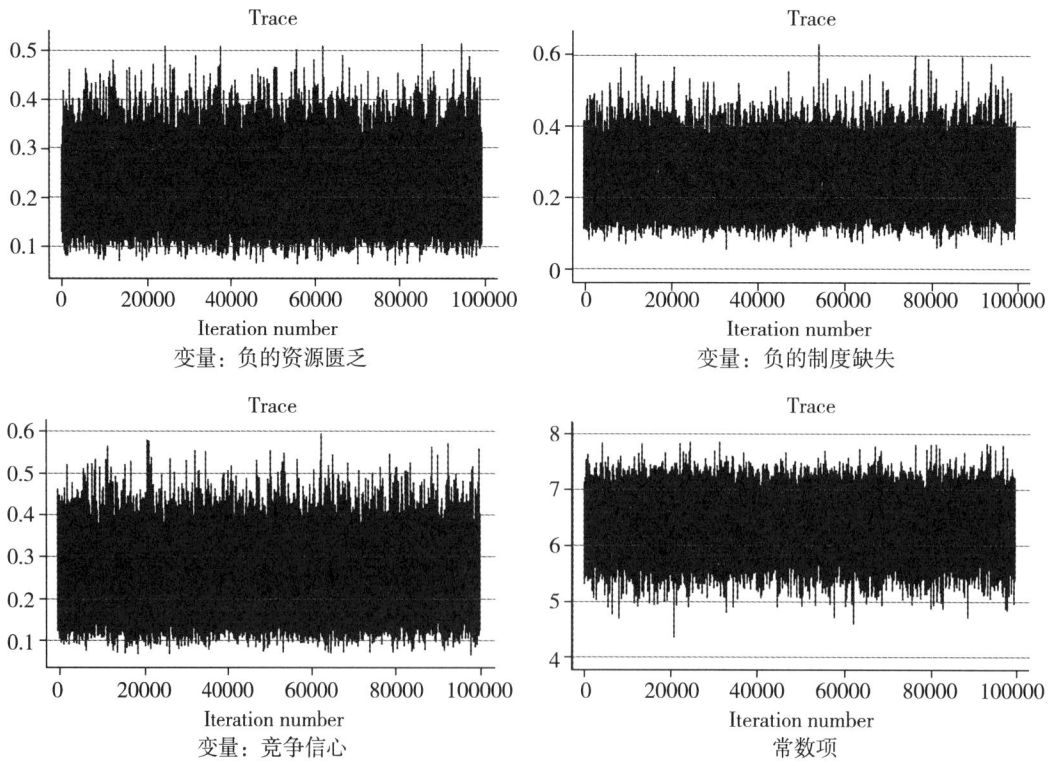

图 8　模型 2 参数的迹

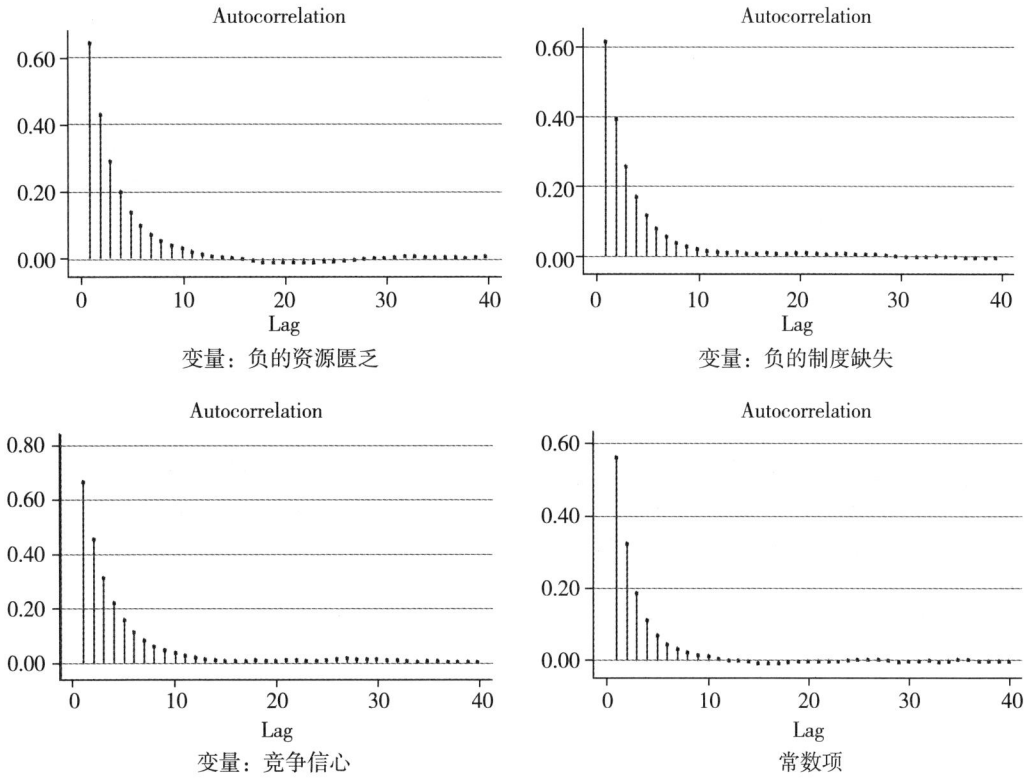

图 9　模型 2 参数的自相关性

　　从图 10 和图 11 可以看出，模型 3 各变量参数具有很好的聚合性和低的自相关性，参数均值可以用于统计推断。

　　Bayesian 回归结果如表 10 所示。参数估计的标准误差基本等于 0，表明了参数估计的准确性。

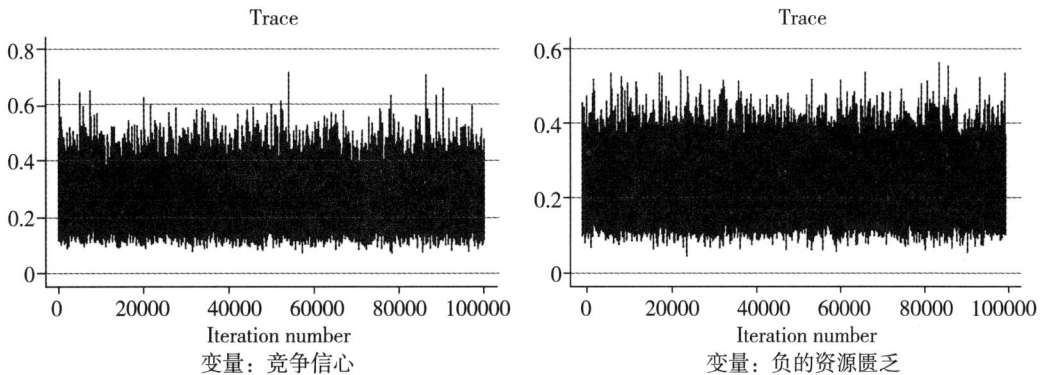

图 10　模型 3 参数的迹

Trace 变量：负的制度缺失

Trace 变量：竞争信心与资源匮乏交互项

Trace 变量：竞争信心与制度缺失交互项

Trace 常数项

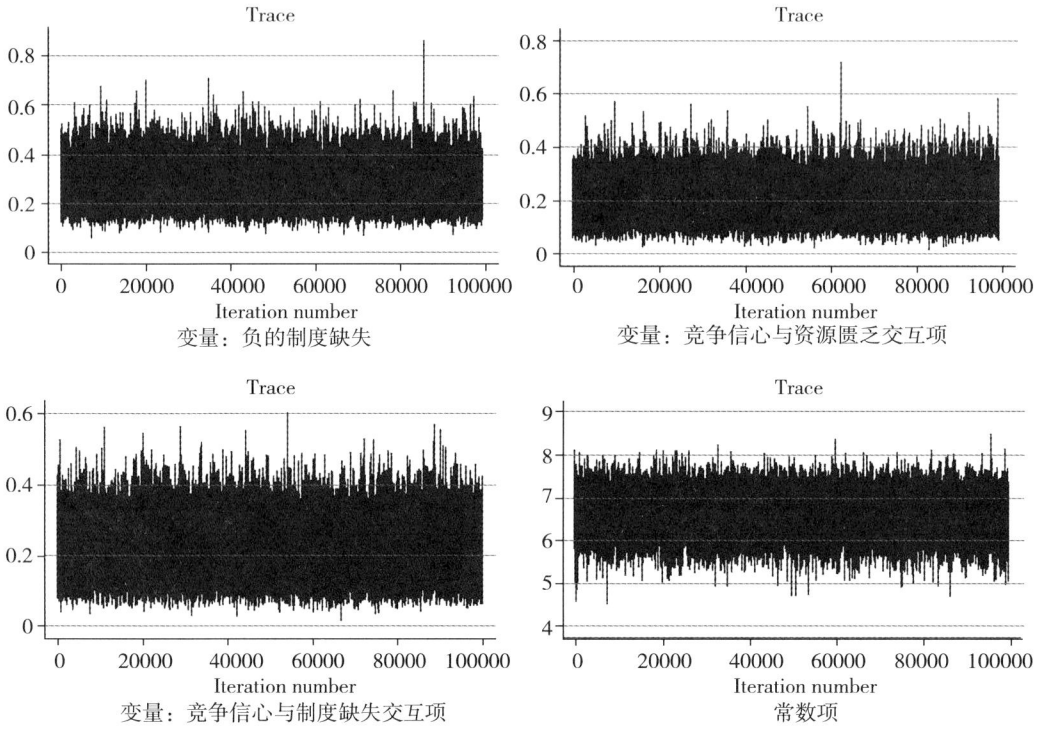

图 10　模型 3 参数的迹

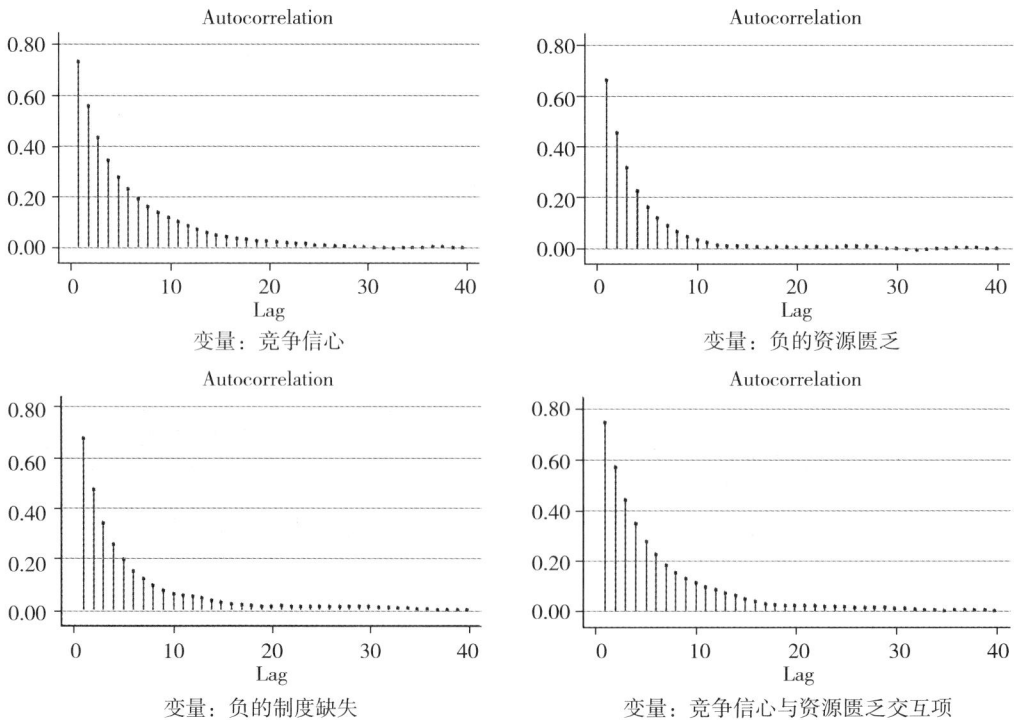

Autocorrelation 变量：竞争信心

Autocorrelation 变量：负的资源匮乏

Autocorrelation 变量：负的制度缺失

Autocorrelation 变量：竞争信心与资源匮乏交互项

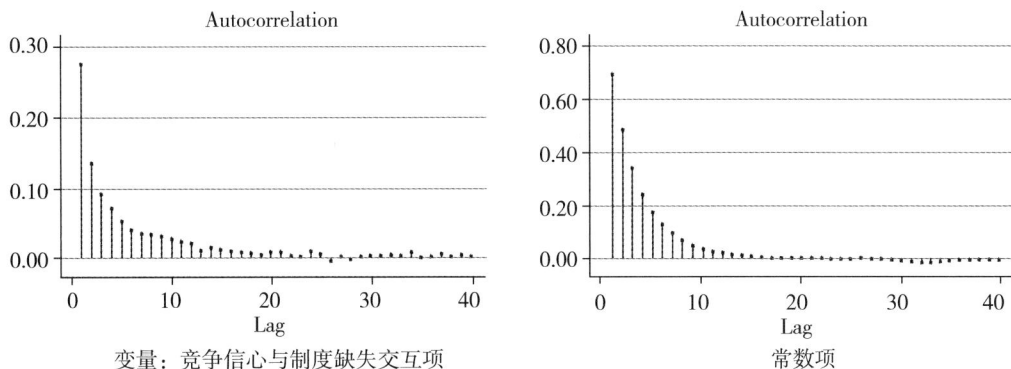

変量：竞争信心与制度缺失交互项   常数项

图 11 模型 3 参数自相关性

表 10 贝叶斯回归结果

变量	模型 1		模型 2		模型 3	
	系数平均值（MCSE）	HDP 95%置信区间	系数平均值（MCSE）	HDP 95%置信区间	系数平均值（MCSE）	HDP 95%置信区间
自变量						
竞争信心	0.28 (0.00)	(0.16,0.40)	0.25 (0.00)	(0.13,0.38)	0.27 (0.00)	(0.14,0.41)
资源匮乏			−0.22 (0.00)	(−0.33,−0.12)	−0.24 (0.00)	(−0.36,−0.12)
制度缺失			−0.25 (0.00)	(−0.38,−0.13)	−0.28 (0.00)	(−0.43,−0.15)
交互项						
竞争信心×资源匮乏					0.21 (0.00)	(0.08,0.34)
竞争信心×制度缺失					0.21 (0.00)	(0.10,0.34)
常数项	4.99 (0.00)	(4.43,5.56)	6.38 (0.00)	(5.65,7.11)	6.59 (0.00)	(5.78,7.40)
Burn-In 样本数	5000		5000		5000	
MCMC 样本数	100000		100000		100000	
模拟样本接受率	0.3691		0.35		0.3733	

可以发现，在模型 1 中，竞争信心系数均值为正（0.28），并且 0 不在 95%的最高后验密度可靠区间（HDP），因此，我们能够推断竞争信心与创新搜索意向正相关，假设 4 获得支持。模型 2 在模型 1 的基础上添加资源匮乏和制度缺失变量，竞争信心对搜索意向的正效应几乎没有发生变化（0.25），而资源匮乏和制度缺失对创新搜索意向展示出负向

影响，回归系数均值分别为-0.22和-0.25，并且0均不在三者的最高后验密度可靠区间，因此我们推断这种效应存在，假设1和假设2得到验证。模型3中，我们添加了竞争信心与资源匮乏和制度缺失的交互项，假设1、假设2、假设4验证的关系几乎没有发生变化，但两个交互项对创新搜索意向有正效应，假设3a和假设3b得到支持。

图12根据检验数据绘制了竞争信心对资源和制度变量的调节效应。

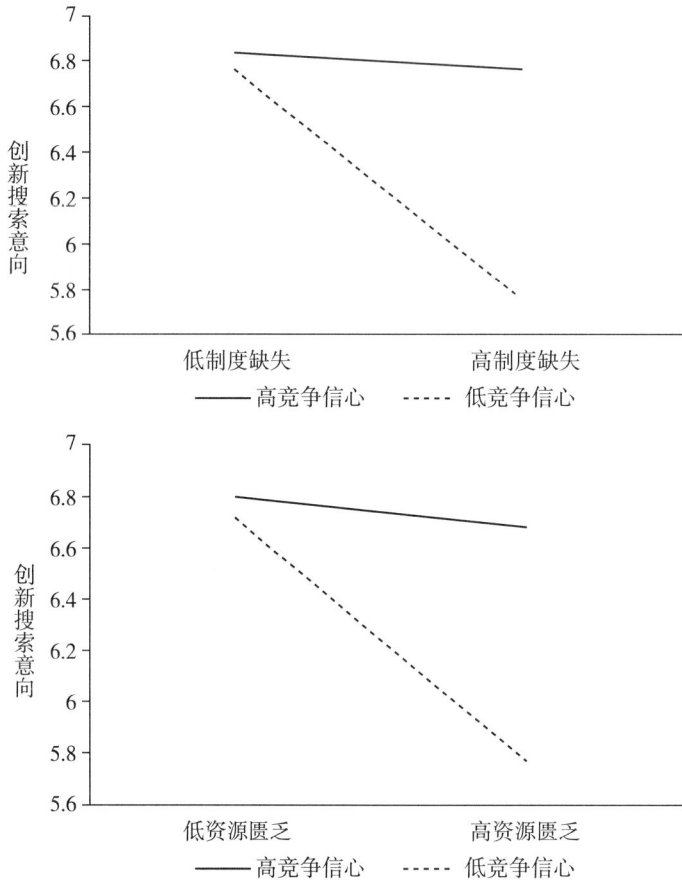

图12 竞争信心对资源和制度约束的调节作用

一点附加说明：关键变量之间关系的先验分布信息的缺失，致使通过贝叶斯分析未能发现竞争信心的中介效应，也无法检验过度自信效应。

5. 结论与讨论

5.1 研究发现总结与要旨概括

图13所呈现的既是对研究发现的总结，也是对我们的理论框架更全面的概括。图中

H1 和 H2 所示关系和虚线所隐含的所谓中介效应，乃资源观和制度观的逻辑。其假设推演和实证发现，并非本研究的要旨和学术贡献。本研究的要旨和学术贡献在于 H3a、H3b 和 H4 所表示的理论观点和研究发现。我们的实证检验基于两套背景不同的企业样本（高新产业企业和机械工业企业），并分别采用不同的分析方法，结果都一致而稳定地表明竞争信心对企业创新搜索意向具有显著而关键的作用，越是当资源匮乏时，越是当制度缺失时，竞争信心越具有重要作用。竞争信心有助于减轻资源匮乏和制度缺失所带来的对创新搜索意向的消极影响，而且，竞争信心还直接驱动创新搜索意向，促进企业创新和能力建设。

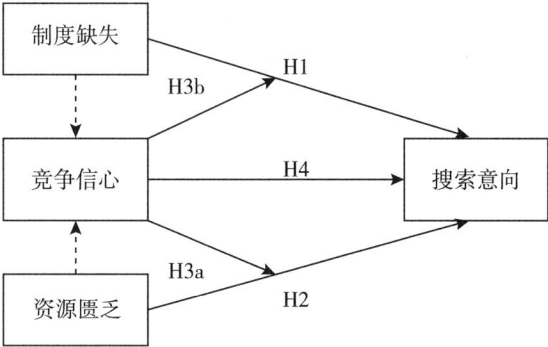

图 13　竞争信心理论模型

5.2　学术贡献

本研究最主要的学术贡献在于构建和检验了源自中国企业战略实践观察与感悟所提出的独创性理论，识别了影响企业创新搜索意向的关键认知机制，揭示了在资源和制度约束情况下企业战略行为的内在张力，找到了解决中国企业成长悖论的部分答案。

我们在构建和发展自己独创的理论之时，没有撇开当代主流战略管理文献自说自话，而是采纳和吸收现有的研究成果，始终保持学术对话。从研究结果也可看到明显的理论调和。资源观和制度观依然有着显著的解释力。事实上，时至今日仍有大量的中国企业受制于资源和制度的约束，即是明证。然而，正如我们在报告开头所强调的，资源观和制度观的内在逻辑解释不了那些"例外的"成功案例。问题是，这些看似"例外"的悖论，实质上并非"例外"，因为它们一定隐含着被当代西方主流战略思想所忽视的要素和机制。我们发现了这样的一种要素和它的作用机制。这就是信心理论。竞争信心对企业创新搜索意向的影响，实质上是把研究思路从过去停留在结构性的资源与制度变量，引导到对更加微观的认知层面的深入透视和解析，因而更可能揭示中国奇迹背后的秘密所在。信心理论和实证研究发现给我们如下启迪：软性的要素和机制不但能够调节结构性要素（资源和环境）所带来的影响，它也许还能对后者的缺失给予补偿，甚至产生一定程度的替代。这也许就是我们通常所说的"亮剑精神"的学术意义。

长期以来，我们在研究中国企业战略行为时会不由自主地援引和参考当代西方主流战略理论和研究文献，得益于斯，也受限于斯。本研究代表一次突破性尝试，在保持对话的同时，把源自实践的观察和领会通过学术文献的推演和阐释进行理论模型构建，演绎自己的理论逻辑，为研究中国企业战略行为提供新的理论视角。当然，必须申明的一点是，虽然说信心理论的启发来自于对中国企业战略成长的观察和感悟，但没有必要强调信心理论只是"中国的"或者"本土的"。我们相信竞争信心理论具有一定的普适意义。竞争信心理论不但对于同样具有资源和制度约束特征的其他新兴市场国家的情境有适用性，更一般地，对发达国家的情境，特别是在发生经济危机和市场暂时或者局部失灵的时候，对如何理解"内忧外患"的企业的差异性战略反应也有解释力。

如前文所回顾的那样，现有的战略管理研究文献缺乏对信心问题的明文讨论。但信心的意义已然隐含于诸多战略管理思想脉络之中，基本上暗含着这样的假设和逻辑：信心源自优势，或者是资源的优势，或者是市场的优势，或者来自于有利的制度环境和行业地位。这个假设和逻辑基本上就是图13中虚线所示意的部分。理解了这一点，就能更好地理解本研究的创新之处。我们与现有的主流战略管理思想的重要偏离点（Point of Departure）是我们所识别和理论化的信心机制并非资源冗余和环境有利的前提下的信心机制，而是在资源匮乏条件下和制度环境不利的情况下发挥作用的信心机制。因此，本研究拓展了战略管理研究对信心机制的理解边界，加之对创新搜索意向的聚焦，进一步推进了认知视角和注意力（Ocasio, 1997）视角向深微处的探究，故而对战略管理学的发展作出了重要贡献。

5.3 实践启示

本研究聚焦竞争信心和创新搜索意向，揭示了竞争信心在企业战略行为中的重要作用。研究发现的深刻启示在于：企业成长历程的差异，源自战略的差异；而战略的差异，大概可以被认为是源自包括竞争信心和创新搜索意向在内的认知深处的微妙差异。

我们认为，竞争信心的重要性，对于所有企业都具有鲜明的实践启示意义。国有企业转型和变革，民营企业升级和突破，创业企业稳健成长，都需要建立信心，需要增强信心，需要保持信心。需要企业家和管理者进一步思考的是，如何建立和增强信心，如何让信心保持得更为长久。这其实是一个更有意义的研究方向。

5.4 研究局限与未来研究方向

篇幅所限，这里对可以显见的技术环节上的局限，诸如测度和变量处理问题或者数据模式（横截面数据）问题，一并略过。作为初步的理论探索，本研究有几大不足之处。首先，我们在构建和检验竞争信心理论模型时，没有区分自信和过度自信的不同影响，也没有探讨是否有假自信（Pseudo-confidence）。其次，我们聚焦于对竞争信心的作用的阐释，却没有探讨信心的源泉——资源和制度环境影响之外的原因。最后，我们所提出的竞争信心只代表了一种类型的组织信心，未来的研究需要揭示其他方面的组织信心，从而完善组织信心的理论体系。

◎ 参考文献

[1] Aiken, L. S., West, S. G. *Multiple regression: Testing and interpreting interactions*[M]. Newbury Park, CA: Sage Publications, 1991.

[2] Anderson, J. C. An approach for confirmatory measurement and structural equation modeling of organizational properties[J]. *Management Science*, 1987(33).

[3] Barney, J. B. Firm resources and sustained competitive advantage[J]. *Journal of Management*, 1991(17).

[4] Baron, R. M., Kenny D. A. The moderator-mediator variable distinction in social psychological research: Conceptual, strategic, and statistical considerations[J]. *Journal of Personality and Social Psychology*, 1986, 51(6).

[5] Bearden, W. O., Hardesty, D. M., Rose, R. L. Consumer self-confidence: Refinements in conceptualization and measurement[J]. *Journal of Consumer Research*, 2001(28).

[6] Bird, B. Implementing entrepreneurial ideas: The case for intention[J]. *Academy of Management Review*, 1988, 13(3).

[7] Chen, W., Miller, K. D. Situational and institutional determinants of firms' R&D search intensity[J]. *Strategic Management Journal*, 2007(28).

[8] Child, J., Möllering, G. Contextual confidence and active trust development in the Chinese business environment[J]. *Organization Science*, 2003, 14(1).

[9] Coopersmith, S. *The antecedents of self-esteem*[M]. San Francisco: W. H. Freeman & Co, 1967.

[10] Cyert, R., March, J. *A behavioral theory of the firm*[M]. Englewood Cliffs: Prentice-Hall, 1963.

[11] Das, T. K., Teng, B. S. Between trust and control: Developing confidence in partner cooperation in alliances[J]. *Academy of Management Review*, 1998, 23(3).

[12] Fabrizio, K. R. Absorptive capacity and the search for innovation[J]. *Research Policy*, 2009(38).

[13] Garriga, H., Von Krogh G., Spaeth S. How constraints and knowledge impact open innovation[J]. *Strategic Management Journal*, 2013, 34(9).

[14] Gatignon, H. *Statistical analysis of management data*[M]. New York: Kluwer Academic Publications, 2003.

[15] Gatignon, H., Tushman, M. L., Smith, W., Anderson, P. A structural approach to assessing innovation: Construct development of innovation locus, type, and characteristics [J]. *Management Science*, 2002, 48(9).

[16] Greve, H. R. A behavioral theory of R&D expenditures and innovations: Evidence from shipbuilding[J]. *Academy of Management Journal*, 2003, 46(6).

[17] Hamel, G., C. K. Prahalad. Strategic intent[J]. *The Best of the Harvard Business*

Review, 1989.

[18] Hogarth, R. M. , Karelaia N. Entrepreneurial success and failure: Confidence and fallible judgment[J]. *Organization Science*, 2012, 23(6).

[19] Khanna, T. , Palepu, K. Is group membership profitable in emerging markets? An analysis of diversified Indian business groups[J]. *Journal of Finance*, 2000b, 55(2).

[20] Khanna, T. , Palepu, K. The future of business groups in emerging markets: Long-run evidence from Chile[J]. *Academy of Management Journal*, 2000a, 43(3).

[21] Khanna, T. , Palepu, K. Why focused strategies may be wrong for emerging markets[J]. *Harvard Business Review*, 1997, July-August.

[22] Kirkman, B. L. , Shapiro, D. L. The impact of cultural values on job satisfaction and organizational commitment in self-managing work teams: The mediating role of employee resistance[J]. *Academy of Management Journal*, 2001, 44(3).

[23] Kleinbaum, D. G. , Kupper, L. , Muller, K. E. , Nizam, A. *Applied regression analysis and other multivariable methods*. 3rd ed[M]. Pacific Grove: Duxbury Press, 1998.

[24] Leiponen A, Helfat C E. Innovation objectives, knowledge sources, and the benefits of breadth[J]. *Strategic Management Journal*, 2010, 31(2).

[25] Levinthal, D. A. , Wu, B. Opportunity costs and non-scale free capabilities: Profit maximization, corporate scope, and profit margins [J]. *Strategic Management Journal*, 2010, 31(7).

[26] Levy A. R. , Perry J. , Nicholls A. R. , Larkin D. , Davies J. Sources of sport confidence, imagery type and performance among competitive athletes: The mediating role of sports confidence[J]. *The Journal of Sports Medicine and Physical Fitness*, 2014, 55(7-8).

[27] Li, H. , Atuahene-Gima, K. The adoption of agency business activity, product innovation, and performance in Chinese technology ventures[J]. *Strategic Management Journal*, 2002 (23).

[28] Loibl, C. , Cho, S. H. , Diekmann, F. , Batte, M. T. Consumer self-confidence in searching for information[J]. *Journal of Consumer Affairs*, 2009, 43(1).

[29] Luo, Y. Are joint venture partners more opportunistic in more volatile environments? [J] *Strategic Management Journal*, 2007, 28(1).

[30] Moreno, J. J. , Castillo, L. L. , Masere, E. Z. Influence of entrepreneur type, region and sector effects on business self-confidence: Empirical evidence from Argentine firms [J]. *Entrepreneurship & Regional Development*, 2007(19).

[31] North, D. C. *Institutions, institutional change, and economic performance*[M]. Cambridge: Cambridge University Press, 1990.

[32] Nunnally, J. C. *Psychometric theory*. 2nd ed[M]. New York: McGraw-Hill, 1978.

[33] Ocasio W. Towards an attention-based view of the firm[J]. *Strategic Management Journal*, 1997(1).

[34] Penrose, E. T. *The growth of the firm*[M]. New York: Wiley, 1959.

[35] Podsakoff, P. M. , Organ, D. W. Self-reports in organizational research: Problems and prospects[J]. *Journal of Management*, 1986(12).

[36] Rhee, M. , Kim, Y. C. , Han, J. Confidence in imitation: Niche-width strategy in the UK automobile industry[J]. *Management Science*, 2006, 52(4).

[37] Sobel M. E. Asymptotic confidence intervals for indirect effects in structural equation models [J]. *Sociological Methodology*, 1982(13).

[38] Stajkovic, A. D. , Luthans, F. Self-efficacy and work-related performance: A meta−analysis [J]. *Psychological Bulletin*, 1998, 124(2).

[39] Tripsas, M. , Gavetti, G. Capabilities, cognition, and inertia: Evidence from digital imaging[J]. *Strategic Management Journal*, 2000(21).

[40] Vealey, R. S. Conceptualization of sport-confidence and competitive orientation: Preliminary investigation and instrument development[J]. *Journal of Sport Psychology*, 1986(8).

[41] Vithessonthi, C. , Schwaninger, M. Job motivation and self-confidence for learning and development as predictors of support for change [J]. *Journal of Organizational Transformation and Social Change*, 2008, 5(2).

[42] Wernerfelt, B. A resource-based view of the firm[J]. *Strategic Management Journal*, 1984 (5).

[43] Williamson, O. E. *Markets and hierarchies*[M]. New York: Free Press, 1975.

[44] Zhang, Y. , Li, H. , Hitt, M. , Cui, G. R&D intensity and international joint venture performance in an emerging market: Moderating effects of market focus and ownership structure[J]. *Journal of International Business Studies*, 2007(38).

[45] Zyphur, M. J. , Oswald, F. L. Bayesian estimation and inference: A user's guide [J]. *Journal of Management*, 2015, 41(2).

Search Intent of Resource-poor Companies under Institutional Voids: The Role of Competitive Confidence

Zhou Changhui[1] Lu Tianchi[2] Zhang Cheng[3]

(1, 2 Guanghua School of Management of Peking University, Beijing, 100871;

3 Beijing City University, Beijing, 100083)

Abstract: This paper attempts to reconcile the paradox that exists in applying the dominant theoretical perspectives such as RBV and IBV to explain the "exceptional cases" of the growth of Chinese companies. We advance a confidence model, theorizing the role of competitive confidence in the process of innovation search. We argue that confidence helps alleviate the negative impact of resource-poorness and institutional voids on search intent. Confidence also has direct, positive effect on search intent. In order to investigate the separate and joint effects of resource poor-ness, institution voids and competitive confidence on the search intent, we implemented two empirical tests by utilizing two sets of survey data and by employing two different analytical techniques. Results provide strong support for our conceptual model empirical analysis provides strong support for our conceptual model. Implications of the confidence theory and our findings are discussed.

Key words：Competitive confidence；Search intent；Resource poor-ness；Institutional voids

专业主编：陈立敏

附录

2009 年调查问卷及指标

问　　卷	Cronbach's Alpha
采用七点李克特量表，刻度范围从"非常不同意"到"非常同意"	
创新搜索意向（SI）	0.793
SI_1　我们需要在技术引进和消化吸收向前迈一步	
SI_2　我们需要在增加研发费用并加大技术创新力度方面向前迈一步	
SI_3　我们需要在原创性技术创新方面向前迈一步	
SI_4　我们需要在基于引进技术的二次开发方面向前迈一步	
SI_5　我们需要在建立自己的研发机构方面向前迈一步	
SI_6　我们需要在与高校和科研单位合作方面向前迈一步	
资源境况（R）	0.820
R_1　财务资源	
R_2　人力资源	
R_3　知识资源	
R_4　组织资源	
R_5　物质资源	
制度境况（ConCf）	0.739
$ConCf_1$　本企业容易获得银行贷款	
$ConCf_2$　本企业可以得到实质性的政府财政扶持	
$ConCf_3$　现有人事户口制度有利于本企业吸引人才、留住人才	
$ConCf_4$　本企业投资人、创业者等的合法权益能得到有效保障	
$ConCf_5$　本企业可以从政府有关部门获得有价值的创业与发展信息	
$ConCf_6$　本企业可以从市场与合作伙伴获得有价值的创业与发展信息	
$ConCf_7$　本企业感受到的政府政策是稳定的、可预测的	

问　卷	Cronbach's Alpha
ConCf$_8$　在我们看来，有效的知识产权交易市场是存在的	
ConCf$_9$　本企业的市场交易合约能得到有效保护	
竞争信心（ComCf）	0.763
ComCf$_1$　本企业在国内市场上的竞争力	
ComCf$_2$　本企业在国际市场上的竞争力	
ComCf$_3$　本企业的长期盈利能力	
ComCf$_4$　本企业的抗风险能力与适应能力	
ComCf$_5$　本企业的研发与创新能力	
ComCf$_6$　本企业的生产运营能力	
ComCf$_7$　本企业的市场营销能力	

注：只计算使用条目的 Cronbach's Alpha 系数。

企业的国际市场进入模式研究[*]

——基于 1986—2016 年国际顶级管理学期刊的文献计量分析

● 陈立敏[1]　万晨曦[2]

（1，2　武汉大学经济与管理学院　武汉　430072）

【摘　要】企业的国际市场进入模式主要有哪些？企业根据哪些因素来选择合适的国际市场进入模式？不同的进入模式又会如何影响企业国际化经营的绩效？针对这些国际化战略领域的核心问题，本文通过对 1986—2016 年三十年来国际相关研究的系统回顾，首先从所有权形式、控制程度、资源承诺水平三个角度，对国际市场进入模式进行了分类和比较；然后以管理学顶级期刊 UTD24 中的 239 篇进入模式研究论文为样本，应用 CiteSpace 软件分析了该领域的高频关键词与研究特点和发展趋势；最后探讨了影响国际市场进入模式选择的国家、产业、企业三层面因素，以及企业的进入模式选择对国际化绩效的影响。

【关键词】国际市场进入模式　CiteSpace　国际化绩效

中图分类号：C93　　文献标识码：A

1. 引言

随着全球经济日益一体化，越来越多的大企业乃至中小企业选择"走出去"，向国际市场进行拓展。通过进入国际市场，企业可以获得更大的经营规模、更好的利润水平，同时也需要投入更多的资源并承担相应的风险。在企业的国际市场进入决策中，首先需要明确进入模式（entry mode）问题。如何根据企业的具体情况，在复杂多变的国际环境下确定合适的进入模式——合资、独资、出口还是跨国并购等，关系到企业在国际市场能否存活及绩效好坏（Chang 等，2013；綦建红和杨丽，2014；洪联英等，2015；陈丽丽，2015）。

---

* 基金项目：教育部哲学社会科学研究重大课题攻关项目"战略性新兴产业国际化发展战略研究（14JZD017）；国家社会科学基金重大招标项目"改革开放以来中国管理学的发展研究（10&ZD136）；国家社会科学基金重大招标项目"全球产业链转移新趋势下的中国出口价值链提升举措研究"（15ZDA061）；国家自然科学基金面上项目"国际化战略是否有助于企业提高绩效？基于资源和制度的双重调节模型构建"（71372123）。

通讯作者：万晨曦，E-mail：676408514@qq.com。

企业的国际市场进入模式主要有哪些？企业根据哪些因素来选择合适的国际市场进入模式？不同的进入模式又会如何影响企业国际化经营的绩效？针对这些国际化战略领域的核心问题，本文通过对 1986—2016 年三十年来国际相关研究的系统回顾，首先从所有权形式、控制程度、资源承诺水平三个角度，对企业国际市场进入模式进行了分类和优缺点比较。其次，本文以管理学顶级期刊 UTD24 中的 239 篇进入模式研究论文为样本，应用 CiteSpace 软件分析了该领域的高频关键词与共现频次，以准确了解这些问题的研究重点与发展趋势。通过分析我们发现由于国际化战略从发达经济体企业逐渐扩展到新兴经济体企业，进入模式研究仍然是目前国际化战略的重要内容。最后，本研究还进一步讨论了影响国际市场进入模式选择的国家、产业、企业三层面因素，以及企业进入模式选择对国际化绩效的影响。

2. 国际市场进入模式的分类与比较

2.1 进入模式的概念与界定

关于进入模式，不同学者从不同角度给出了多种定义和分类方式。作为国际商务顶级期刊 *Journal of International Business Study*（简称 JIBS）全部发表论文中引用率第六的文章，Anderson 和 Gatignon（1986）较早专门讨论了外国市场进入模式，认为企业将生产分销等经营职能推衍至本国市场之外时，必须选择成本最低的国外市场进入方式。Root（1987）在专著中则将进入模式视为企业把产品、工业技术、人员技能、管理或其他资源转移到国外时所采用的制度安排。Hill 等（1990）在另一份国际顶尖学术期刊 *Strategic Management Journal*（简称 SMJ）发表的论文中指出，跨国公司决定进入外国市场后必须确定组合其外国经营活动的合适方式，此即合适的进入模式。Sharma 和 Erramilli（2004）则提出，进入模式的选择实际上是企业对制造与营销活动的区位选择及股权模式两方面进行战略决策，进入模式就是企业自己或通过与其他企业合作能在海外目标市场进行产品生产和销售活动的结构性安排。

2.2 进入模式的种类及分类维度

企业的国际市场进入模式有多种选择，需要依据内部资源、需求及外部环境变量来选择最合适的模式。Kogut 和 Singh（1988）在 JIBS 引用率第二的论文中，将进入模式分为收购、合资、绿地投资三类。Erramilli（1991）依据控制程度将服务企业的进入模式分为共享控制和完全控制两种。营销大师 Kotler 等（2003）则将市场进入模式分成五类：间接出口、直接出口、授权、合资、直接投资。

综合各相关研究的不同分类视角，本文总结出以下三种常见的分类维度与方式，如表 1 所示：

表 1　　　　　　　　　　　　　　国际市场进入模式的分类方式

分类标准	进 入 模 式			
1. 所有权程度 degree of ownership	股权方式 equity-based	合资企业 joint venture	多数股权 majority ownership	
			少数股权 minority ownership	
			对等股权 50%~50% ownership	
		全资子公司 wholly-owned subsidiary	绿地新建 green-field investment	
			兼并收购 merger & acquisition	
	非股权方式 non-equity-based	出口 exporting	直接出口 direct exporting	
			间接出口 indirect exporting	
		合同协议 contractual agreements	许可/特许经营 liccnsing / franchising	
			交钥匙工程 turn-key project	
			研发合同/联合营销 R&D contracts / joint marketing	
2. 控制程度 level of control	高控制模式 high level	绝对控股 dominant shareholder，全资子公司 wholly-owned subsidiary		
	中控制模式 medium level	较大股权合资 plurality shareholder，对等股权合资 equal partner，合同管理 contract management，特许经营 franchise		
	低控制模式 low level	分散权益公司 dispersive equity，小股东公司 small shareholder，非独占性非限制性合同 nonexclusive nonrestrictive contracts		
3. 资源承诺水平 Resource commitment	高资源承诺 high level	全资子公司 wholly-owned subsidiary		
	中资源承诺 intermediate level	合资子公司 joint venture		
	低资源承诺 low level	许可协议 licensing		

来源：本文作者根据相关文献整理制作。

（1）所有权程度：根据所有权程度将国际市场进入模式分为股权方式和非股权方式两种。股权方式主要包括合资企业和全资子公司，全资子公司又可分为绿地新建和兼并收购两种，合资企业也可分为多数股权、少数股权和对等股权。非股权方式主要包括出口和合同协议，出口可分为企业自营直接出口和代理公司间接出口，合同协议又包括许可/特许经营、交钥匙工程、研发合同/联合营销等。

（2）控制程度：根据控制程度可将海外市场进入模式分为高控制模式、中控制模式、低控制模式（Anderson 和 Gatignon，1986）。其中高控制模式包括绝对控股和全资子公司；

中控制模式包括对等股权合资、较大股权合资、合同管理、特许经营；低控制模式包括分散权益公司、非独占性非限制性合同、小股东公司等方式。

（3）资源承诺：根据资源承诺水平将进入模式分为高资源承诺、中资源承诺、低资源承诺水平模式。根据 Hill 等（1990）的研究，所谓资源承诺是指专用性资产不能够被挪作他用而不产生任何费用或价值折损。在他们的分类方式中，全资子公司属于高资源承诺水平，合资子公司处于中等资源承诺水平，许可协议则属于低资源承诺水平。

2.3 主要进入模式的特点比较

进一步地，如表 2 所示，本文对几种主要的国际市场进入模式进行了各自的优缺点比较：

表 2   主要进入模式的优缺点比较

进入模式	优　点	缺　点
出口	• 免除企业在东道国建造生产设施的高额成本 • 发挥企业过剩的生产能力，实现规模经济 • 避免太大的风险和国际经营失误的重大损失	• 不能获得区位经济的好处 • 可能会有高额的运费和关税 • 当地出口代理常常没有自己经营得好 • 容易引致贸易摩擦
许可/ 特许经营	• 企业不用承担开拓海外市场的成本和风险 • 企业希望进入海外市场时不必受资源不足或投资政策制约 • 企业拥有可能有商业用途的无形资产时可以不用自己开发 • 授权企业依靠技术迅速增长，并获得全球声誉	• 企业不能严密控制生产、销售等各环节 • 企业无法应用跨国协调战略来应付全球竞争 • 存在失去核心竞争力的危险 • 收益偏少
交钥匙工程	• 可利用复杂工序、技术秘诀等无形资产获得巨大的经济回报 • 无须长期大量投资，风险比常规 FDI 小 • 国际经济合作带动国际劳务输出	• 承包方在外国不会有长期利益 • 常常失去市场，并可能创造出竞争者
合资企业	• 有利于对东道国环境的熟悉 • 有利于突破政策限制 • 有利于投资成本的分摊 • 有利于向合作伙伴学习，利用其市场及渠道	• 容易造成技术外泄 • 容易失去控制权 • 不利于跨国公司全球整体战略的实施 • 利润被摊薄，管理成本上升
全资子公司	• 确保技术优势不会因泄密而丧失 • 对子公司拥有完全的控制权 • 使子公司符合全球整体战略 • 从经营获利中达到企业增值最大化	• 独自承担大量的开发和投资费用 • 面临经济、政治等东道国国家风险 • 对东道国环境熟悉缓慢 • 可能被东道国政府给予歧视的差别待遇
国际战略联盟	• 为进入外国市场提供方便 • 分担固定成本和研发风险 • 共同开发重点关键技术 • 确定有利的行业标准	• 给了竞争对手低成本获得新技术和市场的途径

来源：本文作者整理制作。

（1）出口。使用出口这种国际市场进入模式可以免除企业在东道国建造生产设施的高额成本，同时有助于企业发挥过剩的生产能力，实现规模经济，也能够避免企业承担太大的风险以及国际经营失误造成的重大损失。但是，仅仅通过出口无法获取区位经济的好处，同时企业可能面临高额的运费和关税，当地出口代理也常常没有企业自己经营得好，大量出口顺差还可能引致和东道国之间的贸易摩擦。

（2）许可和特许经营。在这两种模式下，企业不用承担开拓海外市场的成本和风险，希望进入海外市场时也不必受资源不足或投资政策的制约，还可依靠技术授权获得迅速成长，并在短期内赢得全球声誉。但主要问题是企业对这两种进入模式的控制程度较低，其中许可经营比特许经营的控制程度更低一些，因此无法严密监控生产、销售各环节，也不能应用跨国协调战略应付全球竞争，同时收益较少，并且存在授权后失去核心竞争力的风险。

（3）交钥匙工程。又叫全承包工程，是当企业拥有复杂工序、技术秘诀等无形资产时，使之获得巨大经济回报的一种进入方式，常常应用于炼油厂、炼钢厂、化工厂等需要复杂综合技术的项目，它就相当于"出口"企业（export firms）。这种方式无需长期大量投资，风险也较常规 FDI 小，并且可以通过该方式利用国际经济合作带动国际劳务输出。但是使用交钥匙工程方式由于在国外只是承包工程，没有永续实体，难以获得长期利益，工程完成后就会撤出该市场，还可能在当地创造出自己的竞争者。

（4）合资企业。相比全资子公司方式，合资企业进入方式对东道国环境的熟悉变得简单，更容易突破投资政策的限制，同时合作伙伴之间可以分摊投资成本、互相学习并利用对方的市场和渠道。但该模式容易造成技术外泄、丧失企业控制权，也不利于跨国公司全球整体战略的实施，同时经营利润会因合资方分享而摊薄，管理协调成本也比较高。

（5）全资子公司。反过来，采用全资子公司的进入模式可以确保技术优势不会因外泄而丧失，同时母公司对子公司拥有完全的控制权，使其活动符合全球整体战略，并能独享国际化经营中的利润，达到企业增值最大化。但该模式必须独自承担大量的开发和投资费用，并不得不独立面对政治、经济等东道国国家风险，对东道国环境的熟悉也比较缓慢，还有可能会面临东道国的歧视和差别待遇。

（6）国际战略联盟。国际战略联盟的进入模式可以为企业进入外国市场提供方便，同时联盟伙伴间可以分担固定成本和研发风险，并共同开发一家企业不容易开发的重点关键技术，还可利用几家主导企业的战略联盟而共同建立对联盟方有利的行业标准。但这种伙伴间的分享性质，也可能会导致竞争对手以低成本获得新技术和市场。

3. CiteSpace 文献计量分析

3.1 样本来源及特征

由于一流学术期刊发表的文献质量较好、信度较高，能准确表征研究状况，本文的样本文献全部来源于公认的 24 种管理类世界顶级期刊 UTD24。我们首先选取其中研究领域为管理（management）的 11 种期刊，而去除研究领域为会计（accounting）、金融（finance）、信息系统(information system)、营销(markeing)的 13 种期刊;然后以这 11 种期刊 1986—2016 年发表的所有论文为初始样本,在 Web of Science 数据库中,分别以"entry mode"、"mode of entry"或"foreign entry"作为标题、关键词和摘要进行检索①;最后得到符合条件的研究样本共计 239 篇文献,具体样本分布如表 3 所示。从表 3 的统计结果可以看到:

(1)从 1986 年至今,与进入模式相关的文献发表数量在不同期刊间差异很大,其中,发表数量最多的期刊为 JIBS,多达 143 篇,发表数量第二多的为 SMJ,有 54 篇之多。但也有 4 种期刊 30 年间该问题研究文献刊出不超过 10 篇。

(2)刊登进入模式研究比较早的 4 种期刊是:JIBS、SMJ、《管理学会杂志》(AMJ)、《管理科学》(MS),从 20 世纪 80 年代末 90 年代初开始刊登而持续至今,尤其是 JIBS 和 SMJ,几乎每年都会刊登该问题研究文献。刊登进入模式研究比较晚的 4 种期刊为:《组织科学》(OS)、《管理学会评论》(AMR)、《管理科学季刊》(ASQ)、《运营管理杂志》(JOM),从 21 世纪才开始刊登。但 8 种期刊中的大多数直到最近几年仍在持续刊登本问题研究文献。

(3)结合直观的图 1 和图 2 可以发现,在第一阶段 1986—1995 年,顶级管理类期刊中有关进入模式的研究文献数量较少,每年不超过 4 篇,而且发表年份是断续的,即常有年份为 0 篇。在第二阶段 1996—2005 年,文献数量显著上升,每年都有 5~10 篇研究论文刊出。最近十年的第三阶段 2006—2016 年,有关进入模式的研究文献数量并未减少,而是进一步大幅增加,不少年份的刊出文献甚至在 20 篇上下。

表3　　　　　　　　　　　　　　　　　文献样本分布

序号	期刊名称	名称缩写	样本文献数量	文献发表时间
1	*Journal of International Business Studies*	JIBS	143	1986—2016
2	*Strategic Management Journal*	SMJ	54	1990—2015
3	*Academy of Management Journal*	AMJ	19	1990—2016
4	*Organization Science*	OS	11	2002—2014
5	*Management Science*	MS	5	1993—2013
6	*Academy of Management Review*	AMR	4	2002—2008
7	*Administrative Science Quarterly*	ASQ	2	2009,2015
8	*Journal of Operations Management*	JOM	1	2005

来源:本文作者整理制作。

以上样本文献的期刊分布和时间分布说明了两点初步结论:(1)有关国际市场进入模式的研究 30 年来一直是管理学研究的一个重要领域,并方兴未艾,目前尚无热度降低的

①　11 种期刊中有 3 种期刊的检索结果为 0,这 3 种期刊分别是:*Operations Research*,*Manufacturing & Service Operations Management*,*Production and Operations Management*。

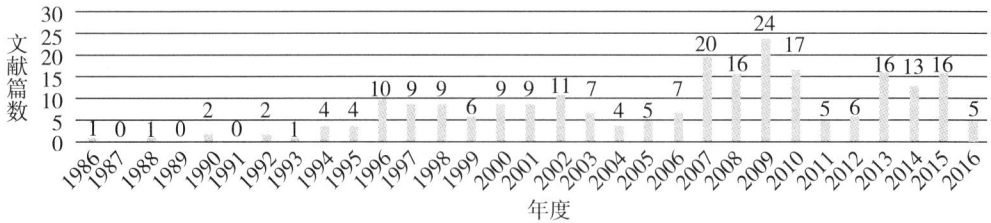

图1 1986—2016年UTD24发表进入模式研究的文献数量

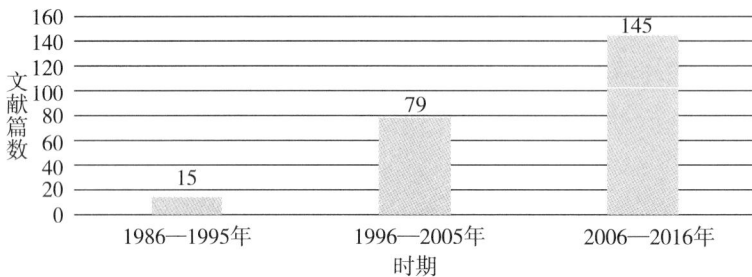

图2 三个时期中UTD24刊发进入模式研究的文献数量

迹象。(2)不同管理学顶级期刊对于进入模式研究的发表存在明显偏好,JIBS和SMJ是两大主要发表期刊,说明国际市场进入模式问题是国际商务领域和企业战略领域的重要问题。

3.2 CiteSpace 文献可视化分析

CiteSpace 是"Citation Space"的简称,是在科学计量学和数据可视化背景下逐渐发展起来的一款引文可视化分析软件。CiteSpace 软件可针对样本文献的标题、关键词、作者、被引文献等相关信息进行分析并形成可视化的结果,分析一个知识领域的演进过程并展现为可视化的知识图谱(陈悦等,2015)。Chen(2006)详细介绍了 CiteSpace 的原理,并将其应用于大规模生物集群灭绝和恐怖主义两个研究领域的分析。在战略管理研究领域,谭力文和丁靖坤(2014)将 CiteSpace 应用于文献分析,并认为这种文献计量分析能够有效避免主观性和知识盲区。

我们应用 CiteSpace 软件对239篇进入模式研究的样本文献进行了关键词提取和共现分析,将关键词频次数值归纳于表4中。表4除了列示整个30年间进入模式研究的前十高频关键词之外,还进一步划分1986—1995年、1996—2005年、2006—2016年三个时段来显示高频共现关键词的变化趋势。可视化结果则如图3所示,图3显示了频次大于30的全部关键词,图中节点半径越大代表该关键词的出现频次越高。

(1)我们的分析首先发现30年间的进入模式研究中,存在大量的低频次甚至是一次性关键词,这说明进入模式的研究非常多样化,许多研究在试图拓展不同的研究课题和研究视角。

（2）在出现频次上，"进入模式"（entry mode）最高，接下来为"选择"（choice）、"战略"（strategy）和"合资企业"（joint venture），都达到了 100 以上的频次。看来在进入模式的研究中，不同模式之间的选择是研究重点，而进入模式的选择正是企业战略的一种体现，在所有进入模式中合资企业的研究又受到特别青睐。

（3）图 3 中的高频次关键词，显示了进入模式研究集中在这样几个方面：①"合资企业"（joint venture）、"跨国公司"（multinational corporation）、"直接投资"（direct investment）、"联盟"（alliance），这是进入模式研究的几个热点研究对象。②"选择"（choice）、"战略"（strategy）、"绩效"（performance），这是进入模式研究的几个热点研究问题。③"美国"（United States）、"日本企业"（Japanese firms）、"新兴经济体"（emerging economy），这是进入模式研究的几个热点研究区域。④"交易成本分析"（transaction cost analysis）、"文化"（culture），这是进入模式研究的几个热点理论视角。

（4）从表 4 中三个阶段的高频关键词可以发现，初始阶段的进入模式研究关注现象之下的理论成因，如交易成本理论、折中理论等，侧重于建立分析的理论框架。随着研究的发展，确立了明确的研究问题和研究角度：选择、战略、绩效等。研究趋于成熟后，关于具体研究对象如合资企业、跨国公司等更有针对性的研究占据了主体。

（5）热点研究区域 30 年来也随阶段而变化。早期研究以美国等发达经济体为样本企业的主要来源地理区域，目前中国、中东欧等"新兴经济体"也逐渐成为高频关键词和主要研究区域，同时"美国"这一研究地理区域热度并未降低。

基于上述分析，我们认为，进入模式研究之所以能够历经 30 年而仍处于管理学研究——尤其是企业战略管理和国际商务研究的中心，其原因正在于研究对象、研究问题、研究重点——特别是地理区域重点的不断发展变化。继发达经济体之后，中国等大量新兴经济体中的企业加入浩浩荡荡的国际化洪流，成为国际化经营的另一主体，使得国际市场进入模式研究不仅热度未减，反而持续升温。

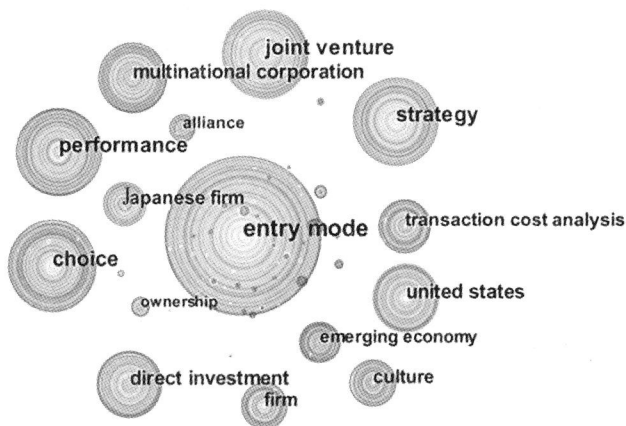

图 3　1986—2016 年进入模式研究的高频关键词

表4 　　　　　　1986—2016 年进入模式研究前十的高频关键词

序号	1986—2016 年		第一阶段:1986—1995 年		第二阶段:1996—2005 年		第三阶段:2006—2016 年	
	总频次	关键词	频次 1	关键词	频次 2	关键词	频次 3	关键词
1	169	进入模式 (entry mode)	10	进入模式 (entry mode)	59	进入模式 (entry mode)	100	进入模式 (entry mode)
2	105	选择 (choice)	6	交易成本分析 (transaction-cost-analysis)	44	战略 (strategy)	65	选择 (choice)
3	102	战略 (strategy)	6	选择 (choice)	34	选择 (choice)	63	绩效 (performance)
4	100	合资企业 (joint ventures)	6	绩效 (performance)	33	合资企业 (joint ventures)	63	合资企业 (joint ventures)
5	95	绩效 (performance)	5	战略 (strategy)	32	美国 (United States)	57	跨国公司 (multinational-corporation)
6	87	跨国公司 (multinational-corporation)	4	折中理论 (eclectic theory)	27	企业 (firm)	54	直接投资 (direct-investment)
7	84	美国 (United States)	4	跨国公司 (multinational-corporation)	26	绩效 (performance)	53	战略 (strategy)
8	76	直接投资 (direct-investment)	4	合资企业 (joint ventures)	26	跨国公司 (multinational-enterprise)	49	美国 (United States)
9	73	交易成本分析 (transaction-cost-analysis)	3	经验 (experience)	22	交易成本分析 (transaction-cost-analysis)	45	交易成本分析 (transaction-cost-analysis)
10	59	企业 (firm)	3	美国 (United States)	21	直接投资 (direct-investment)	43	新兴经济体 (emerging economy)

来源：本文作者整理制作。

4. 影响进入模式选择的因素

由于存在多种国际市场进入模式，而国际市场投资的主体不同、环境不同，影响因素也不同(卢汉林和廖慧，2015)，那么应考虑哪些因素，如何在不同模式间做出选择，就成为一个研究重点、难点和分歧点。例如，Anderson 和 Gatignon(1986)认为应该选择最有效率的进入模式，Kim 和 Hwang(1992)则提出不应单纯考虑一个子公司单元的效率，而应考虑整个企业在全球的战略目标而决定进入模式。通过对国内外相关文献的系统回顾，本文归纳出影响企业进入模式选择的三层面六种因素：

4.1 国家层面

（1）政治风险。政治风险是一项复杂的影响因素，在目前的各研究中，政治风险既包括政局的不稳定性、东道国市场的法律规范变化，还包括东道国和母国之间的制度距离。Brouthers 等（2008）认为，政治风险会增加企业进入新市场的投资风险和费用，会限制企业的商业活动及对资源的获取，妨碍企业获得正当性，影响企业提升效率。Kim 和 Hwang（1992）认为当国家风险比较高的时候，跨国企业为了避免暴露在这种风险中，会限制自身的资源承诺，也就是说，其他因素不变，国家风险越高，跨国企业越愿意选择低资源承诺的进入模式。

最近研究中，Hernández 和 Nieto（2015）以欧洲市场的中小企业为例，研究制度距离的方向和大小对企业进入模式的影响。该研究创新性地将制度距离的绝对值加上方向，从制度监管较弱的欠发达地区向制度监管较强的发达地区转移为正的制度距离，反之则为负的制度距离。当正的制度距离增大时企业更愿意选择高资源承诺水平的进入模式；而当负的制度距离增大时企业更愿意选择低资源承诺水平的进入模式。

（2）文化距离。Anderson 和 Gatignon（1986）在用交易成本经济学框架分析企业进入模式时，结果显示母国和东道国之间的社会文化距离大时，低控制和高控制程度的进入模式都比中等控制的进入模式更有效率。Kogut 和 Singh（1988）则认为文化距离的存在会对不同的进入模式产生不同的影响，导致不同的费用。实证结果表明，两国间文化距离越大，企业越容易选择全资或合资方式而非收购。Brouthers（2002）的做法又有所不同，他以投资风险和市场潜力等来度量文化环境，认为当投资风险较低时企业应该选择全资子公司的进入方式，反之则选择合资企业的进入方式；对于高速增长的市场企业应该选择全资子公司方式，对于低速发展的市场则应选合资企业方式。

值得注意的是，上述不同研究对于文化距离的表述也存在差异，Anderson 和 Gatignon（1986）使用"社会文化距离"（sociocultural distance）来进行表述；Kogut 和 Singh（1988）则同时度量"文化距离"（cultural distance）和"不确定性回避"（uncertain avoidance）；而 Brouthers（2002）认为"文化背景"（cultural context）内容非常广泛，是由经济、政治、法律和文化体系组合形成的综合环境，甚至包括投资风险和市场潜力。

4.2 产业层面

（1）产业结构。产业的结构和种类决定了企业的竞争形式和竞争战略，不同产业中的竞争强度不同、资产专用性不同，最终产品的形态和特点也不同，这些不同特性决定了不同产业的国际企业在进入国际市场时会选择不同的进入模式。多数研究认为，企业在进入国际市场时更倾向于进入和母国文化距离小的国家，以减小适应费用，同时，企业的跨国经验丰富会促使企业选择和母公司整合度更高的进入模式。然而 Erramailli（1991）以服务型企业为样本的研究表明，服务型企业更愿意选择文化距离大的国家投资，而且国际化经验与进入模式的控制程度成 U 形关系，显示了产业不同会导致进入模式的选择差异。

Blomstermo 等（2006）专门研究了进入模式在制造业的研究结果是否适用于服务业。该研究基于 140 家瑞典服务公司的数据，分析结果显示，对比可从制造业企业进行关联学习的硬服务企业，需要与东道国客户进行更多交流的软服务企业更倾向于选择高控制的进入模式，更具有个体独特性。Slangen 和 Hennart（2007）通过对已有实证研究文献进行综述，探讨跨国企业进入模式中绿地方式和收购方式的选择，结论是进入模式选择还会受到东道国该产业状况的影响，在进入集中度较高的产业时，跨国企业更倾向于选择收购方式。

（2）产品市场潜力。Agarwal 和 Ramaswami（1992）提出市场潜力是决定海外投资的重要元素，高潜力市场能给企业带来长久的市场份额和更持久的盈利。他们的分析结果显示，具有国际经验的大规模企业在进入低潜力的产品市场时，趋于选择独资模式；而跨国经验少的小规模企业在进入高潜力市场时，趋于选择合资形式。

Brouthers（2002）的研究也认为企业进入高增长市场趋向于选择全资企业，进入低速市场时趋于选择合资企业。Chen 和 Hu（2002）则从另一个分类角度进行了此项研究，认为当企业进入的市场或产业部门有高潜力时，企业会选择高控制的进入模式。

4.3 企业层面

（1）资产专用性。在国际市场进入模式研究中，企业的资产专用性一直是一项主要影响因素，资产专用性强度会显著影响企业进入模式的选择。Williamson（1975）将资产专用性定义为用来完成特定任务的、换作他用会失去价值的实物资源和人力资源。Anderson 和 Gatignon（1986）从产品或过程的私有化程度、结构化程度、定制化程度以及产品成熟度四个方面，对资产专用性与进入模式选择之间的关系进行研究，认为在市场有效且竞争较强的情况下，低所有权程度的进入模式更有效率；但当存在交易专用性资产时，为避免机会主义的产生，企业需要通过所有权来进行控制，因此交易专用性资产程度越高，高控制程度的进入模式越有效率。

Kim 和 Hwang（1992）则将专用性变量分为企业特有技能和隐形技能两类，发现企业特有技能并不显著影响进入模式选择，隐形技能则与全资企业的进入方式高度相关。Brouthers 和 Nakos（2004）认为，当中小企业拥有较大的资产专用性投资时，更愿意选择股权形式的进入模式；当中小企业拥有较少的资产专用性投资时，更愿意选择非股权形式的进入模式。Erramilli 和 Rao（1993）通过研究服务企业的进入模式得出结论，当内部组织费用高即整合程度低时，低资产专用性的企业比高资产专用性的企业更倾向于共同控制的进入模式；但当内部组织费用低即整合程度高时，低资产专用性企业和高资产专用性企业都回避共同控制的进入模式。同时他们注意到，资产专用性和进入模式的关系受很多其他因素调节，文化距离、国家风险、企业大小、资本强度等都会降低或增强该关系的显著性。

（2）扩张动机。促进企业走向国际化道路的因素很多，如企业意图充分发挥独特的产品或技术优势、实现利润最大化、实现规模经济、回避竞争压力、管理者对外国市场扩张的期望等，或是了解国外消费者特点、考虑税收优惠等，因此国际市场扩张动机也对进入模式具有重要影响。Kim 和 Hwang（1992）认为跨国企业是否采用全球化战略会影响进入模式的选择。该研究从全球集中度、全球协同度、全球战略动机三个层面测量全球化战略变量，应用国际生产折中理论研究进入模式选择，结果表明这三者均与进入模式的控制程度成正比，也就是说强的全球战略动机促使企业选择高控制的进入模式。

Meyer 和 Estrin（2001）则从新兴市场中的一种新进入现象——"褐地"投资进行研究，其结果表明不同的资源需求会导致不同的进入模式。有内部增长需求的企业会选择绿地模式，但当该过程的关键资源无法免费获取时会采用"褐地"进入模式——即企业通过并购进入外国市场，并将被并购企业的有形资产和无形资产都迅速替换更新。有外部扩张需求的企业会选择并购，但当被并购的企业无法提供必需的资源时，也会选择"褐地"进入模式。

5. 国际市场进入模式与企业国际化绩效的关系

企业进行国际化的一个重要目标即为获取更大规模和更好利润。由于国际市场进入模式决定了企业进入海外市场后的股权控制权、资源承诺度、战略灵活性等，而这些特性会对企业绩效产生不可忽视的影响，本部分专门讨论这一问题。目前研究大致从以下两方面讨论了进入模式对企业绩效的影响。

5.1 进入模式类型与国际化绩效的关系

Woodcock 等（1994）研究了三种进入模式——收购、新建、合资与企业绩效间的关系。他们认为由于资源承诺程度不同，企业在三种不同进入模式下面临的成本不同，收购方式将面临较高的资源获取费用和较大的风险，出现文化差异时还会产生一系列管理问题，这些都导致收购比其他两种模式效率更低。321 个进入北美市场的日本企业数据表明，在进入国际市场时新建和合资都比收购绩效更好，新建方式又比合资方式好。

Nitsch 等（1996）进一步应用日本企业在西欧的直接投资检验进入模式对企业绩效的影响，分析结果表明新建企业的绩效普遍比较好，合资企业次之，而收购模式的企业绩效最差，验证了上文的研究结果。但该文也指出，这种关系并不代表企业在选择进入模式时一定要选择新建，现实情况也发现并非所有跨国企业都会选择新建，进入模式的选择还要考虑绩效外其他影响因素。

Hennart 和 Park（1993）采用日本企业进入美国市场的财务数据，分析比较了绿地新建和兼并收购这两种国际市场进入模式的效果，结果显示采用收购方式的企业竞争优势较弱，而采用新建方式的企业拥有较强的竞争优势。Shaver（1998）也认为在不考虑个体选择时，新建比收购方式更有生存优势，但同时研究也表明这种影响还要考虑企业的特性和产业的状况。

5.2 进入模式匹配性与国际化绩效的关系

从上述研究已经可以看出，虽然也有研究认为进入模式与企业绩效为确定的单一关系，但更多研究者认为企业绩效与进入模式之间的关系并不确定，而是符合特定条件的进入模式才会给企业带来更好的绩效。Anderson 和 Gatignon（1986）建立了基于交易成本经济学的进入模式分析框架之后，将 17 种进入模式按照控制程度的强弱分为高中低三类，认为应用了该框架分析和选择进入模式的企业更能保持效率和获得长期回报。Chen 和 Hu

（2002）对 1979—1992 年中国市场上外国投资的实证分析，也证明了根据交易成本经济学选择进入模式的企业更容易获得成功。

Brouthers（2002）在交易成本经济学的基础上增加制度环境和文化环境变量，以这三个因素建立了一个更加综合的理论框架，来研究企业的进入模式选择。他应用该框架对欧盟企业数据进行分析，结果表明使用该模型预测的进入模式能够获得更好的企业绩效，企业的财务和非财务指标都显著提升。Brouthers 和 Nakos（2004）则研究了中小企业的进入模式选择及绩效，通过对荷兰和希腊中小企业进入中东欧市场的数据进行分析，证明当这些企业采用与交易成本理论预测一致的进入模式时，能够获得更好的绩效。Brouthers 等（2008）还进一步将实物期权理论与交易成本经济学结合，来改进之前的决策模型，这一研究也以希腊和荷兰进入中东欧市场的企业为样本，分析结果显示使用该框架预测进入模式的企业会比不使用该框架的企业拥有更好的子公司满意度，而且这一改善的决策模型比原模型提升了完备性。

我们将进入模式与企业绩效关系的研究结果归纳成表 5。由以上综述可见，目前文献中既有研究探讨进入模式对企业绩效的单一影响，也有更多研究进一步深入探讨模式选择是否与理论预测相一致及其与绩效的关系。当企业所采用的国际市场进入模式与理论分析模型预测得出的结论一致时，企业能够获得更好的经营绩效，成为大多数研究的基本共识。

表 5 　　　　　　　　　　**国际市场进入模式与企业国际化绩效的关系**

进入模式及其匹配程度		绩效水平
基本进入模式	新建方式	较高
	合资方式	居中
	收购方式	较低
与理论模型预测模式的匹配程度	匹配	高
	不匹配	低

来源：本文作者整理制作。

6. 结论

30 年来，关于企业国际市场进入模式的国内外研究取得了丰富的成果，成为国际化战略领域的研究重点。本文通过系统梳理分析现有文献而取得以下进展：

（1）了解各种进入模式的特性与优缺点。从进入模式的概念和界定开始，根据所有权程度、控制程度、资源承诺水平三种主要维度，本文将进入模式进行分类，以从不同侧面了解各模式的特性，并对出口、许可/特许经营、交钥匙工程、合资企业、全资子公司、国际战略联盟等常用进入模式进行了优缺点比较。

（2）应用 CiteSpace 进行高频共现关键词分析，结果显示进入模式研究有这样几个主要特点和趋势：以"合资企业"、"跨国公司"、"直接投资"、"联盟"等为热点研究对象，以"选择"、"战略"、"绩效"等为热点研究问题，以"美国"、"日本"、"新兴经济体"为热点研究区域，以"交易成本分析"、"文化"等为热点理论视角。

（3）探究影响进入模式选择的因素。本文根据国内外众多研究结果，梳理了影响进入模式选择的各种因素，并从国家、产业、企业三个层面分析了六种最常见和重要的影响因素：政治风险、文化距离、产业结构、市场潜力、资产专用性、扩张动机。

（4）明确进入模式与企业绩效之间的关系。企业进入国际市场可能出于多种目的，但所有经营活动的根本指向是提升企业绩效。本文通过整理现有研究而理清了进入模式与企业绩效之间的关系：尽管不同具体企业应该选择的进入模式不同，不同进入模式下的企业绩效水平也不同，但多数研究中相同的观点是，选择更符合理论框架预测的进入模式能获取更高的绩效，而对具体企业不适合、与预测模式不匹配的进入模式绩效水平较低。

◎ 参考文献

[1]陈丽丽. 国际投资模式与中国"走出去"企业绩效异质性：基于 KS 检验及分位数估计[J]. 国际贸易问题，2015(7).

[2]陈悦，陈超美，刘则渊，胡志刚，王贤文. CiteSpace 知识图谱的方法论功能[J]. 科学学研究，2015(2).

[3]洪联英，陈思，韩峰. 海外并购、组织控制与投资方式选择——基于中国的经验证据[J]. 管理世界，2015(10).

[4]卢汉林，廖慧. 国企与私企对外直接投资影响因素对比分析——来自跨国并购的经验证据[J]. 珞珈管理评论，2015(1).

[5]綦建红，杨丽. 文化距离与我国企业 OFDI 的进入模式选择——基于大型企业的微观数据检验[J]. 世界经济研究，2014(6).

[6]谭力文，丁靖坤. 21 世纪以来战略管理理论的前沿与演进——基于 SMJ(2001—2012) 文献的科学计量分析[J]. 南开管理评论，2014(2).

[7]Agarwal, S., Ramaswami, S. N. Choice of foreign market entry mode：Impact of ownership, location and internalization factors[J]. *Journal of International Business Studies*, 1992, 23 (1).

[8]Anderson, E., Gatignon, H. Modes of foreign entry：A transaction cost analysis and propositions[J]. *Journal of International Business Studies*, 1986, 17 (3).

[9]Brouthers, K. D. Institutional, cultural and transaction cost influences on entry mode choice and performance[J]. *Journal of International Business Studies*, 2002, 33(2).

[10]Brouthers, K. D., Brouthers, L. E., Werner, S. Real options, international entry mode choice and performance[J]. *Journal of Management Studies*, 2008, 45 (5).

[11]Brouthers, K. D., Nakos, G. SME entry mode choice and performance：A transaction cost perspective[J]. *Entrepreneurship Theory and Practice*, 2004, 28(3).

[12]Blomstermo, A., Sharma, D. D., Sallis, J. Choice of foreign market entry mode in

service firms[J]. *International Marketing Review*, 2006, 23(2).

[13] Chang, S. J., Chung, J., Moon, J. J. When do wholly owned subsidiaries perform better than joint ventures? [J]. *Strategic Management Journal*, 2013, 34(3).

[14] Chen, C. CiteSpace II: Detecting and visualizing emerging trends and transient patterns in scientific literature [J]. *Journal of the American Society for Information Science and Technology*, 2006, 57 (3).

[15] Chen, H., Hu, M. Y. An analysis of determinants of entry mode and its impact on performance[J]. *International Business Review*, 2002, 11 (2).

[16] Erramilli, M. K. The experience factor in foreign market entry behavior of service firms [J]. *Journal of International Business Studies*, 1991, 22 (3).

[17] Erramilli, M. K., Rao, C. P. Service firms' international entry mode choice: A modified transaction cost analysis approach[J]. *Journal of Marketing*, 1993, 57(3).

[18] Hennart, J. F., Park, Y. R. Greenfield vs. acquisition: The strategy of Japanese investors in the United States[J]. *Management Science*, 1993, 39(9).

[19] Hernández, V., Nieto, M. J. The effect of the magnitude and direction of institutional distance on the choice of international entry modes[J]. *Journal of World Business*, 2015, 50(1).

[20] Hill, C. W. L., Hwang, P., Kim, W. C. An eclectic theory of the choice of international entry mode[J]. *Strategic Management Journal*, 1990, 11 (2).

[21] Kim, W. C., Hwang, P. Global strategy and multinationals' entry mode choice [J]. *Journal of International Business Studies*, 1992, 23 (1).

[22] Kogut, B., Singh, H. The effect of national culture on the choice of entry mode[J]. *Journal of International Business Studies*, 1988, 19 (3).

[23] Kotler, P., Ang, S. H., Leong, S. M., Tan, C. T. *Marketing management: An Asian perspective*[M]. Upper Saddle River: Pearson Prentice Hall, 2003.

[24] Meyer, K. E., Estrin, S. Brownfield entry in emerging markets [J]. *Journal of International Business Studies*, 2001, 32(3).

[25] Nitsch, D., Beamish, P., Makino, S. Entry mode and performance of Japanese FDI in western Europe[J]. *Management International Review*, 1996, 36(1).

[26] Root, F. R.. *Entry strategies for international markets*[M]. Lexington, MA: Lexington Books, 1987.

[27] Sharma, V. M., Erramilli, M. K. Resource-based explanation of entry mode choice[J]. *Journal of Marketing Theory and Practice*, 2004, 12 (1).

[28] Shaver, J. M.. Accounting for endogeneity when assessing strategy performance: Does entry mode choice affect FDI survival[J]. *Management Science*, 1998, 44(4).

[29] Slangen, A., Hennart, J. F. Greenfield or acquisition entry: A review of the empirical foreign establishment mode literature[J]. *Journal of International Management*, 2007, 13 (4).

[30] Williamson, O. E. *Markets and hierarchies: Analysis and antitrust implications* [M]. New York: Free Press, 1975.

[31] Woodcock, C. P., Beamish, P. W., Makino, S. Ownership-based entry mode strategies and international performance [J]. *Journal of International Business Studies*, 1994, 25 (2).

A Quantitative Literature Analysis of International Market Entry
Mode by Sample of UTD24 Journal Articles From 1986-2016

Chen Limin[1]   Wan Chenxi[2]

(1, 2 Economics and Management School of Wuhan University, Wuhan, 430072)

Abstract: What are the main entry modes when firms enter international market? How should multinational corporations choose the appropriate entry modes? Will different entry modes affect firms' international performance? Regarding this key issue about global strategy, this paper systematically analyzes covering literatures from 1986-2016. First of all, we sort out the taxonomy and categories of various entry modes. Next, we take 239 articles published by first-class management journals in UTD24 as sample, analyze the high frequency key words by CiteSpace software, and try to find the characteristic and trend of this issue. Finally, we discuss the factors affecting the choosing of entry modes from country level, industry level and corporate level, and the impact on international performance by entry mode choice.

Key words: Entry mode; Choice; CiteSpace; International performance

责任编辑：路小静

重赏之下必有勇夫？创新奖励与员工及团队创造力的机制研究[*]

● 涂乙冬[1]　陆欣欣[2]

（1　武汉大学经济与管理学院　武汉　430072；2　伊利诺伊大学芝加哥分校　芝加哥　60607）

【摘　要】创新奖励是否有利于激发员工及团队创造力长期以来存在着争议。本文运用时间间隔的问卷调查方法，收集 71 个团队以及 362 名员工的配对数据，采用多层线性模型技术，基于习得性努力理论探讨了创新奖励影响员工和团队创造力的多层次的中介机制和边界条件。研究发现：创新奖励显著影响个体主动性创造力和团队创造力。创新投入显著中介创新奖励对员工主动性创造力以及团队创造力的作用。其中，创新投入在创新奖励与团队创造力之间的中介作用要大于在创新奖励与员工主动性创造力之间的作用。此外，团队类型显著调节创新奖励与团队创造力的关系。在管理团队中，创新奖励与团队创造力的关系不显著；而在研发团队中，创新奖励与团队创造力的关系正向且显著。研究发现有利于组织管理者有效运用创新奖励来提升团队和个体的创造力实践。

【关键词】创新奖励　创新投入　团队创造力　员工主动性创造力　团队类型

中图分类号：F272.92　　文献标识码：A

1. 引言

在日益激烈和快速变化的市场中，创新成为企业长期生存和发展的核心竞争力（Eisenbeiss，Van Knippenberg & Boerner，2008；Anderson，Potočnik & Zhou，2014），而员工创造力和团队创造力是企业创新的基础（Oldham & Cummings，1996；Pirola-Merlo & Mann，

---

*　基金项目：国家自然科学基金项目"研发团队的道德型领导、主动性人格与知识分享的多层次研究：基于社会困境的视角"（71402127）；韩国高等教育财团 2014—2015 年国际学者交流项目：道德型领导与个体和团队创造力：基于中国的实证研究；武汉市科技局软科学项目"武汉市制造业企业研发人才建设与企业创新"（2015040606010）。

通讯作者：涂乙冬，E-mail：ydtu@whu.edu.cn。

2004）。李克强总理在 2014 年国家科学技术奖励大会上的讲话强调，要把发挥人的创造力作为推动科技创新的核心。越来越多的企业意识到有必要建立以创新为导向的激励体系，以激发个体和团队的创造力（张勇，龙立荣，2013）。目前，创造力研究领域更多关注内在激励过程如何影响个体和团队创造力（Amabile，1996；Gumusluoglu & Ilsev，2009），创新奖励等外在激励过程对员工和团队的创造力过程的研究仍然相对有限，而且结论并不一致（Byron & Khazanchi，2012）。因此，探索团队创新奖励如何影响员工和团队的创造力，不仅有利于在理论上揭示员工和团队创造力的外在激励过程，还能够为有效地建立创新激励体系以促进员工和团队的创造力提供实践启示。

创新奖励是指通过收入增长和晋升（或更广泛的夸奖，表扬）等方式使个体感知到创新绩效或创造力在组织内是被认可和奖励的（Byron & Khazanchi，2012）。创新奖励不仅包含如金钱、绩效工资或相关刺激物等物质的激励，而且包含一些如夸奖、表扬等社会或人际影响（Amabile，1996；Byron & Khazanchi，2012 ）。

关于创新奖励与个体或团队创造之间的关系，长期以来形成了两种对立的研究理论基础和研究结果。自我决定理论（Self-Determination Theory；Deci & Ryan，1985）认为外部奖励或激励会降低个体的内在动机进而降低个体的创造力，而只有内在激励，如个体从工作中找到的乐趣、兴趣、自主性、相关性等，才能激发个体的创造力（Amabile，1993；1996；Gagné & Deci，2005）。而习得性努力理论认为外部奖励或激励能够提供行为相关的信息去指导个体做出与期望目标一致的行为。外部奖励或激励能够提升个体的勤勉，使个体能够提升客观和认知的绩效，并且增加对一些厌恶性环境的容忍度。因此，外部奖励作为一种对行为指导的信息机制，能够有效地引导员工表现出创造力或绩效（Eisenberger，1992；Eisenberger & Rhoades，2001；Eisenberger & Cameron，1996；Eisenberger & Armeli，1997；Eisenberger & Aselage，2009）。长期以来，上述两种理论视角的创造力研究结果截然相反，但近期的一项元分析表明，创新奖励对于创造力有正向作用，并且这种关系受到 5 种情境的调节（Byron & Khazanchi，2012）。

综合目前文献，创新奖励对员工及团队创造力的研究还存在以下空白需要进一步探索：第一，尽管有两个竞争性的理论建立了创新奖励对创造力的影响的理论框架，但创新奖励与团队和个体创造力究竟是什么关系仍然是有争议的。目前的研究结果发现了自相矛盾的研究结论，需要在中国情境下寻找更多的证据。第二，创新奖励究竟通过何种机制影响到团队和员工创造力，这有利于研究者和管理者理解创新奖励如何影响到作为创新产出的团队和员工创造力之间的作用过程，从而打开"创新奖励-创新过程-创新产出"的黑箱。第三，创新奖励与员工和团队创造力究竟在何种边界中，这有利于研究者和管理者理解创新奖励在不同管理情境中的有效性。

本文从习得性努力理论的视角来进一步构建研究模型，研究团队的创新奖励作为一种外在奖励方式如何提升团队成员的创新投入并进一步提高员工主动性创造力和团队创造力。同时，由于不同工作团队在创新要求、创新目标和职责方面不同，不同团队中实施创新奖励对员工和团队创造力的影响可能不一致，本文进一步探索了研发团队和管理团队在创新奖励与员工及团队创造力之间的调节作用。

2. 理论与假设

2.1 创新投入在创新奖励与员工创造力的中介作用

员工创造力是指新的、有用的创意、产品或流程的产生（George & Zhou，2002），随着研究的深入，形成了不同维度的创造力，例如突破性创造力和渐进性创造力（Madjar，Greenberg & Chen，2011）、主动性创造力和被动性创造力（Unsworth，2001），本文选择主动性创造力作为员工创造力是因为它反映了员工在创造过程中的自愿性和主动性，更好地解释了在外部激励下员工是否能够自愿主动地创新。员工创新投入是指团队员工在创新过程中卷入创新相关的决策、问题解决等活动中，由于创新活动包含巨大的风险，团队成员很可能面临失败，创新投入是提高员工和团队创造力的重要的心理过程（Carmeli & Schaubroeck，2007）。

基于习得性努力理论，本文认为创新奖励能够提高团队内员工的创新投入并进一步提高团队内员工的主动性创造力的水平。首先，创新奖励能够为员工的主动性创造力提供行为指南（Byron & Khazanchi，2012）。创新奖励表达了在组织和团队内，创造力和创新是受欢迎的和被期望、鼓励和公认的行为（George & Zhou，2002），从而为员工主动性创造力提供了合法性的信息和指南，激励员工更勤勉地投入组织期望的目标行为（Eisenberger，1992）。因此，创新奖励能够鼓励团队员工去主动投入创新活动，更深程度和更广范围地卷入创新的讨论、人际互动和信息利用等（Carmeli & Schaubroeck，2007），从而提高团队内部员工的主动性创造力水平。其次，创新奖励能够将员工的注意力或者认知能力吸引到创新而不是其他常规任务方面（George & Zhou，2002）。创新奖励能够使员工对创新保持高度的注意力和活力水平，从而员工能够更积极自愿地投入创新工作中，以提高团队内员工主动性创造力的水平。综上所述，本文提出假设：

假设1 创新投入中介创新奖励与员工主动性创造力的正向关系

2.2 创新投入在创新奖励与团队创造力的中介作用

团队创造力是指团队成员一起工作产生新的、有用的创意、产品或流程（Shin & Zhou，2007；Farh，Lee & Farh，2010）。与个体创造力不同，团队创造力反映了整个团队作为一个社会实体的创造力水平（Pirola-Merlo & Mann，2004）。已有研究发现，团队支持创新的环境对团队创造力有积极的促进作用（West，1990；Hulsheger，Anderson & Salgado，2011）。本文进一步提出创新奖励将提升员工的创新投入进而提高团队创造力。

第一，基于习得性努力理论，创新奖励意味着团队建立了创新导向的奖励体系。这种奖励体系对于整个团队来说是一种正式信息，能够积极地引导员工做出组织期望的行为（Eisenberger，1992；Eisenberger & Rhoades，2001；Eisenberger & Aselage，2009）。团队创新是组织生存和竞争的核心，团队成员的创新行为是组织和团队期望的积极行为（Oldham & Cummings，1996；Pirola-Merlo & Mann，2004）。创新奖励越高，意味着团队具有更高的外在激励水平，团队内会形成创新是被组织鼓励和奖励的集体认知，从而鼓励团队内员工共同投入创新过程中，提升团队作为一个整体单位的创造力产出。第二，创新奖励意味着团队内的创新支持环境较好，员工感受到他们的团队具有较好的创新支持环境，他们的创新是被鼓励的、对于创新的风险是宽容的，他们有更多的资源应对不确定性（West，1990；Hulsheger，Anderson & Salgado，2011）。在支持创新的工作环境中，团队成员可以更加安全地投入问题解决、创意产生和改变现状等创新活动中（Carmeli & Schaubroeck，2007），从而提高团队创造力（Anderson et al.，2014；Hulsheger et al.，2011）。综上所述，本文提出假设：

假设 2　创新投入中介创新奖励与团队创造力的正向关系

2.3 不同团队中的创新奖励与创造力

由于创新发生在实际的工作情境中，情境因素成为创新奖励和创造力之间的重要调节因素。研究者注意到了情境与创新奖励和创造力之间的关系，并认为情境是揭示它们之间复杂关系的关键。例如 Baer（2003）等认为创新奖励与创造力之间的关系受到工作复杂度和认知能力的调节。张勇和龙立荣（2013）研究发现，绩效工资与创造力之间的关系受到人-岗匹配的调节。Byron 和 Khazanchi（2012）的元分析也发现，创新奖励与创造力之间的关系受到 5 种具体情境的影响。这表明，探索创新奖励与创造力之间的边界有利于解释创新奖励在何时对创造力有或者没有、有积极还是消极的作用。

在企业内部，通常有不同功能的工作团队，不同的工作团队的目标、职责、工作内容、工作复杂程度、工作压力和绩效产出等都不同（Tsai，Chi，Grandey & Fung，2011）。本文进一步认为，团队类型调节了创新奖励和员工主动性创造力之间的关系。具体地：管理团队中，创新奖励对员工创造力作用不显著；而研发团队中，创新奖励对员工创造力作用正向且显著。

在管理团队中，工作相对比较常规，工作的复杂度较低，创新工作要求较低，创新工作过程中的风险也相对较小。管理团队的员工依赖创新奖励来促进个体创造力的需求较小。因此，在管理团队中，创新奖励对团队内员工的主动性创造力作用不显著。

在研发团队中，由于研发团队的主要任务聚焦于产品、创意、服务和流程的创新，所从事的创新工作往往更加复杂，创新工作要求较高，创新工作过程中所面临的模糊性和风险也更大（Ishikawa，2012）。研发团队员工需要更加明确的行为指导才能主动去创新。当团队建立了更高的创新奖励和创新支持，在团队内明确创新是受欢迎和受奖励的，创新的行为是符合团队期望和规范的（Baer，Oldham & Cummings，2003；Byron & Khazanchi，2012；Hulsheger，Anderson & Salgado，2011），团队员工会更加主动地去创新，从而提高团队内员工的主动性创造力。因此，在研发团队中创新奖励对团队内员工主动性创造力作用显著。综上所述，本文提出假设：

假设 3　团队类型调节了创新奖励与员工主动性创造力之间的关系：管理型团队中，创新奖励与员工主动性创造力之间的关系不显著；研发团队中，创新奖励与员工主动性创造力之间的关系显著。

和假设 3 类似，本文也认为团队类型调节了创新奖励与团队创造力之间的关系。在管理团队中，尽管创新奖励提供了创新行为的合法性的指导给员工，但是由于员工从事常规的管理工作，创新并不是工作的必须要求，同时，管理团队工作的创新要求较低，创新过程的风险也相对较小，创新奖励作为工具性激励来应对创新过程中的风险和工作要求的作用就变得不显著了。因此，本文认为在管理团队中，创新奖励对团队创造力的作用不显著。

相反地，在研发团队中，创新奖励对团队创造力有显著作用。第一，在研发团队中创新奖励从外在激励方面鼓励团队成员创新，表达了团队对成员创新的欢迎、鼓励和期望（Baer, Oldham & Cummings, 2003；Byron & Khazanchi, 2012），而创新是研发团队成员的主要工作目标。也就是说，创新奖励的激励和团队的工作目标相吻合，这就会大大激励团队成员都投入创新活动中，提高团队创造力。第二，在创新过程中，由于研发团队面临着更高的风险和不确定性以及工作复杂性和创新要求（Gong et al., 2013），团队成员需要更高的创新支持和资源来应对这种风险和工作要求，创新奖励作为一种外在激励方式，本质是通过工具性的方式来影响个体的行为（Byron & Khazanchi, 2012；Eisenberger, 1992），能够为团队成员提供充分的工具性支持，从而显著提高团队创造力。因此，本文认为在研发团队中，创新奖励对团队创造力有显著积极的作用。综上所述，本文提出假设：

假设4　团队类型调节了创新奖励与团队创造力之间的关系：管理型团队中，创新奖励与团队创造力之间的关系不显著；研发团队中，创新奖励与团队创造力之间的关系显著。

综合上述4个假设，本研究的模型如图1所示。

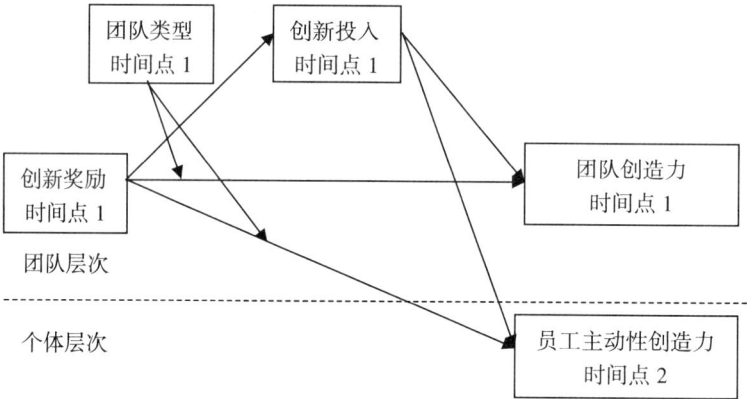

图1　研究模型

3. 研究方法

3.1　样本与程序

本研究在一家大型高科技化工企业及其附属企业和部门进行问卷调查。在该公司人力资源部的帮助下，研究者随机抽取了来自80个团队的400名员工以及相应的主管领导参与本次问卷。所有参与者都收到一个包含问卷指南、问卷以及 10 元人民币的信封。问卷指南包含问卷填写方式、隐私保证等信息。在时间点 1 领导填写团队问卷包括团队的创新奖励、创新投入与团队创造力。2 个月后的时间点 2，直属领导评价员工的主动性创造力。所有参与者都被要求将已完成的问卷放回信封并密封后交给研究助理。

在时间点 1，来自 80 个团队的 400 名员工参与了问卷调查，379 位员工和 71 个直属主管完成并返回了员工和团队问卷，第一轮调查的员工问卷回收率为 94.75%，团队问卷回收率为 88.75%。在时间点 2，研究者邀请 71 位主管评价上述 379 位员工的主动性创造力，共返回了 362 位员工的有效问卷。第二轮调查回收率为 95.510%。在参与者中，55.2%的员工是男性，44.8%的员工是女性。在团队中，研发团队 28 个（占总数的 39.4%），管理团队 43 个（占总数的 60.6%）。

3.2 测量

本文的量表均为英文量表，为了保证跨文化的测量有效性，2 位博士生被邀请进行双盲并行的翻译-回译程序。所有测量均采用李克特 5 点计量，1 代表非常不同意，5 代表非常同意。

创新奖励采用 Baer 等（2003）的 3 条目量表。条目包括"团队有奖励个人创新的方案"，"团队为开发独特想法或产品的员工提供经济上的奖励"，"团队的员工会因为他/她独特的贡献而获得特别的表彰"。信度系数为 0.851。

创新投入采用 Patterson 等人（2005）的 3 条目量表，本文对上述条目进行了修改以符合在创新活动中的投入。条目包括："管理者在做有关创新的决策时，会让相关的员工参与"，"对于那些有关创新的决策，团队成员享有发言权"，"团队内关于创新的信息是广泛共享的"，信度系数为 0.779。

团队创造力采用 Valentine 等人（2011）的 3 条目量表。条目包括"总体而言，我们团队欢迎创新"，"我们团队鼓励尝试新事物"，"我们团队愿意尝试创造性的解决方案以处理复杂的问题"。信度系数为 0.865。

主动性创造力采用 Sung 等人（2013）的 4 条目量表。条目包括"该员工能够提出意想不到的创造性问题解决方案"，"该员工在他/她的工作中做出了很多自发主动的创造性贡献"，"该员工积极主动地提出了很多开展工作的新方法"，"该员工独立并积极地提出了很多创造性想法"。信度系数为 0.898。

团队类型采用虚拟变量来测量，0 代表研发团队，1 代表管理团队。

本文也将员工的人口统计变量作为控制变量，在个体层次上控制员工的性别和年龄，在团队层次上控制组内员工的性别和年龄的均值。其中性别是虚拟变量，1 代表男性，0 代表女性。年龄以数字计量员工的岁数。

3.3 研究技术

由于本文存在个体嵌套在团队中的多层次结构，创新奖励和员工主动性创造力之间的中介和调节效应研究是多层次的中介和调节研究。ANOVA 分析结果表明员工主动性创造力的组内方差和组间方差差异显著（$F = 1.503$，$p < .05$），因此多层线性模型（HLM）是合适

的分析工具(Raudenbush & Bryk, 2002)。多层线性模型采用最大似然法来估计参数，所有解释变量均采用总均值中心化的方法(Liao & Chuang, 2007)。多层次的中介效应检验采用 Baron 和 Kenny (1986)推荐的步骤。

团队层次研究不存在嵌套结构，因此创新奖励和团队创造力的研究则采用最小二乘法的回归。团队层次的中介效应和调节效应采用 Hayes(2013) 的 PROCESS 来检验不同于传统的 Baron 和 Kenny (1986)和 Sobel 检验认为间接效应服从正态分布的假设，Bootstrap 检验中介效应的方法可以计算不对称置信区间，以及适应中小样本的中介效应模型(方杰，张敏强 & 李晓鹏，2011; MacKinnon, Lockwood & Williams, 2004; Preacher & Hayes, 2008; Shrout & Bolger, 2002)。最小二乘法回归中所有解释变量均采用总均值中心化的方法。

4. 结果

4.1 相关分析

表 1 列出了本文各变量的均值、标准差和相关系数。创新奖励与创新投入显著正相关($r = 0.35$, $p < 0.01$)，与团队创造力正相关($r = 0.211$, $p < 0.10$)，创新投入与团队创造力($r = 0.307$, $p < 0.01$)显著正相关，基本与假设一致。

表 1　　　　　　　　　　　变量的均值、标准差与相关系数

变量	均值	标准差	1	2	3	4	5
个体层次							
员工性别	0.553	0.498					
员工年龄	36.751	8.174	−0.440				
员工主动性创造力	3.385	0.732	0.126*	−0.163**			
团队层次							
团队内员工性别均值	0.549	0.241					
团队内员工年龄均值	36.229	5.020	−0.304**				
团队类型	0.610	0.492	0.192	−0.398***			
创新奖励	3.662	0.904	0.014	−0.031	0.017		
创新投入	4.132	0.608	0.016	−0.085	0.096	0.350**	
团队创造力	4.459	0.658	−0.121	−0.211+	0.120	0.211+	0.307**

注：n(个体) = 362，n(团队) = 71，+ 表示 $p < 0.100$，* 表示 $p < 0.05$，** 表示 $p < 0.01$，*** 表示 $p < 0.001$。

68

4.2 假设验证

根据 Baron 和 Kenny（1986）检验中介效应和调节效应的方法，通过表 2 中虚模型、模型 1 及模型 2 验证了创新奖励通过创新投入影响员工主动性创造力的中介机制，根据 Hayes（2013）的建议，通过表 3 中模型 1 及模型 2 验证了创新奖励通过创新投入影响团队创造力的中介机制。表 2 中模型 3 和表 3 中模型 3 分别验证了团队类型在创新奖励与员工主动性创造力和团队创造力间的调节效应。

假设 1 认为创新投入中介了创新奖励与员工主动性创造力的关系。运用多层线性模型的结果如表 2 所示。表 2 中模型 1 表明在控制了个体层次的员工性别和年龄后，创新奖励与员工主动性创造力显著正相关（$\gamma = 0.129$，$p<0.05$），在加入中介变量创新投入后，创新奖励与员工主动性创造力关系变得不显著（$\gamma = 0.087$，$n.s.$），同时创新投入与员工主动性创造力显著正相关（$\gamma = 0.164$，$p<0.05$），表明假设 1 的中介效应成立。Sobel 检验的结果表明，创新投入在创新奖励与员工主动性创造力之间的间接效应为 0.038（$p<0.1$），进一步验证了假设 1。

假设 2 认为创新投入中介了创新奖励与团队创造力的关系。运用 PROCESS 的结果如表 3 所示。表 3 中模型 1 表明，创新奖励对创新投入有显著正向作用（$a = 0.234$，$p<0.01$），在加入创新奖励和创新投入的情况下（表 3 中模型 2），创新投入对团队创造力有显著的正向作用（$b = 0.268$，$p<0.05$），PROCESS 采用 Bootstrap 方法计算间接效应（ab 乘积项）及其区间分布。结果表明，创新投入的中介效应显著（$ab = 0.063$，95% CI[0.012，0.149]），由此证明了假设 2 成立。由于 Bootstrap 方法检验中介效应不再强调自变量对因变量的作用显著作为中介效应显著的前提条件（MacKinnon et al.，2004；Shrout & Bolger，2002）。自变量对因变量的作用不显著，但中介效应显著，属于远端中介效应；自变量对因变量的作用显著，而且中介效应也显著，属于近端中介效应（MacKinnon et al.，2004）。为了进一步明晰本文团队层次的中介属于何种中介，本文进一步补充了创新奖励对团队创造力的主效应。结果表明，创新奖励对团队创造力边缘显著（$c = 0.150$，$p<0.1$），综合上述创新奖励与员工主动创造力关系显著的结果，因此本文认为团队层次和跨层次的中介都属于近端中介效应。

假设 3 认为团队类型调节了创新奖励对员工主动性创造力的关系，如表 2 中模型 3 所示，创新奖励对员工主动性创造力的主效应显著（$\gamma = 0.150$，$p<0.05$），交互项"创新奖励×团队类型"与员工主动性创造力作用不显著（$\gamma = -0.056$，$n.s.$），由此假设 3 没有被验证。

假设 4 认为团队类型调节了创新奖励对团队创造力的关系，如表 3 中模型 3 所示，创新奖励对团队创造力的主效应边缘显著（$\gamma = 0.158$，$p<0.10$），交互项"创新奖励×团队类型"与团队创造力显著相关（$\beta = -0.355$，$p<0.05$），由此证明了假设 4。本文进一步画出调节效应图，如图 2 所示，对于管理团队，创新奖励对团队创造力的作用不显著（$\beta = 0.018$，$n.s.$），对于研发团队，创新奖励对团队创造力的正向作用显著（$\beta = 0.373$，$p<0.01$）。

表2　　　　　HLM 检验创新奖励与员工主动性创造力的中介和调节效应结果

变　　量	员工主动性创造力			
	虚模型	模型 1	模型 2	模型 3
截距	3.381 ***	3.378 ***	3.380 ***	3.382 ***
员工性别		0.162 *	0.161 *	0.157 *
员工年龄		−0.009 *	−0.009 *	−0.080 +
创新奖励		0.129 *	0.087	0.150 *
创新投入			0.164 *	
团队类型				0.278
创新奖励×团队类型				−0.033
σ^2	0.337	0.323	0.323	0.323
τ	0.187	0.158	0.148	0.152
R^2		0.155	0.209	0.187

注：n(个体)= 362；n(团队)= 71；bootstrap n(团队)= 5000；+表示 $p<0.1$，* 表示 $p<0.05$，** 表示 $p<0.01$，*** 表示 $p<0.001$。

表3　　　　　Bootstrap 法检验创新奖励与团队创造力的中介和调节效应结果

变　　量	创新投入	团队创造力	
	模型 1	模型 2	模型 3
截距	3.633 ***	4.514 ***	5.979 ***
团队内员工性别均值	−0.032	−0.553+	−0.550
团队内员工年龄均值	−0.009	−0.033+	−0.034
创新奖励	0.234 **	0.087	0.158 +
创新投入		0.268 *	
团队类型			0.069
创新奖励×团队类型			−0.355 *
R^2	0.129	0.178	0.1839

注：n(个体)= 362；n(团队)= 71；bootstrap n(团队)= 5000；+表示 $p<0.1$，* 表示 $p<0.05$，** 表示 $p<0.01$，*** 表示 $p<0.001$。

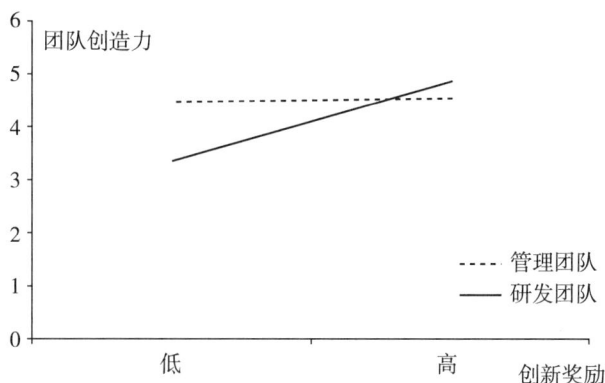

图 2　创新奖励与团队类型对团队创造力的调节作用图

5. 讨论

5.1　研究结论与贡献

本文在习得性努力理论视角下检验了创新奖励对团队和员工创造力的影响机制及边界机制。本文的研究发现和研究创新包含以下 3 个方面。

首先，本文发现在中国情境下创新奖励对于员工主动性创造力和团队创造力都有显著作用。不同于以往内在激励视角的创造力研究，本文检验了外在激励对个体和团队创造力的作用过程，丰富了外在激励-创造力关系研究。长期以来，学术界关注内在激励过程，例如工作的乐趣、兴趣和挑战性等因素对于个体和团队创造力的作用过程（Byron & Khazanchi，2012），外在激励过程在一定程度上被认为对于员工和团队创造力是有负面影响的（Amabile，1982；Amabile et al.，1986），但是部分研究也开始关注外在激励对于个体和团队创造力的积极影响（Byron & Khazanchi，2012；Eisenberger & Rhoades，2001）。本文的研究运用习得性努力理论，进一步验证了在中国情境下外在创新奖励提升员工和团队的创造力的作用，结果表明，创新奖励对于员工和团队的创造力是有积极作用的，这也和目前中国情境中的几项关于绩效工资对员工创造力的影响的研究结果具有一致性（张勇 & 龙立荣，2013），这对于重新认识中国情境下对个体和团队创新的激励过程具有重要的启示。

其次，本文检验了创新投入在创新奖励与员工和团队创造力之间的中介作用，解释了创新投入在外在激励的创造力过程的作用机制，打开了创新投入和创新产出之间的作用黑箱。创新奖励作为一个外在激励因素，能够使员工有更大的动力投入创新过程，从而提升员工和团队的创造力。本文还发现，创新投入在创新奖励和团队创造力之间的中介效应要大于在创新奖励和员工主动性创造力之间的中介效应。这可能是由于创新奖励是基于团队为目标的制度和政策设计，更多地以提升团队创造力而不是员工主动性创造力为目标。

最后，本文检验了创新奖励与员工和团队创造力之间关系的边界机制，解释了在不同团队类型中创新奖励与员工和团队创造力之间关系的差异，增加了关于这一关系有效性的边界知识。假设3虽然没有被证实，但它表明创新奖励对于员工主动性创造力的影响比较稳定，并不会因为团队情境变化而有所差异。假设4的结果发现，创新奖励对于团队创造力的影响在不同的团队功能中是有显著差异的：在创新要求和目标更清晰的研发团队的情境中，创新奖励对团队创造力的作用正向且显著，而在创新要求和目标不清晰的管理团队的情境中，创新奖励对团队创造力的作用并不显著。团队类型对于创新奖励对员工主动性创造力的调节效应并不显著。这表明，创新奖励对员工和团队创造力的边界机制是不同的，需要进一步探索和明确。

5.2 研究的实践意义

本文也具有重要的实践意义和应用启示。第一，本文发现明确的创新奖励政策对于提升团队创造力和员工主动性创造力有正向作用。因此，组织或者领导有必要在组织和团队内部建立明确而健全的创新奖励政策和制度，通过明确的创新导向的奖励制度来提高对创造力的外在激励水平。第二，本文发现创新投入对员工和团队创造力有显著的正向作用。组织和领导要重视如何提升员工的创新投入，在创新活动中强调员工的参与，从而有效地提升团队和员工的创造力。第三，在不同的团队中创新奖励的效果不一致，管理者应该进一步区分不同的情境来实施创新奖励。在以团队创新为目标的研发团队中，应加强以创新奖励为主导的激励体系建设；而在以日常管理为目标的管理团队中，推行创新奖励体系的必要性降低，但这并不意味着管理团队就不需要创新激励，创新激励仍然可以提高员工的主动性创新，从而提高组织管理效率。组织应该在内部有针对性在不同性质的团队中有差异地推行创新奖励政策和制度以达到最优效果。

5.3 研究的局限与未来研究方向

本文的研究存在一些局限。首先，本文的创新奖励、创新投入和团队创造力以及员工主动性创造力都是来自于领导评价，特别是前3个变量来自于同一时间点的测量，同源误差可能是一个影响因素，未来研究应该结合不同来源的数据来进行验证。其次，创新奖励、创新投入和团队创造力属于横截面数据，影响了本文的因果推断，而员工主动性创造力来源于不同时间点的测量，从而提高了研究可信度，未来研究应该更多采用时间间隔数据来进行验证。

未来的研究方向包括：第一，尽管目前研究发现外在激励因素对团队和员工创造力有积极作用，但是物质（金钱等）和社会影响（例如赞扬和夸奖）等不同外在激励因素对创造力的差异化影响及其机制仍不清楚，未来应该深入研究。第二，开展中国情境下内在激励因素和外在激励因素对员工和团队创造力的差异化影响及其机制的比较研究。第三，鉴于创新奖励和创造力之间关系的研究结果不一致，更多的实证研究可以通过寻找边界机制来解释何时何地促进或降低创新奖励对创造力的作用。

◎ 参考文献

［1］方杰，张敏强，李晓鹏. 中介效应的三类区间估计方法［J］. 心理科学进展，2011，19（5）.

［2］张勇，龙立荣，贺伟. 绩效薪酬对员工突破性创造和渐进性创造力的影响［J］. 心理学报，2014，46(12).

［3］张勇，龙立荣. 绩效薪酬对雇员创造力的影响：人—工作匹配和创造力自我效能的作用［J］. 心理学报，2013，45(3).

［4］Amabile, T. M., Hennessey B. A., Grossman B. S. Social influences on creativity：The effects of contracted-for reward［J］. *Journal of Personality and Social Psychology*，1986，50（1）.

［5］Amabile, T. M. Children's artistic creativity：Detrimental effects of competition in a field setting［J］. *Personality and Social Psychology Bulletin*，1982，8(3).

［6］Amabile, T. M. Motivational synergy：Toward new conceptualizations of intrinsic and extrinsic motivation in the workplace［J］. *Human Resource Management Review*，1993，3（3）.

［6］Anderson, N., Potocnik, K., Zhou J. Innovation and creativity in organizations：A state-of-the-Science review and prospective commentary［J］. *Journal of Management*，2014，40（5）.

［7］Baer, M., Oldham, G. R., Cummings A. Rewarding creativity：When does it really matter?［J］. *The Leadership Quarterly*，2003，14(4).

［8］Baron, R. M., Kenny D. A. The moderator-mediator variable distinction in social psychological research：Conceptual, strategic, and statistical considerations［J］. *Journal of Personality and Social Psychology*，1986，51（6）.

［9］Byron, K., Khazanchi, S. Rewards and creative performance：A meta-analytic test of theoretically derived hypotheses［J］. *Psychological Bulletin*，2012，138(4).

［10］Carmeli, A., Schaubroeck, J. The influence of leaders' and other referents' normative expectations on individual involvement in creative work［J］. *The Leadership Quarterly*，2007，18(1).

［10］Deci, E. L., Ryan, R. M. *Intrinsic motivation and self-determination in human behavior*［M］. New York, NY：Plenum Press，1985.

［11］Eisenbeiss, S. A., Van Knippenberg, D., Boerner, S. Transformational leadership and team innovation：Integrating transformational leadership and team climate models［J］. *Journal of Applied Psychology*，2008，93(6).

［12］Eisenberger, R., Armeli, S. Can salient reward increase creative performance without reducing intrinsic creative interest?［J］. *Journal of Personality and Social Psychology*，1997，72（3）.

[13] Eisenberger, R., Aselage, J. Incremental effects of reward on experienced performance pressure: Positive outcomes for intrinsic interest and creativity [J]. *Journal of Organizational Behavior*, 2009, 30 (1).

[14] Eisenberger, R., Cameron, J. Detrimental effects of reward: Reality or myth? [J]. *American Psychologist*, 1996, 51 (11).

[15] Eisenberger, R, Rhoades, L. Incremental effects of reward on creativity [J]. *Journal of Personality and Social Psychology*, 2001, 81(4).

[16] Eisenberger R. Learned industriousness [J]. *Psychological Review*, 1992, 99(2).

[17] Farh, J. L., Lee, C., Farh, C. I. C. Task conflict and team creativity: A question of how much and when [J]. *Journal of Applied Psychology*, 2010, 95(6).

[18] GagnéM., Deci E. L.. Self-determination theory and work motivation [J]. *Journal of Organizational Behavior*, 2005, 26(4).

[19] George, J. M., Zhou, J. Understanding when bad moods foster creativity and good ones don't: The role of context and clarity of feelings [J]. *Journal of Applied Psychology*, 2002, 87 (4).

[20] Gong, Y., Kim, T. Y., Lee, D. R., Zhu J. A. Multilevel Model of Team Goal Orientation, Information Exchange, and Creativity [J]. *Academy of Management Journal*, 2013, 56(3).

[21] Gumusluoglu, L., Ilsev, A.. Transformational leadership, creativity, and organizational innovation [J]. *Journal of Business Research*, 2009, 62 (4).

[22] Hayes A. F. *Introduction to mediation, moderation, and conditional process analysis: A regression-based approach* [M]. New York: The Guilford Press, 2013.

[23] Hülsheger, U. R., Schewe, A. F.. On the costs and benefits of emotional labor: A meta-analysis of three decades of research [J]. *Journal of Occupational Health Psychology*, 2011, 16 (3).

[24] Ishikawa, J. Transformational leadership and gatekeeping leadership: The role of norm for maintaining consensus and shared leadership in team performance [J]. *Asia Pacific Journal of Management*, 2012, 29(2).

[25] Liao, H., Chuang, A. Transforming service employees and climate: A multi-level multi-source examination of transformational leadership in building long-term service relationships [J]. *Journal of Applied Psychology*, 2007, 92(4).

[26] Mackinnon, D. P., Lockwood, C. M., Hoffman, J. M., West, S. G., Sheets, V. A comparison of methods to test mediation and other intervening variable effects [J]. *Psychological Methods*, 2002, 7 (1).

[27] Madjar, N., Greenberg, E., Chen, Z. Factors for radical creativity, incremental creativity, and routine, noncreative performance [J]. *Journal of Applied Psychology*, 2011, 96 (4).

[28] Oldham, G. R., Cummings, A. Employee creativity: Personal and contextual factors at work [J]. *Academy of Management Journal*, 1996, 39 (3).

[29] Patterson, M. G., et al. Validating the organizational climate measure: Links to managerial practices, productivity and innovation [J]. *Journal of Organizational Behavior*, 2005, 26 (4).

[30] Pirola-Merlo, A., Mann L. The relationship between individual creativity and team creativity: Aggregating across people and time [J]. *Journal of Organizational Behavior*, 2004, 25 (2).

[31] Preacher, K. J., Hayes, A. F. Asymptotic and resampling strategies for assessing and comparing indirect effects in multiple mediator models [J]. *Behavior Research Methods*, 2008, 40(3).

[32] Raudenbush, S. W., Bryk, A. S.. *Hierarchical linear models* [M]. Thousand Oaks: Sage Publications, 2002.

[33] Shin, S., Zhou, J.. When is educational specialization heterogeneity related to creativity in research and development teams? Transformational leadership as a moderator [J]. *Journal of Applied Psychology*, 2007, 92(6).

[34] Shrout, P. E., Bolger, N. Mediation in experimental and nonexperimental studies: New procedures and recommendations [J]. *Psychological Methods*, 2002, 7 (4).

[35] Sung, S. Y., Antefelt, A., Choi, J. N. Dual effects of job complexity on proactive and responsive creativity: Moderating role of employee ambiguity tolerance [J]. *Group & Organizational Management*, 2015(14).

[36] Tsai, W. C., Chi, N. W., Grandey, A. A., Fung, S. C. Exploring boundary conditions of the relationship between positive group affective tone and team creativity: Negative group affective tone and team trust as moderators [J]. *Journal of Organizational Behavior*, 2012, 33(5).

[37] Unsworth, K. Unpacking creativity [J]. *Academy of Management Review*, 2001, 26 (2).

[38] Valentine, S., Gary, L., Fleischman, M., Kidwell, R. Corporate ethical values, group creativity, job satisfaction and turnover intention: The impact of work context on work response [J]. *Journal of Business Ethics*, 2011, 98 (3).

[39] West, M. A. The social psychology of innovation in groups//West, M. A., Farr, J. L. Eds. *Innovation and creativity at work: Psychological and organizational strategies* [M]. Chichester, England: Wiley, 1990.

[40] Zhou, J., Hoever, I. J. Workplace creativity: A review and redirection [J]. *Annual Review of Organizational Psychology and Organizational Behavior*, 2014, 1 (1).

Generous Rewards Rouse One to Heroism? A Study on the Mechanism Between Rewards for Creativity and Employee and Team Creativity

Tu Yidong[1]   Lu Xinxin[2]

(1 Economics and Management School of Wuhan University, Wuhan, 430072;

2 College of Business Administration, University of Illinois at Chicago, Chicago, 60607)

Abstract: There are some debates that whether rewards for creativity positively or negatively influence employee and team creativity in a long time. Based on the learned industriousness theory, using the survey data from 362 employees in 71 teams with a time-lag design, the present study employed hierarchical linear model to examine the main effects, mediating and moderating mechanisms between rewards for creativity and employee and team creativity. The results revealed that: rewards for creativity was positively related to employee proactive creativity and team creativity. Involvement in creativity significantly mediated the relationship of rewards for creativity on employee proactive creativity as well as team creativity. Especially, the mediating effect of involvement in creativity between rewards for creativity and team creativity was larger than that between rewards for creativity and employee proactive creativity. Moreover, team function significantly moderated the relationship between rewards for creativity and team creativity, such that the effect of rewards for creativity and team creativity was insignificant among the administrative teams whereas the effect was positive and significant among the R&D teams. The research findings provide insights to managers to effectively use the rewards for creativity to improve employee and team creativity.

Key words: Rewards for creativity; Involvement in creativity; Team creativity; Employee proactive creativity; Team function

专业主编：杜旌

中庸影响个体的作用机制：基于任务和
关系视角的研究[*]

● 杜　旌[1]　段承瑶[2]

（1，2　武汉大学经济与管理学院　武汉　430072）

【摘　要】近年来大量研究关注传统中庸价值取向，指出中庸影响个体的内在机理是执中和适度，从而确保个体与外界的平衡，然而目前鲜有研究检验该作用机理。基于任务导向和关系导向两视角，本文探索中庸对渐进式创新和帮助行为的影响作用及其中介机制。采用结构方程模型，对 266 名员工及领导配对数据分析发现：中庸价值取向通过提升员工环境掌控感而促进员工渐进式创新行为，通过形成与周围良好人际关系来提升员工帮助行为。研究结论验证和发展了中庸的作用机制：即中庸通过"执中一致"来促进个体与外界的平衡和谐，进而个体可以采取适度行为保持和改善环境。

【关键词】中庸价值取向　渐进式创新　帮助行为　环境掌控感　良好人际关系

中图分类号：C93　　文献标识码：A

1. 问题的提出

中庸，作为传统儒家文化的核心思想，经过历史荡涤和沉淀已经融入中国人的民族性格和社会心理当中，成为中华民族根深蒂固的文化价值导向，为我们理解中国人的态度和行为提供了一个重要且独特的本土化视角。目前，中庸相关研究逐渐从哲学定性描述层面拓展到定量的可操作化层面。其中，杨中芳和赵志裕（1997）等学者致力于对中庸进行心理学研究的构念化，吴家辉和林以正（2005）等学者开发了相应量表为后续研究奠定了基础。而后学者针对大陆样本对中庸进行了内涵探索和结构分析（李启明、陈志霞，2014），探讨了其与和谐、集体主义等构念的关系（杜旌、姚菊花，2015），为中庸研究提供了更多基于本土样本的实证支持。越来越多的研究者将中庸作为中国本土化的情境变量，在研

＊ 基金项目："本土文化情境下领导行为对员工变革反映的影响：基于图式理论的动态研究"（71172202）；"组织变革前非正式信息的作用机制：多层次纵向研究"（71572135）。

通讯作者：杜旌，E-mail：jdu@whu.edu.cn。

究设计中加以考虑(何轩,2009)。例如情感方面的研究发现,中庸能减弱员工坏心情对组织公民行为和任务绩效行为的消极作用(孙旭、严鸣、储小平,2014)。也有研究探索了中庸的直接效用,例如发现中庸促进顾全大局式建言,减弱自我冒进式建言(段锦云、凌斌,2011)。在探讨领导与组织绩效的关系时,还有研究发现领导者中庸对组织绩效具有积极促进作用(陈建勋、凌媛媛、刘松博,2010)。

总的来说,以往研究探索了中庸情境化的调节作用,并考察中庸对个体态度和行为的直接影响。但遗憾的是,我们对中庸影响个体行为的机制还所知甚少。而厘清中庸价值取向的中介机制,有助于我们深入理解中庸对员工态度及行为的影响,也能够帮助我们通过价值理念和文化的管理来促进员工管理(Leung, Brew, Zhang, and Zhang, 2011)。为此,本研究从任务导向和关系导向的视角,检验中庸价值取向分别对渐进式创新行为和帮助行为的影响,具体地我们探索中庸通过环境掌控感影响渐进式创新,通过良好人际关系促进帮助行为的作用过程。

从任务导向视角,我们研究中庸价值取向对渐进式创新的影响及其作用机制。在现代竞争日趋激烈、形势更加复杂多变的环境下,创新对于组织维持自身核心竞争力具有重要意义。组织已经不满足于员工仅仅完成工作手册上的常规任务,创新为组织形成技术、商业模式及管理实践优势提供了重要支撑。组织创新离不开员工创新,作为员工产出的一种具体形式,创新能够有效预测员工绩效(Gong, Huang, and Farh, 2009),具有任务绩效导向的特征。遗憾的是,中庸与创新的关系并没有清晰的结论(Yao, Yang, Dong, and Wang, 2010;姚艳虹、范盈盈,2014)。这一方面可能是由于中庸价值取向高度依存于情境,追求随具体情境不同而变化以实现个体与环境的和谐。另一方面,以往研究较少关注到创新的内部结构,将创新分为激进式创新和渐进式创新来探索中庸对不同类型创新的影响。中庸强调对度的把握和权衡,在行事方式和效果上追求"中和",它主要影响人们怎么去做以达到和谐。在当今瞬息万变、创新为王的时代环境下,为与环境保持一致,从动态长远的视角来看,高中庸个体为了践行既"中"又"和"的中庸价值取向会倾向于做出平缓改良式的渐进式创新,而非颠覆性甚至是破坏性的激进式创新。尽管如此,渐进式创新仍具有创造性活动复杂性、风险性和不确定性的特点(Madjar, Greenberg, and Chen, 2011),高中庸价值取向的个体对周围环境的控制和资源的调动利用,支撑其提出、分享改进式的想法和创意。他们追求与周围环境的平衡和谐而内外一致,对复杂多变的环境具有较高的掌控感,而环境掌控感为创新所需的心理和物质资源提供了重要基础。因此,中庸价值取向通过员工个体的环境掌控感对其渐进式创新行为存在潜在正向影响。

基于关系导向的视角,我们将探索中庸对帮助行为的影响及其作用机制。帮助行为,作为典型的人际指向的组织公民行为,有助于改善组织的社会和心理环境,提高组织的效能(Organ and Konovsky, 1989)。中庸价值取向强调"执中一致",其目的在于追求与周围环境的和谐。作为环境因素的一个重要方面,人际关系的和谐是高中庸者的内在追求之一。高中庸者注重经营维护工作场所中的人际关系,以实现与周围环境"人、事、物"中人与人的和谐。良好的人际关系在当下讲求合作、力争双赢的时代趋势下具有重要的现实意义,并为指向个体的具体帮助行为的实施提供了现实关系基础。因而对高中庸的个体而言,其从全局观出发,会积极评价既有益于组织、又利于实现环境和谐的帮助行为。在这过一程中，凭借以"致中和"为目标所经营的良好人际关系，又因其良好人际关系通常更容易成为求助的对象，高中庸个体会实施帮助行为以实现组织和自身的双赢。本研究预期中庸价值取向个体拥有良好的人际关系，从而促使个体更有可能展现帮助行为。

综上，本研究检验中庸价值取向对员工渐进式创新和帮助行为的影响，并探索这个过程中，环境掌控感和良好人际关系的心理中介机制作用，具体研究架构如图1所示。研究结果不仅有理论贡献，在实践上也有帮助作用。现实工作场所中，大多数管理者不喜欢员工们传统意义上的中庸之道，认为中庸的员工不能积极自主、大胆创新，有"中庸不利于发展"的片面印象。本研究将更好地帮助管理者理解员工的"中庸之道"，从而因势利导对员工进行科学管理、有效激励。研究以我国北方两城市以知识员工为主的企业中共 266 名员工为研究对象，采用 AMOS 23.0 通过结构方程模型（structural equation model，SEM）分析技术，实证研究中庸价值取向对员工创新和帮助行为的影响及其作用机制。

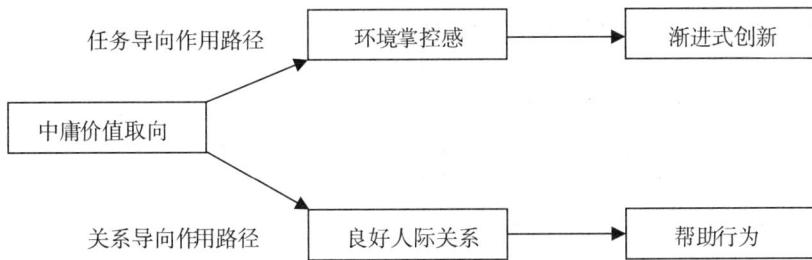

图 1　研究架构示意图

2. 理论基础与研究假设

中庸之"中"指恰切的度，是在面对复杂对象时精确把握事情的分寸；"庸，常也"（《尔雅·释诂上》），指常行常道，把握到纷繁复杂事情的度，并将这个度运用到生活与实践中。我们认为中庸是个体与外界交互作用时所持的一种价值取向，它为中国人提供了一套价值评价标准和行为指南。它倡导采用"执中"与"一致"的方式，达到个体与环境的平衡。其中，"执中"是指当与环境存在潜在冲突时，个体应选择适中不偏激的行为方式；"一致"是指当与环境没有冲突时，个体仍需要充分权衡周围情境，选择与外界环境一致的行为方式（杜旌、姚菊花，2015）。中庸作为一种内化的价值取向并不是直接促使个体为某一行为，该过程中有其具体的作用机制。

2.1　中庸价值取向与渐进式创新

在市场环境日益复杂多变的背景下，常规的任务绩效已经不能满足组织保有竞争力的迫切需要，创新对企业而言则已成为其转型升级，应对激烈竞争和复杂环境的核心能力，孕育并实施创新已经成为组织差异化竞争优势的来源（Anderson，De Dreu，and Nijstad，2004）。关于创新，前人积累了相对较多的研究成果，在个体层次关于创新的研究多从人格特质出发(Shalley, Zhou, and Oldham, 2004),从价值观尤其是本土价值观出发,探讨其对创新的影响及具体作用机制的研究并不多见。

有关中国文化与创新关系的研究得到了相当部分学者的关注,而其研究结果却不尽相同(Wong and Niu, 2013; Van Harpen and Sriraman, 2013; Yao, Yang, Dong, and Wang, 2010;姚艳虹、范盈盈, 2014)。这一方面是由于是中庸价值取向高度依存于情境,倡导随具体情境不同而变化。另一方面,以往研究未能深入分析创新的内部结构,中庸对不同的创新形式很可能有着不同的影响。激进式创新采用破坏性方法和力量以产生突破性的创新和思想(Leifer, 2000),这种打破与环境和谐的方式与中庸价值取向不符。渐进式创新通过对现有方式或技术的利用以实现改进与提升,一般表现为对已有的事物进行改进,或是改造已有的技术使之具有其他功能,简言之即是拓展已有技术或方式的边界。这种逐步、渐进改进外部环境的方式,与中庸的执中、适度价值取向一致。

根据自我一致模型(the Self-Concordance Model),价值取向是一种重要的行为动机,个体倾向于做出与其价值观相符的行为(Sheldon and Elliot, 1999)。从中庸的内涵来看,它强调"中"即不走极端,既顾全大局又讲求节制。当其具备相应的条件时,高中庸取向个体会根据环境选择适中不偏激、易让人接受的方式做出改良式的创新。在当今只有通过不断创新才能生存的大情境下,高中庸个体会"由多个角度来思考同一件事情,在详细地考虑不同看法之后,选择可以顾全自我与大局的行为方式"(吴家辉、林以正, 2005);在综合考虑后,高中庸价值取向个体会做出平和的、有现实基础的渐进式创新,既不会造成其自身与周遭环境的巨大冲突,又能够同时实现其服务于组织的职责。因此,我们提出如下假设:

H1a 中庸价值取向对渐进式创新具有显著正向影响。

2.2 环境掌控感的中介作用

环境掌控感,是指个体对生活及其所处的环境进行有效管理的能力(Ryff and Keyes, 1989)。相关研究显示,高环境掌控感的个体,一般具备掌控环境的意识,能够掌握复杂的外部活动,并有效利用环境中的机会,选择或创造个体所需或对个体有价值的环境;而这一维度得分较低者,则通常难以管理日常事务,感到无力改变周围环境,不善于把握时机,对外部环境缺乏控制感(Ryff, 1989)。中庸强调不偏不倚、中度合节,在问题解决的过程中做到全局考虑、换位思考、内外兼顾,追求多方和谐平衡的状态。在这种平衡状态下,高中庸个体对于所处形势、个中利弊和人际关系等,具有较为全面的分析认识和掌控。

个体将想法公布及付诸实施还面临诸多阻碍,非完全意志控制的创新行为不仅受员工行为态度的影响,还受机会、资源等控制条件的制约(张毅、游达明, 2014),只有当个体感知到自己具有足够的能力、掌控足够的资源时才可能真正付诸行动。对创新而言,从创意在自我脑中萌发成型到公布于众,个体一方面面临着相当程度的心理压力,例如对现有均衡格局的挑战,超出自身工作权限被领导同事贴上不务正业的标签,被认为是"大出风头"抢功勋等;另一方面创造性活动需要反复试错,并且结果不确定,例如缺乏实际执行所必要的物质条件,以及存在执行后可能效果不佳的风险等(周浩、龙立荣, 2011)。

高中庸价值取向的个体对周遭环境有着较为全面的认识，对个人利益与组织利益、眼前利益与长远利益进行充分权衡。在这种价值目标的指引下，易产生对其所处情势的掌控感，而不是处于被动的、不明就里的不安状态（杜旌、冉曼曼、曹平，2014）。由于对"度"的权衡把握以达到内外的和谐统一，高中庸者对环境有着较高水平的掌控感，在面对可能存在的诸多风险时，会采取逐步、适度的改进，在环境可接受范围内进行适度改良的创新。基于以上所述，高中庸价值取向个体通过获得对环境的掌控，进而采取渐进式创新。

H1b　环境掌控感中介中庸价值取向对渐进式创新的积极影响作用。

2.3　中庸价值取向与帮助行为

帮助行为，是典型的指向人际的组织公民行为，指个体自愿做出的、帮助其他人解决工作相关的问题或者是预防这些问题产生的行为，例如帮助同事分担工作，帮助新进的同事适应环境等，这一类型的公民行为对组织间接有益（Lee and Allen, 2002）。中庸作为一种价值取向在人际交往中体现得尤为显著，它以"执中一致"为核心，不失偏颇、不走极端，与周围环境保持一致的要求背后蕴含着对"和"、对良好人际关系的追求与维护。高中庸者有着追求与周围人保持良好人际关系的目标，因而在周围人遇到困难及寻求帮助时，为避免人际冲突，维持个体与整体的和谐，高中庸者会兼顾各种关系，从而帮助周围人。

帮助行为是体谅他人并且提供帮助的人际互动行为，个人的价值取向和思维方式会影响员工是否在他人需要帮助时伸出援助之手（涂乙冬，2013）。中庸是个体与外界交互作用时的一种价值取向，重视个体与环境之间的平衡与和谐，它影响着个体的为人处世方式。中庸价值取向一方面在人际关系上本就有着保持和谐、执中一致的要求；另一方面它强调顾全大局、全面辩证地认知。帮助行为作为关系绩效典型衡量指标，是工作绩效的一个重要方面，同时有益于组织。高中庸者为了整体利益，有着认识和正确处理这种需要的认知条件以及实施帮助行为的行为动机。因此，我们提出如下假设：

H2a　中庸价值取向对员工帮助行为具有显著正向影响。

2.4　良好人际关系的中介作用

与他人的关系是否积极融洽是个体对自身周遭人际关系状况的感知和评价，个体的认知方式和价值取向会影响这种感知和评价。人与人之间的相互依赖与合作，自古以来就是中国人铭记于心的生存法则。在中国差序格局的社会结构下，个体被嵌套在各种关系交织形成的关系网中（沈毅，2005）。维持良好的人际关系在中国文化中具有特殊的地位，是中国人为人处世的重要目标之一。因而对于坚持中庸价值取向的个体来说，保持人际关系和谐是社会交往中的重要规范，在组织情境下也同样具有重要意义。

中庸价值取向强调顾全大局、权衡利弊，一方面中庸具有全面、辩证地认知环境的特点，对周围环境的变化和影响具有高度的敏感性，因此，在团队提倡一致、维护和谐时，高中庸员工则会更加在意自己的行为。在进行决策时，他们会全面认识其所处的环境，与周围环境保持一致，不随一己情绪行动；在面对冲突时，寻求折中而不是针锋相对（王庆娟、张金成，2012）。据此，我们认为高中庸的人通常会体验到更高的人际和谐，也事实上具有良好的人际关系。这种良好的人际关系，是高中庸价值取向个体展现帮助行为的基础：首先，帮助行为的顺利有效实施需要一定的条件，它建立在个体感知识别他人需求的基础上。在工作场所中，对周围人和事物有高度敏感性和洞察力的个体更容易识别他人的需求；其次，高中庸者追求人际关系的和谐，维持融洽的人际关系，更容易成为被需求帮助的对象；最后，基于已有的人际关系网络，高中庸者对帮助行为持有积极正面态度，认为维持良好人际关系符合社会角色期待，更有可能做出帮助行为。据此，我们假设：

H2b　良好人际关系中介中庸价值取向对员工帮助行为的积极影响作用。

3. 研究方法

3.1　研究样本与程序

为保证研究的科学性，本研究采取配对设计，研究样本来自我国北方多个知识和技术密集型团队，参与调研的是专业性较强且工作自主性较高的知识型员工。在取得调研组织主管人员同意后，我们与部门负责人进行充分沟通，阐明问卷调查的意义，为顺利开展问卷调查工作提供保障。问卷调查分为两个部分，第一部分由员工报告其自身的个人统计变量、中庸价值取向、感知到的对环境的掌控感、与周围人的积极关系；第二部分由参与问卷调查员工的直接领导对参与员工包括渐进式创新、激进式创新、帮助行为在内的工作绩效进行评价。

经过问卷预调查后，正式问卷发送到调查对象手中，并向调查对象阐明结果仅用于研究，完全确保信息安全。根据调查对象对问卷进行编号，并由研究助理直接回收，确保后期与领导评价的准确配对，以及调查结果的保密性。一周内，在两地研究助理的帮助下，第一部分发放并收回员工问卷共有 321 份，剔除存在缺失数据的问卷后共有 289 份，有效率为 90.0%。一个月后，进行第二部分领导评价的问卷调查。经过两部分问卷配对筛选后，共有 266 份完整有效的员工问卷数据，其中，参与调查的员工平均年龄为 27.58 岁（SD = 5.70），男性占 32%，在现单位平均工作年限为 3.57 年（SD = 5.02）。受调查员工中，62% 的人具有本科或本科以上学历，34.2% 的人具有专科学历，其余的具有高职或高中学历。参与调查员工主要是从事专业技术和行政工作。

3.2　变量测量

除个人统计变量外，其他所有变量采用李克特 5 点量表法进行量度（1 = 非常不同意，5 = 非常同意）。

（1）中庸价值取向（Zhongyong）。根据杜旌和姚菊花（2015）的研究，我们采用了中庸的核心内涵，即"执中一致"的 8 个条目来测量中庸（α = 0.85）。具体包括以下条目，如：为人处世时，"要合理也要合情"、"要不偏不倚、选择适中的方案"、"要考虑周围人的想法和做法"等。

（2）环境掌控感（Environmental Mastery）。采用 Ryff（1995）编制的量表，抽取其中环境

掌控感维度的四个条目(α = 0.88)来进行评价，具体包括："我对我的生活有一种掌控感"、"我能够有效处理各种事情"等。

（3）良好人际关系(Positive Relations With Others)。采用 Ryff(1995)编制的量表，抽取其中"良好的人际关系"维度的四个条目(α = 0.84)来进行评价，具体包括："我和周围人关系是融洽的"、"我有值得信任的朋友"、"我能够与周围人保持良好人际/人情往来"和"我能够理解别人并妥善处理人际关系"等。

（4）渐进式创新(Incremental Creativity)。根据 Madjar、Greenberg 和 Chen(2011)的研究抽取其中测量渐进式创新的条目编制而成。共三个条目(α = 0.90)，样题如"会在目前工作基础上，进行改进或提出改进想法"、"会有适当的想法或方法，对目前工作进行改进"和"为适应新的需要，会修正现有的工作流程或提出修正想法"，本题项由参与问卷调查员工的直属领导对该员工进行评价。

（5）帮助行为(Helping)。在 Podsakoff 等(2000)研究的基础上编制而成，选取组织公民行为的助人维度，用三个条目(α = 0.87)来评价员工的帮助行为，分别是"主动帮助新同事适应工作环境"、"乐意协助其他同事解决工作上的困难"、"主动分担或代理其他同事的工作"，由参与问卷调查员工的直属领导对参与员工的帮助行为进行评价。

（6）控制变量。为了控制人口统计学变量对结果变量的影响，我们测量了员工的年龄、性别、婚姻状况、工作年限和受教育程度。年龄和工作年限分别用实际年龄和实际工作年限数值来测量，性别测量 0 为女性、1 为男性，婚姻状况测量 1 为已婚，2 为未婚，受教育程度的测量是 1 为初中、2 为高中、3 为高职、4 为专科、5 为本科、6 为硕士、7 为博士。

本研究采用 SPSS 23.0 和 AMOS 21.0 对数据进行统计分析。具体而言，采用 SPSS 23.0 进行描述性统计和相关分析，采用 AMOS 21.0 进行结构方程模型技术分析，探索中庸价值取向通过环境掌控感和良好人际关系分别对渐进式创新和帮助行为的路径机制，对理论模型进行拟合。

4. 结果分析

4.1 验证性因子分析

为了考察测量变量的有效性，确定它们是各自不同的变量，我们对中庸价值取向、环境掌控感、良好人际关系、帮助行为和渐进式创新五个变量进行验证性因子分析(Comfirmatory Factor Analysis)。由于中庸价值取向、环境掌控感、良好人际关系三个变量来自员工自评，帮助行为和渐进式创新来自领导评价，我们分别对两种不同来源的数据进行了拟合。结果如表 1 所示，来自员工自评的数据中，与另外两个模型相比，三因子模型对数据的拟合效果最好($\chi^2 (df = 101) = 262.2$, RMSEA = 0.078, CFI = 0.915, TLI = 0.886, AIC = 364.21)；来自领导评价的数据中，与另外一个模型相比，二因子模型对数据拟合效果最好($\chi^2 (df = 8) = 18.8$, RMSEA = 0.071, CFI = 0.989, TLI = 0.98, AIC = 56.81)，说明本模型能够较好地区分所涉及的 5 个构念，同源方差问题并不严重。

表1 验证性因子分析

模 型	$\chi^2(df)$	χ^2/df	CFI	NFI	RMSEA	TLI	AIC
单因子模型(合并中庸、良好人际关系、环境掌控感)	837.1 (104)	8.049	0.615	0.590	0.163	0.497	933.062
双因子模型(合并良好人际关系和环境掌控感)	508.3 (103)	4.935	0.787	0.751	0.122	0.719	606.262
三因子模型(中庸、良好人际关系、环境掌控感)	262.2 (101)	2.596	0.915	0.872	0.078	0.886	364.211
单因子模型(合并帮助行为、渐进式创新)	204.7 (9)	22.744	0.771	0.766	0.312	0.618	276.714
二因子模型(帮助行为、渐进式创新)	18.8 (8)	2.350	0.989	0.982	0.071	0.98	56.806

注：$N=266$。

4.2 描述性统计分析

本研究所涉及变量的均值、标准差及 Person 相关系数如表 2 所示。结果显示，中庸价值取向与良好人际关系($r=0.48$，$p<0.001$)、环境掌控感($r=0.32$，$p<0.001$)及帮助行为($r=0.15$，$p<0.05$)显著正相关，良好人际关系与帮助行为显著正相关($r=0.19$，$p<0.01$)，环境掌控感与渐进式创新显著正相关($r=0.12$，$p<0.05$)，为进一步分析变量间关系提供了基础。

表2 均值、标准差和相关系数

变量	M	SD	1	2	3	4	5	6	7	8	9
1. 年龄	27.58	5.70	—								
2. 性别	0.32	0.47	0.11	—							
3. 婚姻	1.54	0.51	-0.47***	0.10	—						
4. 现单位工作年限	3.57	5.02	0.78***	-0.16*	-0.40***						
5. 受教育程度	4.71	0.87	-0.26***	0.26***	0.22***	-0.43***					
6. 中庸价值取向	4.05	0.52	0.08	-0.10	-0.17**	0.11	-0.07	—			
7. 良好人际关系	4.10	0.54	-0.001	0.03	-0.03	0.02	0.06	0.48***	—		
8. 环境掌控感	3.56	0.61	0.03	-0.003	-0.08	0.05	-0.04	0.32***	0.47***	—	
9. 帮助行为	3.89	0.78	0.10	-0.02	-0.12	0.12	-0.10	0.16*	0.19**	0.04	—
10. 渐进式创新	3.84	0.72	0.10	-0.13*	-0.16*	0.13**	-0.12	0.06	0.08	0.12*	0.57**

注：$N=266$；*，**，***分别表示 $p<0.05$，$p<0.01$，$p<0.001$。

4.3 假设检验

本研究采用 AMOS 21.0 对假设模型 M_0 与实际数据的拟合程度进行检验，模型整体拟合(overall model fit)结果为：$\chi^2(df=198)=422.61$，RMSEA $=0.065$，CFI $=0.92$，TLI $=0.91$，IFI $=0.93$，分析结果显示该模型与现有数据有很好的拟合。尽管假设模型较好地拟合了数据，我们仍对那些可能会提供更强解释力的潜在竞争模型进行了检验。因此，在考虑理论基础的前提下，我们提出了 2 个可能的竞争模型，而不是对现有模型变量间所有的排列关系均做检验(MacCallum and Austin, 2000)。比较模型的数据结果如表 3 所示。

表 3　　　　　　　　　　　　　　比较模型数据结果

	χ^2	df	χ^2/df	$\Delta\chi^2$	Δdf	RMSEA	CFI	TLI	IFI
假设模型 M_0	422.61	198	2.13			0.065	0.92	0.91	0.93
竞争模型 M_1	421.44	196	2.15	1.17	2	0.066	0.92	0.91	0.93
竞争模型 M_2	422.01	196	2.15	0.60	2	0.066	0.92	0.91	0.93

注：竞争模型 M_1 在假设模型 M_0 基础上，加入了中庸对二结果变量渐进式创新和帮助行为的直接作用；竞争模型 M_2 在假设模型 M_0 基础上，加入了环境掌控感-帮助行为、良好人际关系-渐进式创新两条路径的交叉中介作用。

竞争模型 M_1 加入了中庸对渐进式创新和对帮助行为的直接效应，考察两组中介关系中是否存在间接中介效应。该竞争模型也有较好的拟合度($\chi^2(df=196)=421.44$，RMSEA $=0.066$，CFI $=0.92$，TLI $=0.91$，IFI $=0.93$)，但并没有显著改进原假设模型($\Delta\chi^2(df=2)=1.17$, ns)。并且，加入的自变量到结果变量的两条直接路径，其系数均不具有统计显著性。

此外，我们还检验了两组关系中是否存在多重中介效应，考察中庸对渐进式创新、帮助行为是否存在环境掌控感和良好人际关系的并列式多重中介影响。同样地，竞争模型 M_2 也有较好的拟合度($\chi^2(df=196)=422.01$，RMSEA $=0.066$，CFI $=0.92$，TLI $=0.91$，IFI $=0.93$)，但并没有显著改进原假设模型($\Delta\chi^2(df=2)=0.60$, ns)。以上对竞争模型的分析比较，进一步验证了环境掌控感在中庸对渐进式创新、良好人际关系在中庸对帮助行为的影响中的完全(而不是部分)中介作用。

图 2 反映了拟合度最好的假设模型。尽管中庸价值取向对渐进式创新、帮助行为没有直接显著影响，但它通过环境掌控感、良好人际关系分别对二结果变量具有间接正向效应(H1a、H2a 得到支持)。路径分析结果显示，环境掌控感在中庸对渐进式创新的正面影响中起中介作用，假设 H1b 得到支持。其中，中庸价值取向对环境掌控感影响的标准化系数为 $0.45(p<0.001)$，环境掌控感对渐进式创新的标准化系数为 $0.15(p<0.05)$。同样地，良好人际关系在中庸对帮助行为的正面影响中起中介作用，假设 H2b 得到支持。其中，中庸价值取向对良好人际关系影响的标准化系数为 $0.63(p<0.001)$，良好人际关系对帮助行为影响的标准化系数为 $0.21(p<0.01)$。

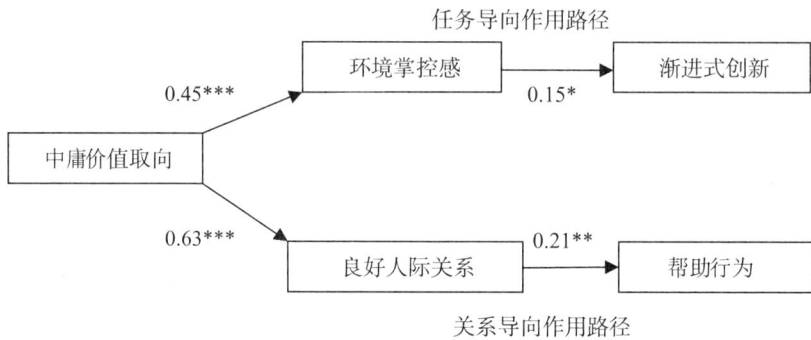

注：*，**，***分别表示 $p<0.05$，$p<0.01$，$p<0.001$。

图 2　最优模型路径图

5. 讨论

中庸价值取向深刻地影响着中国人的态度和行为，但其具体发挥作用的心理机制仍不清楚。本研究在自我一致理论基础上，对中庸价值取向的作用机制进行探索。基于我国北方地区 266 名员工及领导配对数据，实证研究发现：中庸价值取向通过提升员工的环境掌控感促进员工的渐进式创新，通过形成与环境的良好人际关系提升员工帮助行为。研究在理论上验证和发展了中庸的作用机制：即中庸通过"执中一致"来促进个体与外界的平衡，使个体获取与外界环境和人际的和谐关系，进而个体可以采取适度行为保持和改善环境。

以往相关研究或是关注到中庸的直接影响作用，或是将其作为本土化的情境因素考虑，我们对中庸价值取向对个体态度行为影响的作用过程所知较少。厘清中庸的心理中介机制有助于深化对传统价值取向的认识，推动我国本土化管理研究。本研究从员工行为任务导向和关系导向的视角，集中于渐进式创新和帮助行为，探索环境掌控感和良好人际关系的中介作用。研究结合自我一致理论，围绕着中庸"中"与"和"的内在价值取向，认为高中庸的个体会采用渐进式创新和人际公民行为，来实现响应市场创新要求、促进组织和个人发展，创建良好人际氛围等多方面"和"的目标，这其中具体的中介过程分别通过环境掌控感和良好人际关系来实现。

本研究也存在另一个逻辑路径，即中庸价值取向通过个体行为来形成对环境的和谐相处，例如"中庸-帮助行为-良好人际关系"的逻辑通道，即高中庸价值取向个体更可能实施帮助行为，因实施帮助行为从而与他人建立更融洽的人际关系。为此我们进行了路径分析，结果并未支持这一逻辑（X^2（$df=198$）$=504.77$，$p<0.001$；RMSEA $=0.076$，CFI $=0.90$，TLI $=0.87$，IFI $=0.90$），并显示良好人际关系作为中介变量是最优模型。我们注意到人际公民行为是指向具体特定的个体，在工作场所内它通常存在于有一定人际往来的个体之间，而不是完全没有交集的陌生人之间。例如同事之间分担工作，需要相互有所了解，对高中庸取向的个体而言，一方面他们所具有的良好人际关系为同事间相互了解提供

了基础条件，另一方面由于高人际敏感度，他们善于发现和识别他人的需要，并且会为了保持"和"而切实采取帮助行动。这种已有的良好人际关系，来自于高中庸取向的个体平时"中""和"的为人之道，践行"维持人际和谐"的主观规范，没有人际冲突，日常交往中的友好以待，即已达到了良好人际关系的基本水准。尽管以上阐述了中庸价值取向在本研究中的作用路径，但"中庸-行为-与环境关系"也存在其理论基础，未来仍需有研究来进一步探索。

研究的另一个理论贡献是发现中庸并不意味着盲目被动地折中妥协，其对个体行为的影响也不能简单地判断为是积极或是消极，而要充分考虑个体的"中"及与情境的"和"。例如在中庸与建言的关系研究上，段锦云和凌斌（2011）通过具体分析结果变量的结构发现中庸对顾全大局式建言有正向影响，而对自我冒进式建言有负向影响，并不是简单地认为中庸不利于建言。中庸价值取向究竟展现积极还是消极作用，需根据具体情形进行分析。在中庸价值取向与创新的关系上，也不能简单片面地认为中庸对创新有消极作用，本研究发现中庸价值取向对改良型的创新类型具有正向促进作用。

研究对管理实践的启示有三个方面：第一，管理者需要正确认识中庸，摒弃偏见，根据企业实际情况，引导培育积极的企业文化支持企业发展，不应生搬硬套地学习西方管理技巧与经验。企业管理者需要正视中国员工典型的本土文化价值取向，顺应员工个性和群体习惯有的放矢地开展人性化的管理工作，最大程度地挖掘发挥员工的潜质和能力。第二，正视改良型渐进式创新这种创新类型，考虑员工在价值观、能力等方面的实际情况，因势利导激发员工创造力以服务组织发展。研究表明，激进式创新不一定比渐进式创新更好或更有价值（Kirton，1994），渐进式创新和激进式创新行为均能促进企业绩效（李忆、司有和，2008）。企业不能一味盲目追求颠覆式的创新，应该根据实际情况进行合理选择。管理者应当充分考虑员工表现出来的"中庸"特征，通过培训、授权、认可渐进式创新并给予激励等措施增强员工个体的环境掌控感，因势利导地鼓励创新并为员工创新创造条件，以促进员工和组织的持续创新与发展。第三，为员工拓展人际圈创造平台，加强员工间的交往，鼓励互帮互助以提升团队合作能力和组织凝聚力。组织内跨部门、跨领域的人际交往，一方面有助于孵化跨部门的互助行为，另一方面有助于提升员工的人际交往和团队合作能力，并在人际往来的良好气氛中提升组织的凝聚力，有助于提升企业活力和促进企业长效健康发展。

本研究也存在如下局限：（1）样本代表性的局限性。本研究的样本局限于北方，由于我国经济、文化发展的地域多样性和差异性，中庸价值取向可能存在不同，从而影响研究的推广性和普适性。（2）研究层次单一的局限性。本研究集中于个体层次进行分析，没有将团队、组织等不同层次的影响纳入进来，因而不能探索团队氛围、组织文化等潜在因素对结果的影响。未来的研究应充分考虑以上因素，通过更为严谨的设计来控制相关因素，并考察在不同情景下中庸价值取向的影响作用。本研究关注的渐进式创新和帮助行为有一定的重要性和代表性，但中庸价值取向对其他个体行为是否具有同一中介机制，以及中庸价值取向综合性框架性的作用机制仍值得深入探讨。在未来研究方面，可以从团队和组织的层面上更多考察中庸价值取向的作用机制，并纳入更加具体多样的情境因素。

◎ **参考文献**

[1] 陈建勋，凌媛媛，刘松博．领导者中庸思维与组织绩效：作用机制与情境条件研究[J]．南开管理评论，2010(2)．

[2] 段锦云，凌斌．中国背景下员工建言行为结构及中庸思维对其的影响[J]．心理学报，2011，43(10)．

[3] 杜旌，冉曼曼，曹平．中庸价值取向对员工变革行为的情景依存作用[J]．心理学报，2014，46(1)．

[4] 杜旌，姚菊花．中庸结构内涵及其与集体主义关系的研究[J]．管理学报，2015，12(5)．

[5] 何轩．互动公平真的就能治疗"沉默"病吗？——以中庸思维作为调节变量的本土实证研究[J]．管理世界，2009，187(4)．

[6] 李启明，陈志霞．中庸实践思维的结构和测量[J]．心理研究，2014，7(1)．

[7] 李忆，司有和．探索式创新，利用式创新与绩效：战略和环境的影响[J]．南开管理评论，2008(5)．

[8] 孙旭，严鸣，储小平．坏心情与工作行为：中庸思维跨层次的调节作用[J]．心理学报，2014，27(5)．

[9] 沈毅．人缘取向：中庸之道的人际实践——对中国人社会行为取向模式的再探讨[J]．南京大学学报：哲学·人文科学·社会科学，2005，42(5)．

[10] 涂乙冬．领导-部属交换与员工帮助行为：一项三维交互研究[J]．管理科学，2013，26(5)．

[11] 吴佳辉，林以正．中庸思维量表的编制[J]．本土心理学研究，2005，24(1)．

[12] 王庆娟，张金成．工作场所的儒家传统价值观：理论，测量与效度检验[J]．南开管理评论，2012，15(4)．

[13] 姚艳虹，范盈盈．个体-组织匹配对创新行为的影响——中庸思维与差序氛围的调节效应[J]．华东经济管理，2014，28(11)．

[14] 周浩，龙立荣．工作不安全感，创造力自我效能对员工创造力的影响[J]．心理学报，2011，43(8)．

[15] 杨中芳．如何理解中国人：文化与个人论文集[M]．重庆：重庆大学出版社，2009．

[16] 杨中芳，赵志裕．中庸实践思维初探[D]//第四届华人心理与行为科际学术研讨会文集．台北，1997．

[17] 张毅，游达明．科技型企业员工创新意愿影响因素的实证研究——基于 TPB 视角[J]．南开管理评论，2014(4)．

[18] Anderson, N., De Dreu, C. K., Nijstad, B. A. The routinization of innovation research: A constructively critical review of the state of the science[J]. *Journal of organizational Behavior*, 2004, 25(2).

[19] Gong, Y., Huang, J. C., Farh, J. L. Employee learning orientation, transformational

leadership, and employee creativity: The mediating role of employee creative self-efficacy [J]. *Academy of Management Journal*, 2009, 52(4).

[20] Kirton, M. J. *Adaptors and innovators: Styles of creativity and problem solving* [M]. London: Routledge. 1994.

[21] Lee, K., Allen, N. J. Organizational citizenship behavior and workplace deviance: the role of affect and cognitions[J]. *Journal of Applied Psychology*, 2002, 87(1).

[22] Leifer, R.. *Radical innovation: How mature companies can outsmart upstarts* [M]. Cambridge: Harvard Business Press, 2000.

[23] Leung, K., Brew, F. P., Zhang Z. X., Zhang, Y. Harmony and conflict: A cross-cultural investigation in China and Australia [J]. *Journal of Cross-Cultural Psychology*, 2011, 42(5).

[24] MacCallum, R. C., Austin, J. T. Applications of structural equation modeling in psychological research[J]. *Annual Review of Psychology*, 2000, 51(1).

[25] Madjar, N., Greenberg, E., Chen, Z. Factors for radical creativity, incremental creativity, and routine, noncreative performance[J]. *Journal of Applied Psychology*, 2011, 96(4).

[26] Organ, D. W., Konovsky, M. Cognitive versus affective determinants of organizational citizenship behavior[J]. *Journal of Applied Psychology*, 1989, 74(1).

[27] Podsakoff, P. M., MacKenzie, S. B., Paine, J. B., Bachrach, D. G. Organizational citizenship behaviors: A critical review of the theoretical and empirical literature and suggestions for future research[J]. *Journal of Management*, 2000, 26(3).

[28] Ryff, C. D. Happiness is everything, or is it? Explorations on the meaning of psychological well-being[J]. *Journal of Personality and Social Psychology*, 1989, 57(6).

[29] Ryff, C. D., Keyes, C. L. M. The structure of psychological well-being revisited[J]. *Journal of Personality and Social Psychology*, 1995, 69(4).

[30] Shalley, C. E., Zhou, J., Oldham, G. R. The effects of personal and contextual characteristics on creativity: Where should we go from here? [J]. *Journal of Management*, 2004, 30(6).

[31] Sheldon, K. M., Elliot, A. J. Goal striving, need satisfaction, and longitudinal well-being: The self-concordance model [J]. *Journal of Personality and Social Psychology*, 1999, 76(3).

[32] Van Harpen, X. Y., Sriraman, B. Creativity and mathematical problem posing: An analysis of high school students' mathe-matical problem posing in China and the USA[J]. *Educational Studies in Mathematics*, 2013, 82(2).

[33] Wong, R., Niu, W. Cultural difference in stereotype perceptions and performances in nonverbal deductive reasoning and creativity[J]. *The Journal of Creative Behavior*, 2013, 47(1).

[34] Yao X., Yang Q., Dong N. N., Wang L. Moderating effect of Zhong Yong on the

relationship between creativity and innovation behavior [J]. *Asian Journal of Social Psychology*, 2010, 13(1).

The Mechanism of ZhongYong's Effect on Individuals: Task- and Relation-oriented Perspectives

Du Jing[1] Duan Chengyao[2]

(1, 2 Economics and Management School of Wuhan University, Wuhan, 430072)

Abstract: In recent years a large number of studies focus on ZhongYong, the Chinese traditional value. Prior studies pointed out that the mechanism of ZhongYong is to ensure individuals the balance between themselves and the outside world by following the core principle of mean and congruence. Considering the fact that few studies have examined the mechanism, this research explores the impact and intermediary mechanism of ZhongYong on incremental creativity and help behavior, respectively from the task-oriented and relation-oriented perspective. By two-wave data collected from 266 Chinese employees and their leaders, the analysis of structural equation modeling shows that ZhongYong promotes employees' incremental creativity by enhancing employee's sense of environmental mastery, and stimulates employee's helping behavior through forming positive interpersonal relationship with surroundings. The research conclusion develops the mechanism of ZhongYong, indicating that ZhongYong promotes the balance between the individual and the outside world through the implementation of the doctrine of mean and congruence, thus the individual being able to take actions to improve the environment.

Key words: ZhongYong; incremental creativity; helping behavior; environmental mastery; positive interpersonal relationship

责任编辑: 路小静

地域偏爱、客户与公司业绩：基于 CEO 教育经历的证据[*]

● 王亚男[1]　孔东民[2]

（1　复旦大学经济学院　上海　200433；2　华中科技大学经济学院　武汉　430074）

【摘　要】 本文考察 CEO 的教育经历对公司客户选择行为的影响。研究发现：首先，CEO 的教育经历显著地提升了公司大客户出现在其就读学校所在地的可能性；进一步控制 CEO 的工作经历之后，结论依然成立。其次，更低的市场化程度、更短的 CEO 任期、更低的 CEO 薪酬以及 CEO 与董事两职分离，都会加剧 CEO 的地域偏爱行为。最后，我们发现 CEO 对学校所在地客户的偏爱行为，显著降低了公司业绩，说明该行为并非"公司最优决策"的结果。本文研究结论对于公司决策以及政策监管都提供了一定的借鉴意义。

【关键词】 地域偏爱　教育经历　客户　委托代理问题

中图分类号：F273.7　　文献标识码：A

1　引言

中国是个讲求"人情"的社会，林语堂先生曾说过，对国人而言，"近乎人情"是更胜于"合乎逻辑"的。随着国门的开放，中国已经逐渐由"人情社会"转变为"法治社会"，但是在市场机制和司法机构仍然不够健全有效的情况下，"人情"作为"法制"的替代，在各个领域都发挥了重要的作用。在企业经营发展中，老乡、熟人、校友等裙带关系已经引起学术界和业界的广泛关注，如 CEO 与董事之间的校友、老乡等社会关系对公司治理及财务风险的影响（Fracassi et al.，2012；陆瑶与胡江燕，2014）；投资者与被投资标的的公司高管之间的校友关系对投资回报的影响（Cohen et al.，2007，2010）；国内国际投资领域中的本地偏好、本国偏好行为（Levy and Sarnat，1970；French and Poterba，1991；Coval and Moskowitz，1999；Hunberman，2001）。

---

* 中央组织部"万人计划"（青年拔尖人才计划）（组厅字 2014-17）；国家自然科学基金"基于制度视角的跨期动态 CEO 薪酬激励定价及其治理绩效的研究"（71372130）；国家自然科学基金"智力资本、公司资本、公司行为与公司价值：基于人力资本与组织资本的微观研究"（71373045）；国家自然科学基金（71373049）；

通讯作者：王亚男，E-mail：yananwang13@fudan.edu.cn。

公司高管与客户之间的人际关系是十分重要的，与客户维持良好而紧密的关系，有利于公司获取更多增长机会。世界顶尖薄膜系统制造商奥地利 DMT 科技公司的所有者和 CEO 沃尔夫冈·潘尼格曾说过："这种通过亲自拜访与客户建立直接关系的价值是不可估量的。"但是，高管选择客户时，偏爱具有某种特质的客户，或者刻意选择其所熟悉的客户，结果可能完全相反。如 2015 年 4 月 8 日《法治周末》披露的中国移动高管权明富联合客户陈某铭"合作"牟利腐败案，正是其二人基于同乡这层熟人关系，联合榨取公司利益谋求个人好处的典型案件。因此，本文期望考察 CEO 在选择客户时，对其毕业院校所在地的客户，是否有显著的地域偏爱现象。并且，这种地域偏爱行为，是否如权明富案件那样损害公司业绩。

本文基于上市公司及其前五大客户数据，研究了上市公司 CEO 的教育经历对其客户选择行为的影响，发现 CEO 显著偏爱其毕业学校所在省份的客户。并且，这一结论在控制 CEO 工作经历的影响后依然显著。除此之外，本文还考察了影响 CEO 地域偏爱行为的几个因素，发现在市场效率较低的地区，或是较短的 CEO 任期、较低的 CEO 薪酬、CEO 与董事两职分离等都会加剧这种地域偏爱行为。最后，为了识别这种地域偏爱的内在机制是"公司最优决策理论"还是"CEO 行为偏差理论"，本文考察了 CEO 的地域偏爱对公司业绩的影响，发现地域偏爱行为对公司业绩有负向影响，进而支持了"CEO 行为偏差理论"。

本文的主要贡献在于：第一，地域偏爱的经济学分析是目前国际研究的前沿问题，但现有研究大多考察直接的社交关系网（校友关系、老乡关系以及前同事关系等）对公司治理和投资回报的影响，鲜有文献考察公司高管对其曾经就读的大学所在地区客户的偏爱行为。本文考察 CEO 对学校所在地客户存在的地域偏爱行为，在一定程度上扩展了该领域的研究范畴。

第二，现有的关于地域偏爱的文献多集中于投资领域，本文将其扩展至公司治理与市场营销方面，考察 CEO 在产品销售过程中，是否更偏爱其毕业院校所在地的客户。由于数据的局限性，鲜有这一主题的研究，本文通过手工搜集制造业上市公司年报中披露的前五大客户信息，构建了一个独立数据库，并基于国泰安数据库和万维网搜索，一一识别公司 CEO 毕业学校信息和客户注册地信息，以此构建 CEO 与客户熟悉度指标。本文的研究数据具有独创性，也为该领域的研究提供了新的思路。

第三，针对 CEO 对毕业学校所在地客户的地域偏爱现象，本文从地区差异和制度激励两个层面，考察了影响这一行为的重要因素，并进一步通过地域偏爱对公司业绩的影响，识别出导致这一现象的内在机制是 CEO 行为偏离公司最优决策的结果，甚至可能存在 CEO 与熟悉客户串谋，侵占公司利益的行为。公司应当制定合理的监管机制以减少 CEO 的地域偏爱行为。本文的研究为公司治理和政策监管提供了明晰的建议。

文章后面的安排为：第二部分对现有文献进行了回顾与梳理；第三部分进行理论分析并提出本文的研究假说；第四部分介绍本文将使用的一些变量的定义和数据来源；第五部分构建本文的回归模型，并讨论分析文章主要的实证研究结果；第六部分进行总结。

2. 文献综述

本文旨在考察上市公司 CEO 选择客户时是否存在地域偏爱现象，一种可能是 CEO 与某地区客户高管之间存在直接的社会关系，另一种可能是 CEO 对特定地区的偏爱。因此与本文相关的文献主要有两类，其一考察直接的社会关系网，主要关注由校友、曾经的同事或共同参加某些社会活动经历形成的社会关系等；其二考察因熟悉性而产生的地域偏爱，以投资领域中的"本地偏好悖论(local bias puzzle)"为代表，学者从本地偏好的现象及其成因两个角度进行了大量的研究。

社会关系网的研究在国外较为成熟，现有文献考察了不同企业高管之间，企业内高管与董事之间，以及投资者与被投资标的管理层之间的校友关系对公司决策、公司绩效、高管薪酬以及投资回报等方面产生的重要影响。如 Butler 和 Gurun (2012)考察共同基金经理与公司高管之间的校友关系对公司治理的影响，他们发现与没有社会关系的基金经理相比，有校友关系的基金经理更倾向于反对股东发起的限制高管薪酬的提议。Fracassi 等(2012)发现 CEO 与董事会之间的社会关系会损害董事会的监管职能，这类公司更容易进行一些不恰当的并购，导致公司价值受损。陆瑶与胡江燕(2014)考虑到中国人情社会的特殊性，考察了 CEO 与董事会之间的"老乡"关系对公司风险水平的影响，发现存在老乡关系的公司有更积极的兼并行为，并且公司综合财务风险也更高。Cohen 等(2007)考察校友关系对投资回报的影响，发现共同基金经理投资与其有校友关系的公司，能够获取更高的投资回报；Cohen 等(2010)又进一步考察了卖方分析师与目标公司 CEO 之间的校友关系对投资回报的影响，同样发现了相似的结论。最近，申宇、赵静梅、何欣(2015)发现校友关系的广度和深度都能为基金带来业绩的正向提升。具体而言，关系广度最高的基金组合每年获得的超额收益率比关系广度最低的基金组合高出 11.37%，校友关系深度最高的基金组合比校友关系深度最低的基金组合高出 9.12%。

另一类相关文献研究地域偏爱在投资决策等领域的影响，如著名的"本国偏好"(home country bias)与"本地偏好"(local bias)。"本国偏好"是在国际金融市场投资中，投资者将绝大部分资金投资于自己所居住国家的资本市场中，以远低于标准资产组合理论预测的比例投资于国外市场(Levy and Sarnat, 1970；French and Poterba, 1991)。"本地偏好"关注投资者如何在自己所居住的国家中进行投资，现有研究表明，投资者将大部分资金投资于自己熟悉的或就职的公司，或者离自己居住地近的公司 (Coval and Moskowitz, 1999；Hunberman, 2001)。

"本国偏好"与"本地偏好"都反映了人们对熟悉事物的偏爱，学者们从不同角度对这种现象进行了解释。其中一派是"信息优势理论"，如 Coval 和 Moskowitz (1999)发现美国投资经理对本地公司有强烈的偏好，尤其是生产非贸易品的小规模高杠杆公司，他们认为这种本地偏好是信息不对称导致的，投资经理拥有更多关于本地公司的信息。沿袭该理论，Cumming 和 Dai (2010)考察了风险投资领域的本地偏好，并发现更知名的风投公司以及社会关系网更宽广的风投公司较少表现出本地偏好，该现象为信息优势理论提供了新的证据，知名风投公司更有能力解决与距离相关的信息不对称问题，因此投资领域不限于本地公司。另一派从行为经济学的视角来解释人们对熟悉事物的偏好。Heath 和 Tversky (1991)奠定了基于"过度自信理论"解释熟悉性偏好的行为基础，他们进行了一场关于赌博的经济学实验，发现当两场赌局有完全相同的回报分布时，参与者更偏好参与他们自认为了解或熟悉领域的赌局。Strong 和 Xu (2003)调研了基金经理对国际股票市场发展前景的观点，发现基金经理明显对本国的股票市场过度乐观，并用这种"过度自信理论"解释国际投资中的本国偏好现象。人们自认为比他人掌握更多关于熟悉事物的信息，更有信息优势，因此偏好于投资自己熟悉的领域；除此之外，偏好熟悉的事物也可能仅仅是心理上的喜爱，与是否拥有信息优势无关（Hunberman，2001）。如 Cao 等（2009）将熟悉性偏好视为人类对未知以及不确定性变化的恐惧，并构建理论模型解释了投资中的本地偏好。

本文研究 CEO 基于教育经历而产生的地域偏爱，但不直接考察 CEO 的校友关系，而是考察 CEO 由于其教育经历对客户产生的熟悉度，是否会影响其产品销售中与客户的合作关系。尽管现有的研究考察了各种层面的熟悉度，包括地理邻近（本国偏好、本地偏好等）和专业性邻近（曾经任职或正在任职的公司、持有较长时间的股票等），但还很少有文章考察基于教育经历产生的熟悉性，以及对曾就读大学所在地区的偏爱行为，本文期望填补这一空白。此外，关于地域偏爱的文献多集中于投资领域，本文将其扩展至公司治理与市场营销方面，考察 CEO 在产品销售过程中，是否更偏好于与其学校所在地客户建立合作关系。

3. 理论分析与研究假说

3.1 基于教育经历的地域偏爱现象

CEO 的大学教育经历使其更加了解学校所在地区，包括地区商业环境、产业政策以及司法有效性。另外，大学期间的校友关系或课余经历都可能使 CEO 直接认识大学所在地区客户公司的高管。然而，由于客户很多是非上市公司，难以获得其高管信息，既而无法考察 CEO 与客户高管是否有直接的校友、熟人等社会关系，因此本文不关注直接的社会关系。教育经历会让 CEO 熟悉一个地区，无论是心理上的熟悉还是客观上的信息优势，本文旨在考察 CEO 对客户的熟悉性是否会影响其为公司选择客户的行为。

假定 CEO 完全代表公司利益，CEO 对熟悉地区的客户有一定的信息优势，无论是由于与客户高管有直接社会关系，还是更了解地区商业环境、更关注公司信息。根据 Hegde 与 Tumlinson（2013）构建的理论模型，由于 CEO 对熟悉公司真实质量的估计误差较小，对陌生公司真实质量的估计误差更大，CEO 筛选客户的最优行为是对熟悉客户低标准、对陌生客户高标准，进而更倾向于选择熟悉客户。我们将这种 CEO 基于信息优势，以最大化公司价值为目标来选择客户的行为定义为"公司最优决策理论"。

另一种可能的解释是委托代理问题下的"CEO 行为偏差理论"。委托代理问题是公司投资或经营过程中一种常见的行为，治理公司的 CEO 与公司所有者利益不一致，导致 CEO 作出不利于公司利益但能带来个人好处的决策。CEO 与熟悉客户建立长期合作关系，可能是由于他能够获取更多的个人好处，无论是金钱好处还是精神性好处。熟悉的客户公司可能会通过贿赂 CEO 取得优惠的产品价格，甚至协助 CEO 进行财务造假来侵占转移公司资产；即使 CEO 选择熟悉的客户时其个人不能获取任何金钱好处，基于行为经济学的研究也指出 CEO 选择熟悉客户能够获取精神方面的满足，因为人们总是害怕未知和陌生的事物，而偏好熟悉的（Cao et. al.；2009）。此外，按照"过度自信理论"，尽管 CEO 并非出于个人利益的考虑，对熟悉的事物过度自信也会导致其偏好熟悉的客户。

无论是"公司最优决策理论"，还是"CEO 行为偏差理论"，都意味着 CEO 更倾向于与熟悉客户建立长期互作关系。因此我们提出如下假说：

假说 1 其他条件相同时，上市公司 CEO 更偏好与其大学所在省份的客户建立合作关系。

3.2 地域偏爱的影响因素

有哪些因素会加剧 CEO 的地域偏爱行为呢？本文从地区差异和上市公司 CEO 特质两个角度出发，考察了地区市场效率、CEO 两职合一、CEO 任期以及 CEO 薪酬四个因素对 CEO 地域偏爱行为的影响。

3.2.1 市场效率与区域差异

在完美市场中，所有客户信息公开透明，上市公司选择客户时仅考虑会影响公司价值的因素，如客户报价、订单数量、还款能力等等，CEO 与客户是否熟悉并不会直接影响公司价值。根据"公司最优决策理论"，完美市场中，CEO 选择客户时不应存在地域偏爱。然而，当上市公司位于市场化程度较低的地区时，市场机制不健全，信息透明度较低，CEO 难以充分获得陌生客户的信息。根据 Hedge 与 Tumlinson(2013) 的理论模型的结果，落后地区公司 CEO 在选择客户时，会进一步降低对熟悉客户的标准，提高对陌生客户的标准，进而导致 CEO 更偏好熟悉地区的客户。

此外，在市场机制不健全的国家或地区，缺乏健全的法律制度和司法部门保障合同的执行，因此企业之间的社会关系、政治关联与寻租行为等非正规机制作为正式制度的一种替代，被用来维持企业间交易以及进行资源配置(McMillan and Woodruff，1999；Faccio，2006；余明桂与潘红波，2008)。因此，在落后的地区，CEO 借助与熟悉客户之间的社会关系，利用非正规机制维持企业交易。

当上市公司所在地市场化程度较低时，上市公司存在的委托代理问题也相应更加严重。市场化程度低的地区法治相对落后，公司治理水平也较低，因此 CEO 违背公司利益获取个人好处受到处罚的概率与制裁都较低，CEO 更有激励利用与熟悉客户的关系获取个人收益。根据"行为偏差理论"，落后地区的上市公司 CEO 背离公司利益的成本更低，因此更倾向于选择熟悉的客户。

无论 CEO 偏好熟悉客户是最大化公司价值的理性选择和正式市场制度的替代策略，还是 CEO 背离公司利益追求个人好处的行为，上市公司所在地区的市场化程度越低，CEO 选择客户时对熟悉地区的偏好越严重。基于此提出假说 2。

假说 2 上市公司所在地区市场化程度越低，CEO 选择客户时地域偏爱行为越明显。

3.2.2 代理问题与 CEO 特质

由于上市公司 CEO 与客户公司之间的实际关系和金钱转移数据不可得，无法直接测度 CEO 是否获取了个人好处，我们通过间接衡量委托代理问题的严重程度，来估计 CEO 的牟利行为。根据行为偏差理论，CEO 的地域偏爱是 CEO 与股东之间的利益冲突而产生的，因此会强化委托代理问题的因素也会加强 CEO 的地域偏爱行为。本文具体考察 CEO 任期、CEO 薪酬以及 CEO 与董事长是否两职合一这三个因素对地域偏爱的影响。

首先，CEO 的任职期限问题(horizon problem)代表着 CEO 与股东之间代理冲突的重要方面。"短期限决策理论"认为，CEO 任期较短时，会导致管理者短视现象，即放弃较长期限的优质项目与研发支出，而更关注短期收益(Dechow and Sloan，1991；Le Breton-Miller and Miller，2006)。此外，"管理者知识与技能理论"也指出，高管任期越长，对公司的认识就越深刻，因此较长任期的高管不太会作出偏离公司核心竞争力的决策(Miller and Shamsie，2001)。CEO 任期较短时，越容易偏离公司最优决策并产生管理者短视问题，而选择熟悉地区的客户能够为高管带来短期收益。基于此，我们提出如下假说：

　　假说 3a　当 CEO 任期较短时，其地域偏爱行为更严重。

　　此外，CEO 个人薪酬的高低也会影响委托代理问题。一方面，CEO 薪酬较低时，其更有激励寻求其他增加收入的渠道，如陈冬华等(2005)发现由于国有企业高管存在薪酬限制，在职消费成为获取其他收入的重要渠道。另一方面，当 CEO 薪酬高于同业薪酬时，其离职的成本很大，CEO 希望长期留在公司，不太会作出背离公司利益的行为。因此，较低的薪酬会促使 CEO 寻找其他非正规收入来源，并且因违规行为被发现而离职的成本也较低，CEO 与股东的代理冲突更加严重。基于此，我们提出如下假说：

　　假说 3b　当 CEO 薪酬较低时，其地域偏爱行为更严重。

　　最后，CEO 与董事长是否两职合一是影响委托代理问题的重要因素，但是目前关于两职合一与代理问题的研究尚未得出一致的结论。在传统代理理论(agency theory)下，CEO 自身利益与公司利益不一致，两职合一导致 CEO 权力过大，减弱董事会监管 CEO 的能力，因而会加剧代理问题(Fama and Jensen，1983；Jensen，1993)。在现代管家理论(stewardship theory)下，两职合一使得 CEO 有明晰的决策权，可以减少两职分离情况下的权力利益纠纷与公司运营低效问题，代理成本有可能得到大幅减少(Stoeberl and Sherony，1985；Anderson and Anthony，1986)。此外，有文献认为 CEO 与董事长是否两职合一是内生的，是不同公司特征下的最优选择(Chen et al.，2008)。因此，对于国有企业或大型民营企业等本身代理问题严重的企业，大多采取两职分离的股权结构来减少代理问题；对于家族企业等小型民营企业，大多采取两职合一的股权结构，增加 CEO 尽职的激励并提高公司运营效率。因此，本文认为，CEO 与董事长两职合一的公司本身存在的委托代理问题较低，而 CEO 的二元身份与权责一致更会促使其做出最有利于公司的决策；反之，两职分离的公司代理问题更为严重，因而 CEO 的地域偏爱行为也可能更明显。基于此，我们提出如下假说：

　　假说 3c　当 CEO 与董事长两职分离时，其地域偏爱行为更严重。

3.2.3　地域偏爱与公司绩效

　　CEO 以最大化公司价值为目标的"最优决策理论"，以及委托代理问题下 CEO 追求个人好处的"行为偏差理论"，都会导致 CEO 对其企业所在地客户有地域偏爱行为。在上文考察影响 CEO 地域偏爱的四个因素中，市场效率对地域偏爱的影响意味着"最优决策理论"和"行为偏差理论"两种理论都可能存在；而三个通过改变 CEO 激励，影响委托代理问题进而影响地域偏爱的因素，为"行为偏差理论"提供了证据。那么，CEO 地域偏爱行为的内在机制究竟是什么呢？为了进一步区分这两种不同的机制，本文接下来考察这种基于教育经历的地域偏爱对公司业绩的影响。

在"最优决策理论"下，偏好熟悉客户是 CEO 最大化公司价值的理性选择，该决策将对公司业绩有正向影响。如 Hedge 与 Tumlinson（2013）构建理论模型，考察了风险投资公司与初创公司的社会关系如何通过选择行为与影响作用两种渠道影响二者的合作。由于对不熟悉公司质量估计的噪音更大，最大化投资收益下，风投会对熟悉的初创公司制定更低的标准，因此更偏好于选择熟悉客户，这种行为也与公司表现正相关。基于此，我们提出如下假说：

假说 4a　CEO 的地域偏爱行为是最大化公司价值的理性选择，对公司业绩有正向影响。

在"行为偏差理论"下，偏好熟悉客户是委托代理问题下，CEO 目标与公司目标偏离，其追求个人利益而作出的选择，并将损害公司价值。无论 CEO 从熟悉客户处获取了金钱好处，还是其个人仅仅获得了心理方面的满足，都会导致其选择的客户对公司而言不是最有利的。CEO 可能给予熟悉客户过于优惠的价格条件，或是 CEO 所熟悉的客户实际质量较差，如存在拖欠货款或违约欺诈等行为，甚至 CEO 联合客户转移公司资产，这些都会对公司业绩产生负向影响。基于此，我们提出如下假说：

假说 4b　CEO 的地域偏爱行为是委托代理问题下追求个人利益的行为，对公司业绩有负向影响。

4. 数据来源与变量定义

4.1 数据来源

本文数据具有独创性并来源于多种渠道。首先，为了获取上市公司与其商业伙伴的信息，我们参照王雄元等（2014）的研究方法，从上市公司年报中手工收集了客户的年度销售额。需要指出的是：第一，上市公司年报仅披露前 5 大客户信息，相应地我们只能获取前 5 大客户的销售额，因此本文的结论只能在公司主要客户群（前 5 大客户）中得到验证。第二，我们的样本只包括制造业上市公司，一般而言，制造业被视为具有竞争性的，与垄断性行业不同，这些公司有能力与客户进行议价并通过策略性营销来主动选择客户。第三，我们根据客户名称，通过万维网（www）搜索获取客户公司注册地信息，并精确到省份。我们的样本期间为 2007—2011 年，但直到 2009 年，大多数公司才开始在年报中披露前 5 大客户信息。因此，客户信息样本是非平衡样本，包括 1030 家上市公司，每个公司每年对应 5 家客户公司。

其次，CEO 的教育经历来源于国泰安数据库（CSMAR）以及新浪财经。我们手动收集了上市公司 CEO 获取学士、硕士以及博士学位的学校。由于无法区分全职硕士和在职硕士，而很多公司 CEO 的硕士学位是在工作后获取的在职学历，一方面学校与公司很可能位于同一地区，另一方面 CEO 可能只有较少的在校学习经历，因此 CEO 的硕士学位获取学校难以准确衡量其求学经历。基于此，在定义 CEO 毕业学校所在地时，我们以本科学校为首要依据，只有当该数据不可得时，才用硕士或博士学校代替。不幸的是，CEO 教育经历信息缺失较为严重，1030 家上市公司中，只有 30% 左右的公司有 CEO 教育经历信息，即 272 家上市公司以及 356 个 CEO（部分公司有不止一个 CEO 或样本期间更换过 CEO）。

将客户信息数据与 CEO 教育经历数据合并，可以得到一个包括上市公司-CEO-客户三个维度的非平衡面板数据。对于其中的每个上市公司，至少有一个 CEO 的教育信息是可得的，并且其前 5 大客户信息完全。最后，我们剔除了仅有海外教育经历的 CEO 以及海外客户，最终的研究样本包括 272 家上市公司，2007—2011 年的 2160 个观测值。

4.2 变量定义

本文的主要解释变量是衡量 CEO 基于教育经历与客户建立的熟悉度 Familiarity，这是一个虚拟变量，当客户位于 CEO 毕业学校所在省份时，该变量取值为 1，否则为 0。为了控制 CEO 基于工作经历与客户建立的熟悉度，本文定义另一个虚拟变量 Familiarity_Firm，当上市公司与客户同省份时取值 1，否则为 0。就被解释变量而言，本文用 Sales_rate 来衡量客户与上市公司的实际合作关系，具体定义为上市公司对每个客户的销售额占总销售额的百分比。此外，本文还控制了其他公司层面的特征变量，如总资产的自然对数（Size）、财务杠杆（Leverage）、账面市值比（BM）、董事会中独立董事的比例（Independent）以及公司所有权特点（SOE），这些变量来源于国泰安数据库。为了排除本文结果是由于特定类型学校导致的这种可能性，本文定义了 School985 与 School211 两个虚拟变量，若 CEO 毕业学校属于"985 工程"大学，School985 取值为 1，若 CEO 毕业学校属于"211 工程"大学，School211 取值为 1。

为了考察上市公司经营业绩，本文定义总资产回报率（ROA）与总股本回报率（ROE）两个变量，数据来源于 CSMAR。在考察具体影响机制部分，本文定义了两类变量，其一是上市公司 CEO 的特点，包括薪酬（Comp）、任期（Tenure）以及董事长 CEO 是否两职合一（Duality），这类变量来源于 CSMAR 数据库；其二是衡量中国各省份市场化发展水平的变量 Mktindex，它来源于樊纲等（2011）发布的《中国市场化指数》，这是一个对中国各地区市场化进程较为全面并具有持续性的年度指标。

4.3 描述性统计

表 1 报告了本文研究样本的描述性统计。在 Panel A 中，前 5 大客户样本随着时间的推移逐渐完善，2009 年之前，只有不到 10% 的上市公司披露其前 5 大客户信息，而 2009 年之后，超过 30% 的上市公司开始披露前 5 大客户信息。CEO 样本的覆盖率随时间较稳定，平均有接近 30% 的 CEO 教育信息是公开可得的。最终研究样本平均每年包括 107 家上市公司以及 438 个客户，但由于是非平衡面板，实际涵盖的上市公司有 272 家，共 2160 个观测值。Panel B 是本文全部变量的描述性统计，平均而言，前 5 大客户中每个客户占上市公司 6% 的销售额，14.21% 的客户来自于上市公司 CEO 学校所在的省份，30.28% 的客户来自于上市公司注册地。

表 1 描述性统计表

Panel A. 研究样本覆盖率

Year	前 5 大客户样本		CEO 教育经历样本		最终样本	
	有客户信息的上市公司		有教育经历的 CEO		上市公司数量	客户数量
	数量	百分比	数量	百分比		
2007	61	4.01%	22	33.85%	16	70
2008	127	8.06%	40	30.77%	34	148
2009	566	32.89%	150	26.41%	129	514
2010	717	34.62%	199	27.45%	164	661
2011	797	34.86%	227	27.65%	193	795
Average	454	22.89%	128	29.22%	107	438

Panel B. 描述性统计表

Variable	Obs	Mean	Std. Dev.	Min	Max
Salesrate	2132	0.06	0.0633	0.0068	0.4104
Familiarity	2160	0.1421	0.3493	0	1
Familiarity_Firm	2160	0.3028	0.4596	0	1
Size	2160	21.4558	1.1318	19.2558	24.8503
Leverage	2160	0.4067	0.2212	0.026	0.8727
BM	2068	0.3371	0.2133	0.0498	1.228
Independent	2132	0.3635	0.0462	0.2727	0.5556
SOE	2160	0.4241	0.4943	0	1
School985	2145	0.4727	0.4994	0	1
School211	2145	0.6499	0.4771	0	1
ROE	2160	0.0771	0.1443	−0.8543	0.3674
ROA	2160	0.0521	0.0579	−0.2051	0.2378
Comp	1800	12.6489	0.7497	10.4941	14.7639
Tenure	1901	23.8422	15.3666	0	68
Duality	2160	0.2569	0.437	0	1
Mktindex	2160	8.6241	2.237	0.38	11.8

5. 实证结果

5.1 地域偏爱的存在性

首先，我们对假说 1 进行实证检验，考察上市公司 CEO 在挑选公司客户时，是否更偏好其大学所在省份的客户。针对模型（1）进行实证检验：

$$Sales\_rate = \alpha + \beta Familiarity + \gamma Controls + \tau + \mu + \varepsilon \tag{1}$$

本文用上市公司对(前5大客户中)每个客户的销售百分比来衡量上市公司与客户之间合作关系的强弱,被解释变量 Sales_rate 具体定义为上市公司当年对某一家客户的销售额与该上市公司当年总销售额之比,因此它是 0 到 1 之间的连续变量。主要的解释变量是虚拟变量 Familiarity,用来衡量 CEO 是否因其教育经历而与该客户熟悉,当客户位于 CEO 毕业学校所在省份时,定义 Familiarity 为 1,否则为 0。本文的控制变量 Controls 涵盖了各类公司层面的特质信息,如公司规模、杠杆、账面市值比、董事会中独立董事占比、公司所有权特点以及 CEO 毕业院校是否属于"985(211)工程"学校。此外,每家公司每年前 5 大客户会发生变化,本文研究数据是混合面板数据,因此还控制了年份固定效应(τ)以及行业固定效应(μ)。

模型(1)的回归结果如表 3 的第 1 列所示,Familiarity 的系数是 0.0102 并在 1%水平上统计性显著。当其他条件相同时,位于 CEO 毕业院校所在地的客户与其他地区客户相比,平均能够获取 1.02%的超额销售额。这一结论支持了我们的假说 1,其他条件相同时,上市公司 CEO 更偏好与其大学所在省份的客户建立合作关系。但是,有一点值得注意,由于 CEO 工作经历与客户产生的熟悉性,同样会影响公司与客户的合作关系。根据信息优势理论和行为经济学理论,无论 CEO 毕业于何地,在选择客户时,他都会更偏好于公司所在地的客户。如果基于工作经历建立的熟悉性与基于教育经历建立的熟悉性是相互独立的,忽略基于工作经历建立的熟悉性并不会影响结果的稳健性。但事实上,这两种熟悉性是正相关的,因为高校毕业生有更大的概率会留在大学所在地区工作,尤其是那些相对更发达更有发展前景的地区。表 2 描述了 CEO 毕业后选择的工作地,同时基于上市公司和年度分组,本文研究样本共有 536 组,其中 32%的 CEO(170 组)所在公司与其毕业院校同省份,并且其中排前三的省份(广东、浙江、北京)都是经济发达且教育资源丰富的省份。因此,忽略基于工作经历建立的熟悉性可能会导致 Familiarity 的估计系数上偏。

表 2   CEO 工作地的选择

序号	省份	组数	占比	序号	省份	组数	占比
1	广东	18	3.36%	12	湖北	6	1.12%
2	浙江	18	3.36%	13	山西	6	1.12%
3	北京	17	3.17%	14	黑龙江	5	0.93%
4	江苏	15	2.80%	15	四川	5	0.93%
5	安徽	13	2.43%	16	云南	5	0.93%
6	上海	12	2.24%	17	贵州	3	0.56%
7	广西	8	1.49%	18	河北	3	0.56%
8	辽宁	8	1.49%	19	吉林	3	0.56%
9	陕西	8	1.49%	20	河南	2	0.37%
10	山东	7	1.31%	21	湖南	2	0.37%
11	福建	6	1.12%	非同省		366	68.28%
总计	536					100 %	

基于此，模型(2)对模型(1)进行了扩展，引入了虚拟变量 Familiarity_Firm，来控制 CEO 基于工作经历建立的熟悉性。当客户与上市公司同省份时，取值为 1，否则为 0。其他变量定义与模型(1)相同。

$$Sales\_rate = \alpha + \beta_1 Familiarity + \beta_2 Familiarity\_Firm + \gamma Controls + \tau + \mu + \varepsilon \tag{2}$$

模型(2)的回归结果如表 3 第 2 列所示，控制基于工作经历建立的熟悉性后，Familiarity 的系数虽然有所减小，但依然在 5% 水平下统计显著。当其他条件相同并控制基于工作经历与客户建立的熟悉性时，位于 CEO 毕业院校所在地的客户与其他地区客户相比，平均能够获取 0.85% 的超额销售额。

表 3　　　　　　　　　　　　　销售百分比与 CEO 地域偏爱

	Sales_rate	
	模型（1）	模型（2）
Familiarity	0.0102 * * *	0.0085 * *
	（0.0037）	（0.0040）
Familiarity_Firm		0.0037
		（0.0033）
Size	−0.0111***	−0.0111***
	（0.0018）	（0.0018）
Leverage	0.0041	0.0043
	（0.0085）	（0.0085）
BM	0.0057	0.0056
	（0.0080）	（0.0080）
Independent	0.0464	0.0441
	（0.0291）	（0.0293）
SOE	−0.0002	−0.0006
	（0.0039）	（0.0039）
School985①	0.0000	0.0001
	（0.0032）	（0.0032）
Constant	0.2580***	0.2574***
	（0.0372）	（0.0371）
Observations	1997	1997
Industry FE	yes	yes
Year FE	yes	yes
R-squared	0.1098	0.1104

注：括号里的数字为标准误差；*、**、***分别代表在 10%、5%、1% 的水平上显著。

---

① 如果用 School211 替代 School985 作为控制变量，回归结果十分相似，为了避免冗余，本文未报告 School211 的回归结果。

5.2 地域偏爱的影响因素

5.2.1 市场效率与地区差异

为了检验假说2，本文基于樊纲等（2011）编制的中国各省份市场化指数，将研究样本划分为两个子样本。根据上市公司注册地的市场化指数的排序，定义市场化指数位于前1/3的样本为高市场效率组，市场化指数位于后1/3的样本为低市场效率组。分别用两个子样本，重复模型（2）的回归，回归结果如表4所示。

表4　　　　　　　　　　　地区市场效率与地域偏爱

	Sales_rate	
	高市场效率组（Mktindex>p67）	低市场效率组（Mktindex<p33）
Familiarity	0.0055	0.0249 ***
	（0.0062）	（0.0081）
Familiarity_Firm	0.0062	0.0005
	（0.0055）	（0.0058）
Size	−0.0141 ***	−0.0080 ***
	（0.0034）	（0.0027）
Leverage	0.0472 ***	−0.0216
	（0.0142）	（0.0168）
BM	0.0037	−0.0043
	（0.0189）	（0.0150）
Independent	0.0486	0.0300
	（0.0546）	（0.0574）
SOE	0.0015	0.0014
	（0.0077）	（0.0088）
School985	−0.0079	0.0047
	（0.0060）	（0.0054）
Constant	0.2741 ***	0.2088 ***
	（0.0651）	（0.0580）
Observations	827	736
Industry FE	yes	yes
Year FE	yes	yes
R-squared	0.1672	0.1411

注：括号里的数字为标准误差；*、**、***分别代表在10%、5%、1%的水平上显著。

高市场效率组回归结果如表4第1列所示，低市场效率组结果如表4第2列所示。尽管 Familiarity 系数在两组中均为正，但只有低市场效率组下该系数是显著的，说明 CEO 选择客户时的地域偏爱现象只有当公司位于市场效率较低的地区时才存在，支持了假说 2。

5.2.2 代理问题与 CEO 特质

为了考察 CEO 任期对地域偏爱的影响，我们根据 CEO 既有任期的长短，将研究样本划分为两个子样本。我们定义 CEO 既有任期最长的 1/3 样本为长任期组，定义 CEO 既有任期最短的 1/3 样本为短任期组，分别按照模型(2)进行回归。

回归结果如表5所示，第1列是长任期组的回归结果，第2列是短任期组的回归结果。Familiarity 系数只在短任期组显著为正，在长任期组不显著，支持假说3a。

表 5   **CEO 任期与地域偏爱**

	Sales_rate	
	长任期组（Tenure>p67）	短任期组（Tenure<p33）
Familiarity	0.0079	0.0180**
	(0.0060)	(0.0077)
Familiarity_Firm	0.0138***	−0.0077
	(0.0048)	(0.0058)
Size	−0.0137***	−0.0094**
	(0.0027)	(0.0040)
Leverage	0.0040	0.0014
	(0.0125)	(0.0188)
BM	0.0162	−0.0341**
	(0.0114)	(0.0159)
Independent	−0.0537	0.0454
	(0.0474)	(0.0529)
SOE	0.0082	−0.0046
	(0.0061)	(0.0077)
School985	0.0123**	−0.0000
	(0.0052)	(0.0057)
Constant	0.3275***	0.2287***
	(0.0548)	(0.0850)
Observations	886	590
Industry FE	yes	yes
Year FE	yes	yes
R-squared	0.1520	0.1493

注：括号里的数字为标准误差；*、**、***分别代表在10%、5%、1%的水平上显著。

我们根据 CEO 的年薪，将研究样本划分为高薪组和低薪组两个子样本。我们定义 CEO 年薪最高的 1/3 样本为高薪组，定义 CEO 年薪最低的 1/3 样本为低薪组，分别进行模型(2)的回归。

回归结果如表 6 所示，第 1 列是高薪组的回归结果，第 2 列是低薪组的回归结果。Familiarity 系数只在低薪组显著为正，在高薪组不显著，支持了假说 3b。

表 6   CEO 薪酬与地域偏爱

	Sales_rate	
	高薪组(Compensation>p67)	低薪组(Compensation<p33)
Familiarity	0.0087	0.0204 ***
	(0.0066)	(0.0078)
Familiarity_Firm	0.0092 **	−0.0080
	(0.0046)	(0.0072)
Size	−0.0089 ***	−0.0073
	(0.0026)	(0.0050)
Leverage	−0.0051	0.0133
	(0.0127)	(0.0192)
BM	−0.0150	0.0107
	(0.0138)	(0.0162)
Independent	0.0451	0.1023
	(0.0479)	(0.0802)
SOE	−0.0004	−0.0153 *
	(0.0054)	(0.0090)
School985	0.0105 **	−0.0096
	(0.0045)	(0.0075)
Constant	0.1917 ***	0.1609
	(0.0519)	(0.1106)
Observations	897	528
Industry FE	yes	yes
Year FE	yes	yes
R-squared	0.1427	0.1482

注：括号里的数字为标准误差；*、**、***分别代表在 10%、5%、1%的水平上显著。

最后，针对 CEO 两职合一，本文定义了一个虚拟变量 Duality，当上市公司 CEO 与董事长是同一人时，该变量取值为 1，否则为 0。根据 Duality 的取值，将研究样本相应划分为两个子样本，一个为 CEO 两职合一组（Duality = 1），另一个为 CEO 两职分离组（Duality = 0），分别进行模型（2）的回归。

回归结果如表 7 所示，Familiarity 系数只在 CEO 两职分离组（Duality = 0）显著为正，在 CEO 两职合一（Duality = 1）组并不显著，支持假说 3c。

表 7   CEO 两职合一与地域偏爱

	Sales_rate	
	两职合一组（Duality = 1）	两职分离组（Duality = 0）
Familiarity	0.0047	0.0110**
	(0.0089)	(0.0047)
Familiarity_Firm	−0.0010	0.0049
	(0.0070)	(0.0037)
Size	−0.0124***	−0.0102***
	(0.0047)	(0.0019)
Leverage	0.0368*	−0.0084
	(0.0209)	(0.0100)
BM	0.0333	−0.0079
	(0.0254)	(0.0088)
Independent	0.0180	0.0372
	(0.0753)	(0.0333)
SOE	0.0021	0.0011
	(0.0225)	(0.0041)
Schoo1985	−0.0032	0.0025
	(0.0071)	(0.0038)
Constant	0.2684***	0.2460***
	(0.1000)	(0.0390)
Observations	505	1492
Industry FE	yes	yes
Year FE	yes	yes
R-squared	0.1776	0.1116

注：括号里的数字为标准误差；*、**、***分别代表在 10%、5%、1%的水平上显著。

5.2.3 地域偏爱对公司绩效的影响

如理论部分所述，虽然"最优决策理论"与"行为偏差理论"都能解释 CEO 基于教育经历产生的地域偏爱行为，但是这两种机制下，CEO 地域偏爱对公司业绩的影响是相反的。为检验假说4，我们建立了理论模型(3)和理论模型(4)。

$$ROA = \alpha + \beta_1 Familiarity + \beta_2 Familiarity\_Firm + \gamma_1 Duality + \gamma_2 Tenure \\ + \gamma_3 Compensation + \gamma_4 Mktindex + \gamma_5 Controls + \tau + \mu + \varepsilon \quad (3)$$

$$ROE = \alpha + \beta_1 Familiarity + \beta_2 Familiarity\_Firm + \gamma_1 Duality + \gamma_2 Tenure \\ + \gamma_3 Compensation + \gamma_4 Mktindex + \gamma_5 Controls + \tau + \mu + \varepsilon \quad (4)$$

被解释变量 ROA 与 ROE 是两个测度公司业绩的常用指标，ROA 是净利润与总资产的比值，ROE 是净利润与总权益的比值。其他变量的定义与上文相同。表8报告了模型(3)与模型(4)的回归结果。

表8　　　　　　　　　　　　　　　地域偏爱与公司业绩

	ROA	ROE
	模型(3)	模型(4)
Familiarity	−0.0118***	−0.0339***
	(0.0031)	(0.0100)
Familiarity_Firm	0.0020	0.0059
	(0.0024)	(0.0071)
Size	0.0160***	0.0306***
	(0.0016)	(0.0047)
Leverage	−0.1353***	−0.1730***
	(0.0066)	(0.0231)
BM	−0.0671***	−0.0477*
	(0.0096)	(0.0282)
Independent	−0.1083***	−0.3266***
	(0.0202)	(0.0661)
SOE	−0.0056*	0.0007
	(0.0029)	(0.0085)
School985	0.0064***	0.0084
	(0.0022)	(0.0062)
Duality	−0.0014	−0.0004
	(0.0024)	(0.0058)
Tenure	0.0002***	0.0004**
	(0.0001)	(0.0002)

	ROA	ROE
	模型(3)	模型(4)
Compensation	0.0144 ***	0.0406 ***
	(0.0019)	(0.0062)
Mktindex	0.0000	0.0012
	(0.0005)	(0.0013)
Constant	−0.3315 ***	−0.7782 ***
	(0.0294)	(0.0833)
Observations	1719	1719
Industry FE	yes	yes
Year FE	yes	yes
R-squared	0.4850	0.2840

注：括号里的数字为标准误差；*、**、***分别代表在 10%、5%、1%的水平上显著。

模型(3)的实证结果如表 8 第 1 列所述，Familiarity 的系数为 −0.0118，并且在 1%统计性水平下显著，意味着其他条件相同时，存在地域偏爱会导致公司 ROA 下降 1.18%。表 8 第 2 列报告了模型(4)的回归结果，Familiarity 的系数为 −0.0339，也在 1%统计性水平下显著，即其他条件相同时，存在地域偏爱会导致公司 ROE 下降 3.39%。因此，表 8 的回归结果与假说 4b 一致，即 CEO 的地域偏爱行为是委托代理问题下追求个人利益的行为，对公司业绩有负向影响，说明本文发现的 CEO 偏好其大学所在地客户的行为是个人利益与股东利益冲突下的"行为偏差"，而非最大化公司价值的"最优决策"。

6. 结论

本文考察了上市公司 CEO 的教育经历对其市场营销中选择客户行为的影响。通过手工收集的 2007—2011 年上市公司 CEO 毕业院校及其前 5 大客户注册地信息，构建了一个具有独创性的数据库，识别 CEO 与客户的熟悉度，发现 CEO 存在显著的地域偏爱现象，并且这一结论在控制了 CEO 工作经历的影响后依然显著。除此之外，本文还考察了影响 CEO 地域偏爱行为的几个因素，发现在市场效率较低的地区，或是较短的 CEO 任期、较低的 CEO 薪酬以及 CEO 与董事两职分离等都会加剧这种地域偏爱行为。但是，无论 CEO 是基于自身信息优势以公司价值最大化为目标，还是与股东存在利益冲突下的行为偏差，都可以解释这种地域偏爱行为，前者为"公司最优决策理论"，后者为"CEO 行为偏差理论"。为了进一步识别这种地域偏爱行为的内在机制，本文考察了 CEO 的地域偏爱对公司业绩的影响，发现偏爱熟悉客户对公司业绩有负向影响，进而支持了"CEO 行为偏差理论"。

本文的研究丰富了现有的关于熟悉度与地域偏爱的经济学研究成果，基于独创性的数据，证实了 CEO 在选择客户时存在地域偏爱现象，并探讨了这一行为的内在机制，为进一步加强我国上市公司治理水平，缓解委托代理问题对公司价值造成的损害提供了一定的指导意义。但是，由于研究仅限于公司前 5 大客户，所以本文的结论可能局限于 CEO 选择重要客户的情况下，在此提醒读者谨慎对待。未来若上市公司能够披露更全面的客户信息时，本文的研究可以进行扩展。

◎ 参考文献

[1]陈冬华，陈信元，万华林.国有企业中的薪酬管制与在职消费[J].经济研究，2005
　　（2）.

[2]樊纲，王小鲁，朱恒鹏.中国市场化指数[M].北京：经济科学出版社，2011.

[3]陆瑶，胡江燕.CEO 与董事间的"老乡"关系对我国上市公司风险水平的影响[J].管理
　　世界，2014(3).

[4]申宇，赵静梅，何欣.校友关系网络、基金投资业绩与"小圈子"效应[J].经济学季
　　刊，2015，15(1).

[5]王雄元，王鹏，张金萍.客户集中度与审计费用：客户风险抑或供应链整合[J].审计
　　研究，2014(6).

[6]余明桂，潘红波.政治关系、制度环境与民营企业银行贷款[J].管理世界，2008 (8).

[7]Anderson, C. A., Anthony, R. N. *The new corporate directors：Insights for board members
　　and executives*[M]. New York：Wiley, 1986.

[8]Breton-Miller I. L., Miller, D. Why do some family business out-compete? Governance,
　　long-term orientations, and sustainable capability [J]. *Entrepreneurship Theory and Practice*,
　　2006(30).

[9]Butler A. W., Gurun, U. G. Educational networks, mutual fund voting patterns, and CEO
　　compensation [J]. *Review of Financial Studies*, 2012(25).

[10]Cao H. H., Han B., Hirshleifer D., Zhang, H. H. Fear of the unknown：Familiarity and
　　economic decisions [J]. *Review of Finance*, 2009(15).

[11]Cesare, F., Tate, G. External net-working and internal firm governance [J]. *Journal of
　　Finance*, 2012(67).

[12]Chen, C. W., Lin J. B., Yi, B. CEO duality and firm performance：An endogenous issue
　　[J]. *Corporate Ownership and Control*, 2008(6).

[13]Cohen, L., Frazzini, A., Malloy, C. The small world of investing：Board connections and
　　mutual fund returns[D]. NBER Working Paper, No. 13121, 2007.

[14]Cohen, L., Frazzini, A., Malloy, C. Sell-side school ties[J]. *Journal of Finance*, 2010
　　(65).

[15]Coval, J. D., Moskowitz, T. J. Home bias at home：Local equity preference in domestic
　　portfolios [J]. *Journal of Finance*, 1999(6).

[16] Cumming, D. , Dai, N . Local bias in venture capital investments [J]. *Journal of Empirical Finance*, 2010(17).

[17] Dechow, P. , Sloan, R. Executive incentives and the horizon problem: An empirical investigation [J]. *Journal of Accounting and Economics*, 1991(14).

[18] Faccio, M. Politically-connected firms [J]. *American Economic Review*, 2006(96).

[19] Fama, E. F. , Jensen, M. Seperation of ownership and control [J]. *Journal of Law and Economics*, 1983(26).

[20] French, K. R. , Poterba, J. M. Investor diversification and international equity markets [J]. *American Economic Review*, 1991(81).

[21] Heath, C. , Tversky, A. Preference and belief: Ambiguity and competence in choice under uncertainty [J]. *Journal of Risk and Uncertainty*, 1991(4).

[22] Hegde, D. , Tumlinson, J. Does social proximity enhance business partnerships? Theory and evidence from ethnicity's role in US venture capital [J]. *Management Science*, 2014(60).

[23] Huberman, G. Familiar breeds investment [J]. *Review of Financial Studies*, 2001(14).

[24] Levy, H. , Sarnat, M. International diversification of investment portfolios [J]. *The American Economic Review*, 1970(60).

[25] McMillan, J. , Woodruff, C. Inter-firm relationships and informal credit in vietnam [J]. *Quarterly Journal of Economics*, 1999(114).

[26] Miller, D. , Shamsie, J. Learning across the life cycle [J]. *Strategic Management Journal*, 2001(22).

[27] Stoeberl, P. A. , Sherony, B. C. Board efficiency and effectiveness//E. Mattar, Balls, M. Eds. *Handbook for corporate directors* [M]. New York: McGraw-Hill, 1985.

[28] Strong, N. , Xu, X. Z. Understanding the equity home bias: Evidence from survey data [J]. *Review of Economics and Statistics*, 2003(85).

Regional Favoritism, Customers and Company's Performance: Evidence from CEO's Educational Experience

Wang Yanan[1]   Kong Dongmin[2]

(1   Economics School of Fudan University, Shanghai, 200433;

2   Economics School of Huazhong University of Science and Technology, Wuhan, 430074)

Abstract: Based on data of CEOs' educational experiences and top five customers of listed companies in China from 2007 to 2011, this paper examines the impact of CEO's educational experience on his behavior of customer selection. Firstly, CEO significantly prefers customers in the province of his school, even after controlling for the influence of working experience. Secondly, lower market efficiency, shorter CEO tenure, lower CEO compensation and CEO non-duality will exacerbate CEO's regional favoritism. Finally, CEO's regional favoritism has a negative effect on company' performance, indicating that the regional favoritism is not the result of

"Company's optimal decision". Our findings provide some suggestions for corporate strategy and policy regulation.

Key words：Regional favoritism；Educational experience；Customers；Agency problem

专业主编：潘红波

分析师关注与企业真实盈余管理：
监督抑或压力*

● 王　砾[1]　代昀昊[2]　孔东民[3]

（1，2，3　华中科技大学经济学院　武汉　430074）

【摘　要】证券分析师所扮演的角色以及对企业的影响一直存在争议。本文利用2005—2012年A股上市公司的数据，考察了分析师关注与企业真实盈余管理的关系，并检验了真实盈余管理的成本对上述关系的影响。研究发现：（1）随着分析师关注数目的增加，上市公司的真实盈余管理程度更低，表明我国的证券分析师确实能够发挥监管者的职能；（2）结合企业从事真实盈余管理活动的成本进行考虑，我们发现分析师对处于行业领先地位以及财务状况良好企业的真实盈余管理活动有更强的监督作用。（3）机构投资者的存在能够对分析师的监管角色有进一步的促进作用。本文的结论对于综合理解分析师关注与企业真实盈余管理行为有重要的理论和现实意义。

【关键词】分析师关注　真实盈余管理　成本　公司治理

中图分类号：F275　　文章标识码：A

1. 引言

上市公司从事盈余管理的方式主要包括两种：一种是应计盈余管理，另一种则是真实盈余管理。作为传统的盈余管理活动，应计盈余管理受到了学者的广泛关注。然而，随着企业从事盈余管理活动行为的潜在转变，一些学者开始注意到真实盈余管理活动的存在。Graham等（2005）通过对企业高管的访问和问卷调查发现，为了维持企业财务业绩的表象，并使企业利润达到诸如分析师预测的标准，企业的管理者会通过从事真实盈余管理活动以达到上述目标。Roychowdhury（2006）进一步指出了企业从事真实盈余管理的可能行

* 基金项目：本文受国家自然科学基金面上项目："智力资本、公司行为与公司价值：基于人力资本与组织资本的微观研究"（71372130）；"机构投资者，交易制度与信息效率"（71173078）；中国博士后科学基金资助项目（2016M592322）与中央组织部"万人计划"（青年拔尖人才计划）的资助，谨致谢意。

通讯作者：代昀昊，E-mail：daiyunhao@hust.edu.cn。

为，这为以后的相关研究提供了基础。随后，多数文献发现了企业会利用真实盈余管理替代传统的应计盈余管理行为（Cohen et al.，2008；Cohen and Zarowin，2010），同时，从事真实盈余管理会提高企业的资本成本（Kim et al.，2013），并影响企业的长期业绩（蔡春等，2013）。这些证据均表明，上市公司真实盈余管理与传统的应计盈余管理相比存在显著的差异性，同时又具有一定的替代作用。因此，研究上市公司的真实盈余管理行为具有理论价值和现实意义。

本文拟从分析师关注的角度，考察分析师对企业的关注是否会影响企业真实盈余管理的程度。作为资本市场的重要角色，证券分析师通过对上市公司发布分析和预测报告以促进公司的信息披露，从而降低公司与投资者之间的信息不对称水平。然而，证券分析师对企业的影响作用并不是单一的。从现有文献来看，一方面，分析师可以利用自身所具有的专业知识监督企业行为（Dych et al.，2010），同时提高公司的信息透明度（Derrien and Kecskés，2013；朱红军等，2007；姜超，2013），这些作用能够使得分析师扮演监管者的角色，从而提高公司的治理环境（Lang et al.，2004；Yu，2008；李春涛等，2014）。但另一方面，如前文所述，高管会将分析师的盈利预测作为基准，通过调增利润以在短期内达到或超过该基准，以此来向投资者传递企业业绩或财务状况方面信号。这种由分析师关注所带来的压力会导致高管放弃对企业具有长期价值的项目，转而通过真实盈余管理活动来提高短期业绩（He and Tian，2013；Irani and Oesch，2014），这无疑会对企业的长期价值造成损失。目前，尚没有文献考察中国分析师关注到底是会抑制还是会增加企业的真实盈余管理活动。

本文研究发现：（1）随着分析师关注数目的增加，上市公司的真实盈余管理程度更低，该结论支持了"监督假说"，表明我国的证券分析师确实能够发挥监管者的职能；（2）结合企业从事真实盈余管理活动的成本进行考虑，我们发现分析师对处于行业领先地位以及财务状况良好企业的真实盈余管理活动有更强的监督作用。（3）机构投资者的存在能够对分析师的监管角色有进一步的促进作用。在控制了内生性后，上述结论仍然成立。

本文的贡献主要体现在以下几个方面：首先，我们的结论支持了"监督假说"，而否定了"压力假说"，这与 Irani and Oesch（2014）的结论相反。他们认为，企业高管会针对分析师关注的压力，通过真实盈余管理以提高短期业绩。这种相反的结论表明，我国分析师给企业高管带来的压力可能相对较小。类似地，徐欣和唐清泉（2010）认为，分析师的跟踪能够为企业的研发活动提供信息，且有利于资本市场对企业研发活动价值的认同。这与 He and Tian（2013）所强调的分析师关注所带来的压力会导致高管减少创新项目也并不一致。因此，本文的结论实际上对我国分析师所扮演的监管角色提供了补充证据。

其次，以往的文献较少结合企业进行真实盈余管理的成本进行考察。参考 Zang（2012）的研究，我们进一步考察了真实盈余管理成本对分析师关注与企业真实盈余管理关系的影响，并发现，不同的成本所带来的影响并非一致，这对于未来关于真实盈余管理的研究可能具有一定的借鉴意义。

最后，李春涛等（2014）利用我国分析师关注的数据，发现分析师关注能够降低企业的应计盈余管理。由于以往的文献表明，企业在从事两种盈余管理行为时可能存在转换。例如，Irani 和 Oesch（2014）就发现分析师关注的减少会降低真实盈余管理，同时提高应计盈余管理行为。结合李春涛等(2014)的结论,我们认为分析师较好地发挥了监管职能,能够同时抑制企业的两种盈余管理方式,而并不会迫使企业在这两种盈余管理方式中进行转换。这对于更好地理解我国分析师关注与企业盈余管理的关系有着重要意义。

本文余下部分的结构安排如下:第二部分为文献回顾与研究假设,第三部分为数据来源与研究设计,第四部分为实证结果分析,第五部分为稳健性检验,最后是结论部分。

2. 文献回顾与研究假设

Graham 等(2005)通过对超过400名企业高管进行了问卷调查或访谈,发现管理者会通过真实盈余管理的行为来维持财务表象以及达到利润的基准。Roychowdhury (2006)同样发现,管理层会通过真实盈余管理活动调增利润,从而避免对财务损失进行报告。沿着他们的思路,近年来有不少文献为企业进行真实盈余管理活动提供了证据,同时还发现,高管会使用真实盈余管理以替代传统且被更多关注的应计盈余管理活动。例如,Cohen 等(2008)发现,在萨班斯法案(SOX)通过之后,企业的应计盈余管理活动有所减少,但真实盈余管理的程度随之显著上升。Cohen 和 Zarowin (2010)考察了企业在增发股票前后的盈余管理行为,发现由于企业自身进行应计盈余管理活动的能力以及成本的限制,他们会更倾向于从事真实盈余管理活动。Badertscher (2011)发现企业在自身估价过高的早期阶段,会选择从事应计盈余管理,随后会转换为真实盈余管理活动以维持过高的估价。Zang (2012)在考虑了应计和真实盈余管理的成本之后,认为企业在从事这两种活动时会权衡两者的成本后再进行选择。

同时,一些学者也对真实盈余管理活动的影响因素及其后果进行了探讨。例如,当内部治理(如董事独立性、并购保护条约等)较差时,公司更可能进行真实盈余管理(Osma,2008;Chi et al., 2011;Zhao et al., 2012)。而当外部监管力度较强时(如机构投资者、风险资本投资等),企业会相应减少真实盈余管理活动(Bushee,1998;Roychowdhruy,2006;Wan,2013;李增福等,2013)。此外,真实盈余管理活动能够帮助企业达到或者超过利润基准(Gunny,2010),但该行为最终会提升企业的资本成本(Kim et al., 2013),并影响审计师对审计客户的选择(Kim and Park,2014)。

近年来,国内关于真实盈余管理的文献也有所增加,多数文献类似地考察了真实盈余管理的影响因素,如企业的财务状况(蔡春等,2012)、所得税改革(李增福等,2011)、高管变更(林永坚等,2013)、企业规模与所有权性质(李增福和周婷,2013;顾鸣润等,2012)以及内部控制与审计师行业专长(范经华等,2013)。同时,蔡春等(2013)还发现,企业IPO时的真实盈余管理会对长期业绩造成损害。这些文献均对我国企业真实盈余管理活动的影响因素进行了有益探讨,并反映出当前研究真实盈余管理对企业行为理解具有重要意义。

关于分析师关注的理论文献,从目前的观点来看,分析师关注对于企业带来的正面还是负面影响,其结论仍然存在争议。一方面,分析师可能扮演了监督者的角色,从而提升企业的公司治理,这通常反映了分析师的监管作用。但另一方面,由于分析师对于企业的分析或预测报告将直接影响投资者对于企业的判断，迫于分析师对企业利润要求的压力，高管可能会"短视"而进行不利于企业长期发展的行为，这反映出了分析师给企业或高管带来的压力作用。

"监管假说"认为分析师因为具有较多的行业知识和投资经验，能够较好地解读企业复杂的财务信息，从而能够迅速发现企业存在的问题，进而对企业发挥监管作用(李春涛等，2014)。Dyck 等(2010)指出，分析师通常以揭发者的身份首先察觉企业的欺诈问题。Irani 和 Oesch (2013)发现分析师关注的减少将导致财务报告质量的恶化，表明分析师确实能够对管理者起到监督作用。

其次，分析师在发布研究报告或进行盈利预测的同时，实际上也扮演了信息披露的角色，从而能够增加上市公司的信息透明度。Piotroski 和 Roulstone (2004)研究发现，分析师能够提高股价中的行业信息含量。Derrien 和 Kecskés (2013)利用券商倒闭和合并导致上市公司受到分析师关注人数变化的外生冲击事件，发现当跟踪上市公司的分析师人数减少的时候，公司的信息透明度会随之降低。薛祖云和王冲(2011)发现，我国证券分析师在资本市场上，同时扮演了信息竞争和信息补充两种角色，即在盈余公告前更倾向于披露年报中尚未披露的信息，而在盈余公告后倾向于解读年报中的信息并对其进行补充。徐欣和唐清泉(2010)认为，分析师的跟踪能够为企业的研发活动提供信息，且有利于资本市场对企业研发活动价值的认同。同时，朱红军等(2007)和姜超(2013)均发现，我国证券分析师能够增加股票价格的公司特质信息含量，促进资本市场的效率。

总体而言，"监管假说"表明，分析师的关注能够提升公司治理，从而降低企业的盈余管理行为(Lang et al.，2004；Yu，2008；李春涛等，2014)。此外，在我国投资者法律保护政策尚不理想的情况下，证券分析师还可以作为一种有效的法律外替代机制，降低信息不透明度(潘越等，2011)。

与此同时，"压力假说"认为分析师会给企业高管带来过多压力，从而导致高管的"短视"行为(Graham et al.，2005)。He 和 Tian (2013)同样利用券商倒闭或并购事件引起的分析师关注人数的外生变化，发现随着分析师关注人数的增加，企业会减少创新行为。他们认为，这是高管受到分析师的压力而减少了企业的长期创新投资项目所造成的。Irani 和 Oesch (2014)同样发现，由于受到分析师的压力，高管会增加企业的真实盈余管理活动以提高短期业绩。

因此，基于"监督假说"和"压力假说"，我们提出一对竞争性假说：

假说 1a　分析师关注越多，企业的真实盈余管理活动越少(监督假说)。

假说 1b　分析师关注越多，企业的真实盈余管理活动越多(压力假说)。

3. 数据来源及研究设计

3.1　数据来源及处理

本文的研究样本为沪深两市 2005—2012 年 A 股上市公司。由于上市公司在 2005 年之前受到分析师关注并披露研究报告的数据较少，因此本文最终选取的样本区间为 2005—2012 年。文中所使用的公司财务数据和分析师关注数据均来自 CSMAR 数据库，机构持股比例数据来自 WIND 数据库。对于初始数据，我们还进行了如下处理：(1)剔除金融类上市公司；(2)剔除杠杆率大于 1 的样本数据；(3)剔除关键变量缺失的样本；(4)为了消除异常值的影响，对所有连续型变量，在 1% 和 99% 分位数上进行 Winsorized 处理。最终，我们的样本包括 1440 个上市公司，共计 10056 个公司-年度样本。

3.2 研究设计

3.2.1 被解释变量：真实盈余管理测度

参考 Roychowdhury（2006）和蔡春等（2013）的做法，我们首先将真实盈余管理分为销售操控、生产操控和费用操控，并相应使用异常经营活动现金流（AbCFO）、异常产品成本（AbPROD）和异常费用（AbDiscE）进行衡量。具体计算模型如下所示：

$$\frac{CFO_{i,t}}{Assets_{i,t-1}} = \alpha_1 \frac{1}{Assets_{i,t-1}} + \alpha_2 \frac{Sales_{i,t}}{Assets_{i,t-1}} + \alpha_3 \frac{\Delta Sales_{i,t}}{Assets_{i,t-1}} + \varepsilon_{i,t} \tag{1}$$

$$\frac{PROD_{i,t}}{Assets_{i,t-1}} = \alpha_1 \frac{1}{Assets_{i,t-1}} + \alpha_2 \frac{Sales_{i,t}}{Assets_{i,t-1}} + \alpha_3 \frac{\Delta Sales_{i,t}}{Assets_{i,t-1}} + \alpha_4 \frac{\Delta Sales_{i,t-1}}{Assets_{i,t-1}} + \varepsilon_{i,t} \tag{2}$$

$$\frac{DiscE_{i,t}}{Assets_{i,t-1}} = \alpha_1 \frac{1}{Assets_{i,t-1}} + \alpha_2 \frac{Sales_{i,t-1}}{Assets_{i,t-1}} + \varepsilon_{i,t} \tag{3}$$

其中，$CFO_{i,t}$ 是公司 i 在 t 期的经营活动现金流净额，$Assets_{i,t-1}$ 是公司 i 在 $t-1$ 期的总资产，$Sales_{i,t}$ 是公司 i 在 t 期的销售收入，$\Delta Sales_{i,t}$ 是公司 i 在 $t-1$ 期到 t 期的销售收入变化额。$\Delta Sales_{i,t-1}$ 是公司 i 在 $t-2$ 期到 $t-1$ 期的销售收入变化额。$PROD_{i,t}$ 是公司 i 在 t 期的产品成本，定义为当期的销售产品成本与存货变化额之和。$DiscE_{i,t}$ 是公司 i 在 t 期的可操控型费用，包括当年的销售费用和管理费用。我们对上述 3 个模型分别按行业年度进行横截面回归，同时要求每行业年度参与回归的样本观测值不少于 20 个。回归后得到的残差值即为异常经营活动现金流（AbCFO）、异常产品成本（AbPROD）和异常费用（AbDiscE）。参考 Roychowdhury（2006）的定义，异常经营活动现金流越低，异常产品成本越高，异常费用越低则表明公司更有可能进行真实盈余管理活动。

为了综合考察企业可能进行的真实盈余管理活动，参考 Cohen 和 Zarowin（2010）的研究，我们进一步构造两个企业真实盈余管理的测度，如下所示：

$$RM1 = AbProd - AbDiscE \tag{4}$$

$$RM2 = -AbCFO - AbDiscE \tag{5}$$

其中，RM1 由异常产品成本减去异常费用计算得到。RM2 由异常经营活动现金流乘以 −1 再减去异常费用计算得到。需要说明的是，这里我们并没有将三个真实盈余管理的测度通过简单加减计算得到企业真实盈余管理的综合测度。这是因为 Cohen 和 Zarowin（2010）指出，某些企业活动将同时导致较高的异常产品成本和较低的异常经营现金流，如果将两者同时纳入计算可能会导致重复计算，顾鸣润等（2012）同样使用了该综合指标。因此，在接下来的实证研究中，我们将同时报告 RM1 与 RM2 的回归结果。由真实盈余活动指标的相应定义可知，较高的 RM1 与 RM2 都意味着公司进行了调增利润的盈余管理活动。

3.2.2 解释变量：分析师关注测度

参考 Yu（2008）和李春涛等（2014）的做法，我们将分析师关注定义为跟踪一个上市公司的券商数目的自然对数值（Analyst）。同时，在稳健性检验中，我们还按照上市公司是否被分析师（券商）关注构造分析师关注的虚拟变量（Coverage）并重新进行回归检验。

3.2.3 控制变量

参考李春涛等（2014），我们首先加入了如下控制变量，具体包括：公司规模 Size、杠杆率 Leverage、总资产收益率 ROA、市值账面比 MTB、上市公司年度现金流的标准差 SD（CFO）、总资产增长率 Growth 以及所有权性质虚拟变量 SOE。同时，Zang（2012）指出，当企业处于行业领先地位或财务状况较好时，企业进行真实盈余管理活动的成本较低，从而会导致更多的真实盈余管理行为。因此，借鉴 Zang（2012）的做法，我们还控制了企业在上一期期末的行业地位 Market Share 和财务状况 ZSCORE。其中，Market Share 是公司销售收入占行业总销售收入的比例。参考 Altman（1968，2000），ZSCORE 的计算方法如下：

$$
\begin{aligned}
ZSCORE_{i,t} = {} & 3.3 \frac{NI_{i,t}}{Assets_{i,t}} + 1.0 \frac{Sales_{i,t}}{Assets_{i,t}} + 1.4 \frac{Retained\ Earnings_{i,t}}{Assets_{i,t}} \\
& + 1.2 \frac{Working\ Capital_{i,t}}{Assets_{i,t}} + 0.6 \frac{Market\ Capitalization_{i,t}}{Total\ Liabilities_{i,t}}
\end{aligned} \quad (6)
$$

其中，$NI_{i,t}$ 为公司 i 在 t 期的净利润，$Assets_{i,t}$ 为公司 i 在 t 期的总资产，$Sales_{i,t}$ 为公司 i 在 t 期的销售收入，$Retained\ Earnings_{i,t}$ 为公司 i 在 t 期的留存收益，$Working\ Capital_{i,t}$ 为公司 i 在 t 期的流动资本，$Market\ Capitalization_{i,t}$ 为公司 i 在 t 期的股权市值，$Total\ Liabilities_{i,t}$ 为公司 i 在 t 期的总负债。

此外，Bushee（1998）发现，当机构持股比例较高时，管理层不太可能通过减少研发支出以调增利润。Roychowdhury（2006）发现，机构持股比例与公司的真实盈余管理活动之间呈现负相关关系。因此，我们还控制了公司上一期期末的机构持股比例 INS。在回归模型中，我们还引入了行业和年度虚拟变量，以控制行业和年度效应。变量的详细定义见表 1：

表 1   变 量 定 义

变量名	变 量 定 义
$RM1_t$	真实盈余管理测度，参照模型(4)计算得到
$RM2_t$	真实盈余管理测度，参照模型(5)计算得到
$AbCFO_t$	异常经营活动现金流
$AbProd_t$	异常产品成本
$AbDiscE_t$	异常费用支出

变量名	变　量　定　义
Analyst_t	分析师关注测度，定义为关注上市公司的券商数目的自然对数值
Size_t	公司规模，定义为总资产的自然对数值
Leverage_t	杠杆率，定义为总负债除以总资产
ROA_t	总资产收益率
SD(CFO)_t	由公司过去三年经营现金流净额的标准差计算得到
MTB_t	市值账面比
Growth_t	由上市公司总资产相对于上一个会计年度的增长率计算得到
SOE_t	所有权性质，若上市公司为国有企业，则取值为 1，否则为 0
$\text{Market Share}_{t-1}$	市场地位，由公司销售收入除以行业总销售收入计算得到
ZSCORE_{t-1}	财务状况测度，参考 Altman（1968，2000），由模型（7）计算得到
INS_{t-1}	机构年末持股比例

3.2.4　回归模型

针对假说，我们采用模型（8）来检验分析师关注与企业真实盈余管理活动的关系，模型如下：

$$
\begin{aligned}
\text{REM}_{i,\,t} = {} & \beta_0 + \beta_1 \text{Analyst}_{i,\,t} + \beta_2 \text{Size}_{i,\,t} + \beta_3 \text{Leverage}_{i,\,t} + \beta_4 \text{ROA}_{i,\,t} \\
& + \beta_5 \text{SD(CFO)}_{i,\,t} + \beta_6 \text{MTB}_{i,\,t} + \beta_7 \text{Growth}_{i,\,t} + \beta_8 \text{SOE}_{i,\,t} + \beta_9 \text{Market Share}_{i,\,t-1} \\
& + \beta_{10} \text{ZSCORE}_{i,\,t-1} + \beta_{11} \text{INS}_{i,\,t-1} + \sum \gamma_m \text{Year}_m + \sum \phi_n \text{Ind}_n + \varepsilon_{i,\,t}
\end{aligned}
$$

$$（7）$$

其中，因变量 $\text{REM}_{i,t}$ 表示公司 i 在 t 期的真实盈余管理活动，具体由 RM1 和 RM2 来度量。若假说 1a 成立，即公司受到分析师的关注越多，企业的真实盈余管理活动越少，则 β_1 应显著小于 0。若假说 1b 成立，则表明公司可能受到分析师关注的压力，从而导致企业较多地运用真实盈余管理，则 β_1 应显著大于 0。

4. 实证结果分析

4.1　描述性统计

表 2 首先给出了样本在各年度是否被分析师关注的分布情况。可以发现，被分析师关注的公司数目基本处于逐年增加的趋势，在 2011 年，样本内有 1108 家上市公司受到了分析师关注。

表 2

年份	分析师是否关注		
	无分析师关注	有分析师关注	合计
2005	599	452	1051
2006	533	589	1122
2007	522	600	1122
2008	427	783	1210
2009	277	1089	1366
2010	289	1103	1392
2011	287	1108	1395
2012	414	984	1398
合计	3348（33.29%）	6708（66.71%）	10056（100%）

样本各年度分布

表 3 是主要变量的描述性统计结果。Analyst 的均值为 1.184，表明每家上市公司平均有 3.3 个分析师关注（$e^{1.184} \approx 3.3$），标准差为 1.079，反映出公司在分析师关注上具有差异性。真实盈余管理测度 RM1 和 RM2 的中位数分别为 0.011 和 0.006，表明超过一半的公司会通过真实盈余管理活动向上调增利润，标准差为 0.157 和 0.111，也说明该指标在不同公司之间存在较大的差异。

表 3 描述性统计

变量名	观测值	均值	标准差	最小值	25 分位数	中位数	75 分位数	最大值
$RM1_t$	10056	0.001	0.157	−0.560	−0.072	0.011	0.084	0.438
$RM2_t$	10056	0.001	0.111	−0.356	−0.055	0.006	0.065	0.294
$AbCFO_t$	10056	0.000	0.085	−0.255	−0.045	−0.001	0.047	0.252
$AbProd_t$	10056	−0.001	0.119	−0.381	−0.058	0.003	0.058	0.393
$AbDiscE_t$	10056	−0.002	0.060	−0.133	−0.033	−0.010	0.018	0.259
$Analyst_t$	10056	1.184	1.079	0.000	0.000	1.099	2.079	3.466
$Size_t$	10056	21.748	1.224	19.192	20.889	21.626	22.455	25.401
$Leverage_t$	10056	0.511	0.190	0.077	0.377	0.524	0.651	0.907
ROA_t	10056	0.036	0.061	−0.188	0.010	0.032	0.063	0.222
$SD(CFO)_t$	10056	0.056	0.047	0.003	0.024	0.042	0.073	0.253
MTB_t	10056	2.163	1.512	0.790	1.194	1.650	2.542	9.323

变量名	观测值	均值	标准差	最小值	25 分位数	中位数	75 分位数	最大值
$Growth_t$	10056	0.172	0.371	−0.341	0.001	0.096	0.230	2.648
SOE_t	10056	0.643	0.479	0.000	0.000	1.000	1.000	1.000
$Market\ Share_{t-1}$	10056	0.011	0.020	0.000	0.001	0.004	0.010	0.135
$ZSCORE_{t-1}$	10056	1.048	0.818	−1.597	0.570	1.028	1.516	3.147
INS_{t-1}	10056	0.270	0.243	0.000	0.041	0.211	0.457	0.860

表 4 分别利用均值检验与 Wilcoxon 秩和检验来比较有无分析师关注的样本组别在主要研究变量上的差异情况。从检验结果可以明显地发现，与无分析师关注的样本相比，有分析师关注的样本具有显著较低程度的真实盈余管理和应计盈余管理。同时，我们发现，分析师可能更加倾向于关注在各方面表现较好的公司，如公司规模、盈利能力、市场地位以及财务状况等。从检验结果来看，一方面，我们可以大致推测分析师关注可能更能够降低企业的真实盈余管理行为，即支持分析师的监督作用。另一方面，由于分析师可能会主动选择较好的公司进行关注，因此分析师关注与企业的真实盈余管理活动之间存在潜在的内生性问题。在稳健性检验的部分，我们将进一步使用工具变量回归方法来控制内生性的可能影响。

表 4　　　　　　　　　　　　　有无分析师关注主要变量差异比较

变量名	无分析师关注（obs = 3348）	有分析师关注（obs = 6708）	差异	T-test P-Value	Wilcoxon test P-Value
$RM1_t$	0.031	−0.013	0.044	0.000	0.000
$RM2_t$	0.024	−0.010	0.033	0.000	0.000
$Size_t$	21.010	22.116	−1.106	0.000	0.000
$Leverage_t$	0.516	0.509	0.007	0.085	0.075
ROA_t	0.006	0.051	−0.045	0.000	0.000
$SD(CFO)_t$	0.060	0.054	0.006	0.000	0.000
MTB_t	2.179	2.154	0.025	0.435	0.006
$Growth_t$	0.084	0.217	−0.133	0.000	0.000
SOE_t	0.602	0.664	−0.062	0.000	0.000
$Market\ Share_{t-1}$	0.006	0.013	−0.007	0.000	0.000
$ZSCORE_{t-1}$	0.695	1.225	−0.530	0.000	0.000
INS_{t-1}	0.136	0.336	−0.200	0.000	0.000

4.2 实证分析

针对假说 1a 和假说 1b，我们主要考察分析师关注与真实盈余管理之间的关系。结果如表 5 所示：

表 5　　　　　　　　　　　　分析师关注与真实盈余管理

VARIABLES	RM1	RM2	AbCFO	AbProd	AbDiscE
	（1）	（2）	（3）	（4）	（5）
$Analyst_t$	−0.029 ***	−0.019 ***	0.008 ***	−0.019 ***	0.011 ***
	（−8.545）	（−8.503）	（5.813）	（−8.642）	（6.888）
$Size_t$	0.023 ***	0.010 ***	−0.001	0.014 ***	−0.009 ***
	（5.294）	（4.052）	（−0.735）	（4.811）	（−4.979）
$Leverage_t$	0.045 ***	0.020 *	−0.020 ***	0.043 ***	0.000
	（2.587）	（1.808）	（−2.816）	（3.873）	（0.007）
ROA_t	−0.580 ***	−0.367 ***	0.360 ***	−0.568 ***	0.005
	（−12.732）	（−12.290）	（16.236）	（−17.117）	（0.297）
$SD(CFO)_t$	0.277 ***	0.188 ***	−0.068 **	0.145 ***	−0.141 ***
	（5.398）	（5.137）	（−2.477）	（3.873）	（−7.447）
MTB_t	−0.010 ***	−0.006 ***	0.003 ***	−0.006 ***	0.003 ***
	（−3.446）	（−3.926）	（3.055）	（−3.359）	（2.711）
$Growth_t$	0.024 ***	−0.026 ***	−0.010 **	0.064 ***	0.040 ***
	（2.897）	（−5.034）	（−2.409）	（9.854）	（12.716）
SOE_t	−0.002	−0.004	0.001	0.001	0.003
	（−0.372）	（−0.875）	（0.386）	（0.129）	（0.930）
$Market\ Share_{t-1}$	−0.222	−0.071	−0.047	−0.104	0.129
	（−0.886）	（−0.574）	（−0.682）	（−0.605）	（1.341）
$ZSCORE_{t-1}$	0.007	0.008 ***	−0.007 ***	0.005	−0.002
	（1.580）	（2.812）	（−3.661）	（1.614）	（−0.824）
INS_{t-1}	−0.057 ***	−0.031 ***	0.015 ***	−0.040 ***	0.018 ***
	（−4.258）	（−3.670）	（2.639）	（−4.452）	（3.202）
Intercept	−0.449 ***	−0.187 ***	0.020	−0.284 ***	0.169 ***
	（−5.143）	（−3.623）	（0.588）	（−4.785）	（4.645）
Year Effects	Yes	Yes	Yes	Yes	Yes
Industry Effects	Yes	Yes	Yes	Yes	Yes
Obs	10056	10056	10056	10056	10056
$R^2.adj$	0.155	0.134	0.100	0.199	0.117

注：Obs 为观测值数目，$R^2.adj$ 表示调整后的 R^2，括号内为对应回归系数的 t 值，且已经过公司群聚效应调整。***，** 和 * 分别表示在 1%，5% 和 10% 的显著性水平上拒绝零假设。

表 5 的前两列报告了分析师关注与企业真实盈余管理的回归结果，无论是以 RM1 还是 RM2 作为真实盈余管理的代理测度，分析师关注指标 Analyst 的系数均为负，且在 1% 的水平上显著。该结果表明，分析师对企业的关注，能够发挥外部监管者的作用。一方面，分析师本身具有较多的行业知识以及投资经验，能够较好地解读企业复杂的财务信息，可以更快地发现企业存在的问题。因此，当企业受到较多分析师关注时，会减少真实盈余管理行为。另一方面，分析师在发布研究报告或进行盈利预测的同时，实际上也扮演了信息披露的角色，从而能够增加上市公司的信息透明度（Derrien and Kecskés，2013；朱红军等，2007；薛祖云和王冲，2011；李春涛等，2013；姜超，2013）。当公司信息透明度提高时，企业也会相应减少真实盈余管理活动。总体而言，我们的结果支持了假说 1a 的监督假说，即分析师关注越多，公司的真实盈余管理活动越少，反映了分析师所发挥的监督职能（Yu，2008；Irani and Oesch，2013；李春涛等，2014）。

在表 5 的后三列，我们还分别报告了分析师关注与企业真实盈余管理的各项行为的关系，回归结果表明，分析师关注对于企业采用销售折扣、过度生产以及削减费用支出等手段调增利润的行为均有抑制作用。①

从控制变量的回归结果来看（以前两列为主），公司规模（Size）越大，企业的真实盈余管理程度越高，这与李增福和周婷（2013）的结论相符。同时，具有较高负债率（Leverage）、现金流波动率（SD（CFO））以及较低的盈利能力（ROA）和市值账面比（MTB）的企业有更高的真实盈余管理活动。对于企业进行真实盈余管理活动的成本变量，我们发现当企业在行业中的地位较高时（Market Share），企业会更多地从事真实盈余管理，这与 Zang（2012）的发现一致。同时，机构持股比例（INS）较高时，也能够减少企业的真实盈余管理行为（Roychowdhury，2006）。

4.3 扩展分析

Zang（2012）指出，企业从事真实盈余管理活动是存在成本的，同时，由于真实盈余管理活动会导致各项财务指标偏离其最优值，这并不利于企业长期价值的增加。因此，管理者在采用这种利润调控手段时，会根据其所带来的成本进行权衡，从而导致真实盈余管理的程度出现差异。

在这一部分，我们进一步考察真实盈余管理的成本因素是否会影响分析师关注对企业真实盈余管理活动的监督作用。借鉴 Zang（2012）的做法，我们主要考察了三个方面的成本，即企业的市场地位（Market Share）、财务状况（ZSCORE）以及机构持股比例（INS）。结果如表 6 所示：

---

① Roychowdhury（2006）指出真实盈余管理活动包括：销售操控、生产操控和酌量性费用操控。这三种操控方式分别可以使用异常经营现金流净额、异常产品成本和异常费用支出来度量。其中，销售折扣能够加快销售收入的实现，但同时会减少经营现金流净额；过度生产能够降低单位产品成本，但会增加总成本与存货成本；削减酌量性费用能减少费用支出。企业通过上述活动来调增利润时，会导致较低的异常现金流净额、较高的异常产品成本和较低的异常费用支出。

表6   真实盈余管理活动的成本影响

VARIABLES	RM1 (1)	RM2 (2)	RM1 (3)	RM2 (4)	RM1 (5)	RM2 (6)
$Analyst_t$	-0.027^{***}	-0.017^{***}	-0.011^{**}	-0.006^{*}	-0.018^{***}	-0.011^{***}
	(-7.500)	(-7.363)	(-2.177)	(-1.793)	(-4.272)	(-4.064)
$Analyst_t \times Market\ Share_{t-1}$	-0.184	-0.185^{**}				
	(-1.276)	(-2.161)				
$Analyst_t \times ZSCORE_{t-1}$			-0.015^{***}	-0.011^{***}		
			(-4.059)	(-5.094)		
$Analyst_t \times INS_{t-1}$					-0.035^{***}	-0.026^{***}
					(-4.049)	(-4.718)
$Size_t$	0.022^{***}	0.009^{***}	0.021^{***}	0.009^{***}	0.023^{***}	0.010^{***}
	(5.271)	(3.704)	(5.032)	(3.647)	(5.435)	(4.240)
$Leverage_t$	0.042^{**}	0.018	0.049^{***}	0.024^{**}	0.044^{***}	0.020^{*}
	(2.416)	(1.598)	(2.896)	(2.148)	(2.582)	(1.803)
ROA_t	-0.582^{***}	-0.369^{***}	-0.559^{***}	-0.352^{***}	-0.583^{***}	-0.369^{***}
	(-12.759)	(-12.385)	(-12.386)	(-11.862)	(-12.833)	(-12.436)
$SD(CFO)_t$	0.276^{***}	0.188^{***}	0.283^{***}	0.193^{***}	0.277^{***}	0.188^{***}
	(5.384)	(5.121)	(5.482)	(5.238)	(5.420)	(5.161)
MTB_t	-0.010^{***}	-0.006^{***}	-0.008^{***}	-0.005^{***}	-0.009^{***}	-0.006^{***}
	(-3.461)	(-3.954)	(-2.830)	(-3.059)	(-3.339)	(-3.768)
$Growth_t$	0.025^{***}	-0.026^{***}	0.024^{***}	-0.027^{***}	0.024^{***}	-0.027^{***}
	(2.948)	(-4.950)	(2.876)	(-5.109)	(2.808)	(-5.157)
SOE_t	-0.003	-0.004	-0.003	-0.004	-0.003	-0.004
	(-0.408)	(-0.935)	(-0.526)	(-1.072)	(-0.525)	(-1.062)
$Market\ Share_{t-1}$	0.215	0.368	-0.181	-0.040	-0.208	-0.060
	(0.659)	(1.564)	(-0.719)	(-0.314)	(-0.824)	(-0.487)
$ZSCORE_{t-1}$	0.006	0.007^{**}	0.021^{***}	0.019^{***}	0.006	0.008^{***}
	(1.257)	(2.385)	(4.252)	(5.811)	(1.440)	(2.665)
INS_{t-1}	-0.056^{***}	-0.030^{***}	-0.052^{***}	-0.028^{***}	-0.003	0.009
	(-4.190)	(-3.518)	(-3.974)	(-3.288)	(-0.152)	(0.798)
Intercept	-0.435^{***}	-0.174^{***}	-0.438^{***}	-0.179^{***}	-0.467^{***}	-0.200^{***}
	(-5.110)	(-3.360)	(-5.081)	(-3.509)	(-5.388)	(-3.929)
Year Effects	Yes	Yes	Yes	Yes	Yes	Yes
Industry Effects	Yes	Yes	Yes	Yes	Yes	Yes
Obs	10056	10056	10056	10056	10056	10056
$R^2.adj$	0.155	0.135	0.161	0.141	0.158	0.138

注：Obs 为观测值数目，$R^2.adj$ 表示调整后的 R^2，括号内为对应回归系数的 t 值，且已经过公司群聚效应调整。***，**和*分别表示在1%，5%和10%的显著性水平上拒绝零假设。

表 6 的第一、二列结果中，分析师关注 Analyst 与市场地位 Market Share 的交互项均为负，且仅当因变量为 RM2 时，该系数在 5% 的水平上显著。由于在行业内，各企业面临的竞争程度并不相同，处于领先地位的企业相对于其他企业而言，在各方面都会具有相对优势，包括谈判能力、供给商和客户资源等等。这些相对优势能够降低企业从事真实盈余管理活动的成本（Zang，2012）。因此，我们的结果表明，当企业在行业中地位越领先时，分析师关注对企业真实盈余管理活动的监督作用越强，且这种监督作用可能更多地反映在分析师对企业异常现金流净额和异常费用支出的抑制。

表 6 的第三、四列结果中，分析师关注 Analyst 与企业财务状况 ZSCORE 的交互项均为负，且系数均在 1% 的水平上显著。Graham 等（2005）通过调查访谈的形式，发现当企业处于财务困境时，管理层会更多地考虑以及维持企业的生存，而无暇顾及通过盈余管理行为来调整利润。因此，当企业财务状况较差时（ZSCORE 越低），通过真实盈余管理活动使企业的财务指标偏离其正常值会进一步加快企业财务状况的恶化速度，即需要付出更高的成本。反之，当企业财务状况较好时，由于成本较低，企业此时更可能从事真实盈余管理活动（Zang，2012）。我们的结果表明，当企业自身财务状况较好时，分析师关注能够更好地监督企业由于成本较低而潜在增加的真实盈余管理活动，且这种监督作用对企业异常现金流净额、异常产品成本和异常费用支出都有抑制。

表 6 的最后两列结果中，分析师关注 Analyst 与机构持股比例 INS 的交互项均为负，且系数均在 1% 的水平上显著。以往的研究表明，机构投资者能够在一定程度上参与上市公司的治理，同时降低企业与投资者之间的信息不对称程度（Ferreira and Mastos，2008；李维安和李滨，2008；高雷和张杰，2008；王咏梅和王亚平，2011）。Bushee（1998）发现，当机构持股比例较高时，企业会较少地通过削减研发支出来避免盈利下降。Roychowdhury（2006）发现，机构持股比例与企业真实盈余管理活动之间存在显著的负相关关系。因此，由于担心从事真实盈余管理活动会被机构投资者发现，在机构持股比例较高时，企业从事真实盈余管理活动的成本也相对较高。结合上述论据，我们的结果表明，当企业的机构持股比例较高时，机构投资者的存在对分析师关注所扮演的监管角色有进一步的促进作用。

5. 稳健性检验

在这一部分，我们主要从以下几个方面进行稳健性检验：首先，考虑到分析师关注与企业真实盈余管理活动之间可能互为因果关系，即分析师关注能够影响真实盈余管理，但同时企业的真实盈余管理程度也会吸引分析师的关注。为了缓解该内生性问题，我们综合 Yu（2008）和李春涛等（2014）的方法构造工具变量。第一个工具变量为是否属于沪深 300 成分股的虚拟变量（HS300），如果上市公司在当年属于沪深 300 指数的成分股，则虚拟变量 HS300 取值为 1，否则为 0。当上市公司进入成分股时，原来不关注该股票的券商可能会相应调配分析师，而当上市公司退出成分股时，关注该股票的券商也会重新分配分析师以关注更重要的股票（李春涛等，2014）。由于上市公司是否入选成分股对分析师关注产生了外生冲击，同时，入选成分股这一事件对企业本身的真实盈余管理并无直接影响。因此，该虚拟变量在理论上是一个比较合适的工具变量。

第二个工具变量是分析师对公司的预期关注倾向 Expected Coverage，参考 Yu（2008）的做法构造如下模型：

$$\text{Expected Coverage}_{i,t,j} = (\text{Brokersize}_{j,t}/\text{Brokersize}_{j,0}) \times \text{Coverage}_{i,j,0} \quad (9)$$

$$\text{Expected Coverage}_{i,t} = \sum_{j=1}^{n} \text{Expected Coverage}_{i,t,j} \quad (10)$$

其中，$\text{Coverage}_{i,j,0}$ 定义为，如果券商 j 在基准年度发布了关于公司 i 的研究报告（即关注了公司 i），则该变量取值为 1，否则为 0。$\text{Brokersize}_{j,t}$ 和 $\text{Brokersize}_{j,0}$ 分别表示券商 j 在第 t 期和基准期拥有的分析师数量。该工具变量衡量了分析师对企业的预期关注倾向，这仅与券商所拥有的分析师数量有关，而与企业的真实盈余管理活动无直接关系。由表 2 可知，2011 年中被分析师关注的公司数目最多，为了尽可能减少回归样本的缺失，我们以2011 年作为基准年份。工具变量的回归结果如表 7 和表 8 所示：

表7 工具变量回归结果（1）

VARIABLES	Analyst	RM1_adj	RM2_adj
	（1）	（2）	（3）
Analyst_t		−0.060***	−0.044***
		（−5.513）	（−6.597）
Size_t	0.256***	0.045***	0.028***
	（23.193）	（7.194）	（7.619）
Leverage	−0.133***	0.026	−0.001
	（−2.740）	（1.285）	（−0.042）
ROA_t	2.624***	−0.612***	−0.362***
	（16.153）	（−9.343）	（−8.390）
SD(CFO)_t	−0.803***	0.287***	0.190***
	（−5.162）	（4.850）	（4.511）
MTB_t	0.051***	−0.001	−0.001
	（8.101）	（−0.402）	（−0.406）
Growth_t	0.001	0.029***	−0.025***
	（0.056）	（3.090）	（−4.180）
SOE_t	−0.051***	−0.003	−0.004
	（−3.335）	（−0.420）	（−0.784）
$\text{Market Share}_{t-1}$	−1.913***	−0.501**	−0.297**
	（−4.820）	（−2.061）	（−2.535）

VARIABLES	Analyst	RM1_adj	RM2_adj
	（1）	（2）	（3）
$ZSCORE_{t-1}$	0. 096 ***	0. 014 **	0. 013 ***
	（9. 052）	（2. 566）	（3. 605）
INS_{t-1}	0. 954 ***	0. 002	0. 015
	（28. 043）	（0. 113）	（1. 361）
HS300	0. 017		
	（0. 827）		
Expected Coverage	0. 051 ***		
	（47. 465）		
Intercept	−5. 040 ***	−0. 928 ***	−0. 556 ***
	（−21. 897）	（−7. 344）	（−7. 520）
Obs	7888	7888	7888
R^2. adj	0. 661	0. 144	0. 103

注：Obs 为观测值数目，R^2. adj 表示调整后的 R^2，括号内为对应回归系数的 z 值，且已经过公司群聚效应调整。***，**和*分别表示在 1%，5%和 10%的显著性水平上拒绝零假设。

表 8   工具变量回归结果（2）

VARIABLES	RM1_adj			RM2_adj		
	（1）	（2）	（3）	（4）	（5）	（6）
$Analyst_t$	−0. 056 ***	−0. 013	−0. 041 ***	−0. 039 ***	−0. 013 *	−0. 028 ***
	（−5. 047）	（−1. 095）	（−3. 497）	（−5. 673）	（−1. 854）	（−4. 118）
$Analyst_t \times Market\ Share_{t-1}$	−0. 201			−0. 241 *		
	（−0. 892）			（−1. 941）		
$Analyst_t \times ZSCORE_{t-1}$		−0. 029 ***			−0. 019 ***	
		（−4. 210）			（−4. 665）	
$Analyst_t \times INS_{t-1}$			−0. 036 **			−0. 030 ***
			（−2. 334）			（−3. 192）
$Size_t$	0. 043 ***	0. 037 ***	0. 041 ***	0. 026 ***	0. 022 ***	0. 024 ***
	（7. 260）	（6. 360）	（6. 562）	（7. 147）	（6. 496）	（6. 817）
$Leverage_t$	0. 025	0. 040 **	0. 029	−0. 002	0. 008	0. 002
	（1. 221）	（1. 997）	（1. 431）	（−0. 150）	（0. 638）	（0. 129）
ROA_t	−0. 622 ***	−0. 615 ***	−0. 634 ***	−0. 374 ***	−0. 364 ***	−0. 380 ***
	（−9. 615）	（−9. 591）	（−9. 720）	（−8. 716）	（−8. 695）	（−9. 002）

VARIABLES	RM1_adj			RM2_adj		
	(1)	(2)	(3)	(4)	(5)	(6)
$SD(CFO)_t$	0.291 ***	0.313 ***	0.295 ***	0.196 ***	0.208 ***	0.197 ***
	(4.977)	(5.300)	(5.073)	(4.696)	(4.936)	(4.741)
MTB_t	−0.001	0.000	−0.002	−0.001	0.000	−0.001
	(−0.470)	(0.032)	(−0.675)	(−0.553)	(0.079)	(−0.814)
$Growth_t$	0.029 ***	0.027 ***	0.028 ***	−0.025 ***	−0.026 ***	−0.026 ***
	(3.147)	(3.026)	(3.090)	(−4.117)	(−4.397)	(−4.232)
SOE_t	−0.003	−0.005	−0.002	−0.004	−0.005	−0.003
	(−0.409)	(−0.615)	(−0.316)	(−0.759)	(−1.002)	(−0.651)
$Market\ Share_{t-1}$	−0.028	−0.449 *	−0.443 *	0.272	−0.262 **	−0.248 **
	(−0.059)	(−1.796)	(−1.794)	(0.905)	(−2.113)	(−2.073)
$ZSCORE_{t-1}$	0.012 **	0.049 ***	0.012 **	0.011 ***	0.036 ***	0.011 ***
	(2.239)	(5.179)	(2.246)	(3.143)	(5.985)	(3.221)
INS_{t-1}	0.001	−0.009	0.049 *	0.013	0.007	0.054 ***
	(0.034)	(−0.538)	(1.712)	(1.195)	(0.725)	(2.965)
Intercept	−0.904 ***	−0.817 ***	−0.860 ***	−0.526 ***	−0.482 ***	−0.500 ***
	(−7.416)	(−6.852)	(−6.828)	(−7.112)	(−6.846)	(−6.892)
Obs	7888	7888	7888	7888	7888	7888
$R^2.adj$	0.147	0.165	0.159	0.110	0.128	0.123

注：Obs 为观测值数目，$R^2.adj$ 表示调整后的 R^2，括号内为对应回归系数的 z 值，且已经过公司群聚效应调整。***，** 和 * 分别表示在 1%，5% 和 10% 的显著性水平上拒绝零假设。

在表 7 与表 8 中，我们通过减去年度行业中位数对因变量 RM1 和 RM2 进行调整，得到 RM1_adj 和 RM2_adj。其中，表 7 的第一列为工具变量的第一阶段回归结果，工具变量 HS300 与 Expected Coverage 的符号均为正，且 Expected Coverage 在 1% 的水平上显著，符号方向与预期一致。其中，第一阶段回归的 Partial R^2 与 F 检验的 P 值均为 0.000，说明了工具变量的合理性。表 7 后两列是分析师关注对真实盈余管理影响的第二阶段回归结果，结果表明，在控制了内生性之后，分析师关注仍然能够抑制企业的真实盈余管理活动。[①] 表 8 是真实盈余管理活动的成本影响的工具变量回归结果，与之前的结论基本一致。[②]

其次，我们还构造了分析师关注虚拟变量 Coverage，若公司在当年受到分析师关注则取值为 1，否则为 0。然后，我们仿照表 5 和表 6 重新进行回归检验。结果如表 9 所示，除了少数回归结果的显著性略有下降，总体而言，结果与前文较为一致。

---

① 表 7 第二阶段回归的 Hansen 检验均接受原假设，说明工具变量是有效的。

② 表 8 中所有回归的 Hansen 检验，除第二、四列之外，均接受原假设。因此，对于企业财务状况作为真实盈余管理活动成本对分析师关注的边际影响，可能需要谨慎对待。

表 9 分析师关注虚拟变量回归结果

VARIABLES	RM1				RM2			
	(1)	(2)	(3)	(4)	(5)	(6)	(7)	(8)
$Coverage_t$	-0.025***	-0.023***	-0.009	-0.009*	-0.014***	-0.012***	0.000	-0.005
	(-5.455)	(-4.459)	(-1.215)	(-1.689)	(-4.327)	(-3.424)	(0.043)	(-1.386)
$Coverage_t \times Market\ Share_{t-1}$		-0.364				-0.272		
		(-1.036)				(-0.960)		
$Coverage_t \times ZSCORE_{t-1}$			-0.018***				-0.016***	
			(-2.786)				(-3.548)	
$Coverage_t \times INS_{t-1}$				-0.092***				-0.050***
				(-4.750)				(-3.831)
$Size_t$	0.013***	0.013***	0.013***	0.014***	0.003	0.003	0.003	0.004*
	(3.232)	(3.204)	(3.143)	(3.541)	(1.364)	(1.297)	(1.227)	(1.672)
$Leverage_t$	0.045**	0.044**	0.046***	0.045***	0.020*	0.020*	0.021*	0.020*
	(2.577)	(2.504)	(2.671)	(2.586)	(1.789)	(1.719)	(1.906)	(1.796)
ROA_t	-0.649***	-0.650***	-0.638***	-0.649***	-0.416***	-0.417***	-0.407***	-0.416***
	(-14.231)	(-14.249)	(-13.989)	(-14.246)	(-13.918)	(-13.947)	(-13.654)	(-13.946)
$SD(CFO)_t$	0.293***	0.294***	0.296***	0.293***	0.200***	0.200***	0.202***	0.200***
	(5.670)	(5.676)	(5.695)	(5.680)	(5.392)	(5.400)	(5.433)	(5.404)
MTB_t	-0.013***	-0.012***	-0.012***	-0.012***	-0.008***	-0.008***	-0.007***	-0.008***
	(-4.638)	(-4.619)	(-4.384)	(-4.538)	(-5.318)	(-5.291)	(-4.897)	(-5.230)

VARIABLES	RM1				RM2			
	(1)	(2)	(3)	(4)	(5)	(6)	(7)	(8)
$Growth_t$	0.026***	0.026***	0.025***	0.025***	-0.026***	-0.026***	-0.026***	-0.026***
	(3.068)	(3.088)	(3.021)	(2.986)	(-4.892)	(-4.864)	(-4.964)	(-4.964)
SOE_t	0.001	0.000	0.000	-0.000	-0.002	-0.002	-0.002	-0.002
	(0.085)	(0.066)	(0.002)	(-0.062)	(-0.373)	(-0.396)	(-0.491)	(-0.501)
Market Share$_{t-1}$	-0.197	0.149	-0.167	-0.214	-0.049	0.209	-0.023	-0.059
	(-0.767)	(0.431)	(-0.650)	(-0.832)	(-0.381)	(0.721)	(-0.176)	(-0.454)
$ZSCORE_{t-1}$	0.005	0.004	0.015***	0.004	0.006**	0.006**	0.015***	0.006**
	(1.013)	(0.889)	(2.839)	(0.986)	(2.125)	(1.997)	(4.320)	(2.110)
INS_{t-1}	-0.087***	-0.086***	-0.084***	-0.011	-0.051***	-0.051***	-0.049***	-0.010
	(-6.462)	(-6.426)	(-6.329)	(-0.579)	(-5.994)	(-5.928)	(-5.771)	(-0.803)
Intercept	-0.245***	-0.243***	-0.248***	-0.280***	-0.045	-0.044	-0.047	-0.064
	(-3.044)	(-3.025)	(-3.075)	(-3.451)	(-0.951)	(-0.916)	(-0.996)	(-1.342)
Year Effects	Yes	Yes	Yes	Yes	Yes	Yes	Yes	Yes
Industry Effects	Yes	Yes	Yes	Yes	Yes	Yes	Yes	Yes
Obs	10056	10056	10056	10056	10056	10056	10056	10056
R^2. adj	0.143	0.143	0.145	0.146	0.123	0.123	0.126	0.125

注: Obs 为观测值数目, R^2. adj 表示调整后的 R^2, 括号内为对应回归系数的 t 值, 且已经过公司群聚效应调整。 ***, ** 和 * 分别表示在 1%, 5% 和 10% 的显著性水平上拒绝零假设。

同样，考虑到国际财务报告准则(IFRS)在我国的实施可能对企业真实盈余管理活动产生影响(Cang et al.，2014)。因此，我们将样本期间限定为2007—2012年重新进行上述回归，结果仍然与上述结论一致。

6. 结论

本文选取2005—2012年A股上市公司为样本，从分析师关注的角度对企业真实盈余管理活动进行了研究，并进一步考察了真实盈余管理成本所带来的边际影响。研究发现：(1)随着分析师关注数目的增加，上市公司的真实盈余管理程度更低，该结论支持了"监督假说"，表明我国的证券分析师确实能够发挥监管者的职能；(2)结合企业从事真实盈余管理活动的成本进行考虑，我们发现分析师对处于行业领先地位以及财务状况良好企业的真实盈余管理活动有更强的监督作用。(3)机构投资者的存在能够对分析师的监管角色有进一步的促进作用。在控制了内生性以及更换关键变量和样本期进行稳健性检验后，上述结论基本一致。

本文的研究具有重要的理论与现实意义。第一，本文为分析师关注降低企业真实管理活动提供了直接证据，不仅从侧面反映了我国分析师给企业高管带来的压力相对较小，同时也对我国分析师监管角色的证据进行了补充；第二，我们发现真实盈余管理成本的边际影响较为显著，这表明未来研究在考察真实盈余管理的影响因素时，也应将成本纳入考察范围；第三、结合李春涛等(2014)的结论，我们认为我国分析师能够同时抑制企业的两种盈余管理行为，而不会迫使企业在这两种盈余管理方式中进行转换。这对于更好地理解我国分析师关注与企业盈余管理的关系有着重要意义。

◎ 参考文献

[1]蔡春，李明，和辉．约束条件、IPO盈余管理方式与公司业绩——基于应计盈余管理与真实盈余管理的研究[J]．会计研究，2013(10)．

[2]蔡春，朱荣，和辉，等．盈余管理方式选择、行为隐性化与濒死企业状况改善——来自A股特别处理公司的经验证据[J]．会计研究，2012(9)．

[3]范经华，张雅曼，刘启亮．内部控制、审计师行业专长、应计与真实盈余管理[J]．会计研究，2013(4)．

[4]高雷，张杰．公司治理、机构投资者与盈余管理[J]．会计研究，2008(9)．

[5]顾鸣润，杨继伟，余怒涛．产权性质、公司治理与真实盈余管理[J]．中国会计评论，2012(3)．

[6]姜超．证券分析师、内幕消息与资本市场效率——基于中国A股股价中公司特质信息含量的经验证据[J]．经济学(季刊)，2013(2)．

[7]李春涛，宋敏，张璇．分析师跟踪与企业盈余管理——来自中国上市公司的证据[J]．金融研究，2014(7)．

[8]李维安，李滨．机构投资者介入公司治理效果的实证研究——基于CCGI~(NK)的经验研究[J]．南开管理评论，2008(1)．

[9]李增福,董志强,连玉君.应计项目盈余管理还是真实活动盈余管理?——基于我国2007年所得税改革的研究[J].管理世界,2011 (1).

[10]李增福,林盛天,连玉君.国有控股、机构投资者与真实活动的盈余管理[J].管理工程学报,2013(3).

[11]李增福,周婷.规模、控制人性质与盈余管理[J].南开管理评论,2013 (6).

[12]林永坚,王志强,李茂良.高管变更与盈余管理——基于应计项目操控与真实活动操控的实证研究[J].南开管理评论,2013 (1).

[13]王咏梅,王亚平.机构投资者如何影响市场的信息效率——来自中国的经验证据[J].金融研究,2011(10).

[14]薛祖云,王冲.信息竞争抑或信息补充:证券分析师的角色扮演——基于我国证券市场的实证分析[J].金融研究,2011(11).

[15]朱红军,何贤杰,陶林.中国的证券分析师能够提高资本市场的效率吗——基于股价同步性和股价信息含量的经验证据[J].金融研究,2007(2).

[16]Altman, E. I. Financial ratios, discriminant analysis and the prediction of corporate bankruptcy[J]. *The Journal of Finance*, 1968, 23(4).

[17]Badertscher, B. A. Overvaluation and the choice of alternative earnings management mechanisms[J]. *The Accounting Review*, 2011, 86(5).

[18]Bushee, B. J. The influence of institutional investors on myopic R&D investment behavior[J]. *The Accounting Review*, 1998, 73(3).

[19]Cang, Y. T., Chu, Y. Y., Lin, T. W. An exploratory study of earnings management detectability, analyst coverage and the impact of IFRS adoption: Evidence from China[J]. *Journal of Accounting and Public Policy*, 2014, 33(4).

[20]Chi, W. C., Lisic, L. L., Pevzner, M. Is enhanced audit quality associated with greater real earnings management? [J]. *Accounting Horizons*, 2011, 25(2).

[21]Cohen, D. A., Dey, A., Lys, T. Z. Real and accrual-based earnings management in the pre- and post-Sarbanes-Oxley periods[J]. *The Accounting Review*, 2008, 83(3).

[22]Cohen, D. A., Zarowin, P. Accrual-based and real earnings management activities around seasoned equity offerings[J]. *Journal of Accounting & Economics*, 2010, 50(1).

[23]Derrien, F., Kecskes, A. The real effects of financial shocks: Evidence from exogenous changes in analyst coverage[J]. *Journal of Finance*, 2013, 68(4).

[24]Dyck, A., Morse, A., Zingales, L. Who blows the whistle on corporate fraud? [J]. *Journal of Finance*, 2010, 65(6).

[25]Ferreira, M. A., Matos, P. The colors of investors' money: The role of institutional investors around the world[J]. *Journal of Financial Economics*, 2008, 88(3).

[26]Graham, J. R., Harvey, C. R., Rajgopal, S. The economic implications of corporate financial reporting[J]. *Journal of Accounting & Economics*, 2005, 40(1-3).

[27]Gunny, K. A. The relation between earnings management using real activities manipulation and future performance: Evidence from meeting earnings benchmarks [J]. *Contemporary Accounting Research*, 2010, 27(3).

[28] Irani, R. M., Oesch, D. Monitoring and corporate disclosure: Evidence from a natural experiment[J]. *Journal of Financial Economics*, 2013, 109(2).

[29] Kim, J. B., Sohn, B. C. Real earnings management and cost of capital[J]. *Journal of Accounting and Public Policy*, 2013, 32(6).

[30] Kim, Y., Park, M. S. Real activities manipulation and auditors' client-retention decisions [J]. *The Accounting Review*, 2014, 89(1).

[31] Osma, B. G. Board independence and real earnings management: The case of R&D expenditure[J]. *Corporate Governance-An International Review*, 2008, 16(2).

[32] Piotroski, J. D., Roulstone D. T. The influence of analysts, institutional investors, and insiders on the incorporation of market, industry, and firm-specific information into stock prices[J]. *The Accounting Review*, 2004, 79(4).

[33] Roychowdhury, S. Earnings management through real activities manipulation[J]. *Journal of Accounting & Economics*, 2006, 42(3).

[34] W., S. W. The effect of external monitoring on accrual-based and real earnings management: Evidence from venture-backed initial public offerings [J]. *Contemporary Accounting Research*, 2013, 30(1).

[35] Yu, F. Analyst coverage and earnings management[J]. *Journal of Financial Economics*, 2008, 88(2).

[36] Zang, A. Y. Evidence on the trade-off between real activities manipulation and accrual-based earnings management[J]. *The Accounting Review*, 2012, 87(2).

Analyst Coverage and Real Earnings Management: Monitor or Pressure

Wang Li[1]   Dai Yunhao[2]   Kong Dongmin[3]

(1, 2, 3   Economics School of Huazhong University of Science and Technology, Wuhan, 430074)

Abstract: The role that analysts play and the its impact on firms is controversial. Using the dataset of Chinese public listed firms from 2005 to 2012, this study investigates the relationship between analysts coverage and real earnings management, and how the costs of real earnings management influence the relationship. We find that: (1) As the analysts coverage increase, the extent of firm's real earnings management decreases, which suggests that analysts do play the monitor role. (2) Combined with cost of real earnings management, we find that the impact of analysts coverage is more stronger in firms that have higher market status and better financial health. (3) The institutional investors can further contribute to the monitoring effects of analysts. Our conclusions have important theoretical and practical significance for understanding the relationship between analysts coverage and firm's real earnings management.

Key words: Analysts coverage; Real earnings management; Costs; Corporate governance

专业主编：潘红波

奢侈品市场中社会阶层与炫耀性消费的关系[*]

● 孙　怡[1]　李　杰[2]　Jonathan Zhang[3]　孙立本[4]

（1，2，4　上海交通大学安泰经管学院　上海　200030；
3　美国华盛顿大学麦克·福斯特商学院　西雅图　98101）

【摘　要】本研究从社会阶层的视角出发，针对社会上层与社会中层群体，旨在探索不同社会阶层的消费者在奢侈品消费过程中的不同炫耀性消费倾向。本研究对 200 多位被测试者进行了两次情景模拟实验，结果发现社会阶层较高的消费者比社会阶层较低的消费者的炫耀性消费倾向弱，并且通过自我—品牌联系理论解释了这种差异。本研究的创新之处在于明确地将社会阶层和奢侈品消费者联系在一起，不同于传统的信号理论观点，本文从其他角度解释了奢侈品消费的差异。本研究结论可以为奢侈品公司战略定位的进一步明确提供指导性建议，并帮助奢侈品公司面向不同社会阶层消费者时，优化其广告投放。

【关键词】社会阶层　奢侈品消费　炫耀性消费　自我-品牌联系

中图分类号：C93　　　　　文献标识码：A

1. 引言

中国在过去的 30 多年里，社会发生了巨大变化，人们的生活从温饱逐渐转向总体小康，其中一些人的个人财富急剧增加，消费自由也随之大大提升。中国经济的突飞猛进带来大繁荣景象，消费者的经济能力与需求层次双重提升，奢侈品市场以前所未有的速度发展。2015 年，中国内地奢侈品市场的销售额约 1130 亿元人民币①。然而，这一数据相较于中国奢侈品市场大爆发的 2012 年来说已有所放缓，部分"大众"奢侈品品牌出现了关闭个别门店的现象。这一方面是由于"三公消费禁令"的影响，另一方面，随着一线城市消费者支出结构和消费偏好的改变，一些"小众"奢侈品品牌开始进入中国市场，分流了一批"大众"奢侈品品牌的消费群体。这部分消费群体在长期的奢侈品消费中对奢侈品的认知、偏好以及购买动机都发生了变化，他们开始追求小众和低调，审美享受及个性因素成

* 基金项目：国家自然科学基金面上项目："社会阶层分化对中国消费者大、小众奢侈品品牌消费偏好影响的实证研究"（71572107）。

通讯作者：李杰，E-mail：lstille@ 163. com。

① Bain & Company，2015 年中国奢侈品市场研究：辉煌能够再现？［EB/OL］. http：//www. bain. com/publications/articles/luxury-goods-worldwide-market-study-fall-winter-2016. aspx，2016.

为他们购买奢侈品的主要动因，他们对品牌的时尚属性也更为看重。在奢侈品市场整体趋于稳定的同时，一大批"轻奢"品牌如雨后春笋般地扎堆中国商圈。"轻奢"品牌的时尚属性更为强烈，它们不仅吸引了一些原本在经济能力上无法购买奢侈品的消费群体，更吸引了那些追求时尚的奢侈品主力消费群体。总体来说，中国的奢侈品市场正发生着巨大改变。一方面，市场趋于稳定，这意味着中国消费者的消费趋于理性，然而对于品牌方来说，这也意味着市场规模很难再做大幅度拓展。另一方面，"小众"和"轻奢"品牌的需求逐渐增大，这意味着中国消费者对奢侈品品牌的个性追求逐渐增强，传统奢侈品品牌的经典设计已经无法满足一部分消费群体的个性主张，依靠经典的历史传奇已经不足以打动这部分"成熟"消费者。中国的奢侈品市场正逐步转变为多元化的成熟市场，品牌方正着重打造新的品牌形象以迎合新时代消费者的变化。

中国奢侈品市场整体的增长与稳定趋势，反映了中国消费者整体消费水平的提高以及部分消费者趋于理性消费的现象。中国奢侈品市场品牌结构的变化，则反映了中国消费者在整体消费水平提高后，消费层次的分化。这也直接反映了当下社会基于经济与精神需求的人群分化。已有媒体和大众舆论将中国经济文化大繁荣背景下的地区差异或阶层差异问题以奢侈品市场为切入点展开讨论，奢侈品市场的特点是这些社会问题的一部分结果，奢侈品市场也更直观地将这些社会问题展现于大众视野。所以，本文从社会阶层的视角出发，探讨在经济与精神需求上不同的人群对奢侈品的不同偏好，以反映新时代消费者的新特征。

近几年，使用奢侈品进行炫富已经成为奢侈品在媒体报道中出现频率最高的场景，奢侈品被打上了暴发户的符号，这不仅威胁到奢侈品品牌的声誉，也损害了其他奢侈品使用者的消费体验。然而，炫富只是奢侈品使用价值中的一部分，也只是一部分人使用奢侈品的动机。奢侈品本身具有的高质量、审美情趣及购物体验价值在这些报道中被逐渐淡化，奢侈品的丰富内涵也无形中被扭曲了。本文关注到这些被淡化的奢侈内涵，认为仍有很大一部分人群在购买奢侈品时并不是出于炫富的考虑，他们就是那些真正的社会上层群体。虽然中国的经济发展已经使很大一部分人有能力购买奢侈品，但仅有那么一部分真正的社会上层群体才能审视、鉴赏奢侈品世界独特的美并高品位地予以理性消费。

本文认为，与一般的大众品牌不同，消费者对奢侈品的自我-品牌联系可能不是单纯的线性递增关系，因为存在消费者对奢侈品的自我-品牌联系低但企图通过使用奢侈品来达到其他目的从而消费奢侈品的情况。尤其当对奢侈品的自我-品牌联系受到人为控制时，消费者更有可能做出异常的反馈。

本文将社会阶层和奢侈品消费者联系在一起，进行了两次情景模拟实验，结果发现社会阶层较高的消费者比社会阶层较低的消费者的炫耀性消费倾向弱，但并不由自我-品牌联系中介。本文在第二部分中梳理了关于社会阶层和测量方式、奢侈品消费和自我-品牌联系的文献；第三部分阐述了本研究所涉及的理论和假设；第四部分探讨了两次实验以及得出的结果；本文在第五部分做出了总结，并展望了未来研究方向。

2. 国内外研究现状综述

2.1 社会阶层理论与社会阶层的测量

社会阶层是指拥有相似的物质资源和具有类似的身份感知的社会成员群体。社会阶层既是客观层面的社会事实，也是主观层面的心理事实①。

在英文语境中，social class 和 social stratum 都可表示社会阶层，而 social class 所指的社会阶层更为广泛，通常用于表示阶层之间质的差异，而 social stratum 则通常表示各阶层层级之间量的差异。故在营销研究领域中，social class 的使用更为普遍。而在中文文本中，阶层和阶级两个概念基本相同，两者可以替代使用②，"阶级"一词更多地表达了在马克思主义思想领导下的社会的两个对立群体，而"阶层"一词则更多地展现了社会成员地位排序的结构特征，在消费者研究中更经常使用"阶层"而非"阶级"。

在西方，最先将社会阶层运用于营销领域的研究的是 W. Lloyd Warner。Warner（1941）将美国社会分为六个阶层：上上层（upper-upper）、上层（lower-upper）、中上层（upper-middle）、中下层（lower-middle）、下层（upper-lower）以及下下层（lower-lower）。不同于前人运用经济、权力或政治利益集团等客观因素将美国社会进行分层，自我感觉（self-feelings）和群体尊重（community esteem）是其划分社会阶层的主要指标。由于这种分层方式预示着不同阶层具有不同的心理和行为方式，受到消费者研究领域学者的青睐。

在中国，社会学家陆学艺（2002）根据中国特殊的发展状况，以职业分类为基础、以组织资源、经济资源和文化资源的占有状况为标准提出了"十大阶层"的划分方法。其中，社会上层（国家与社会管理阶层、经理人员阶层、私营企业主阶层、专业技术人员阶层以及办事人员阶层）有权、有钱、有知识和技术，社会下层（商业服务业员工阶层、个体工商户阶层、产业工人阶层、农业劳动者阶层以及城乡无业/失业/半失业者阶层）则相反，只能从事技术要求不高，知识含量低的商业、农业和服务性行业。此后，不同学者对于中国社会分层结构具有不同的观点，但大部分是在"十大阶层"论的基础上进行细分或归类。可以说，"十大阶层"论是目前为止最具权威性的中国社会分层结构研究理论。

Warner（1994）提出通过群体之间互相评价的声誉评价高低（reputational equals）来确定个体的社会阶层。然而，Warner 的分层方法仅适用于小型社区的研究，放大到一个城市或者一个国家的层面就失效了。此前，Hatt 等（1950）提出了以职业声望（occupation）为指标的测量方法，当时，该测量方法在西方的主流研究中被普遍认可。但是随着社会的发展，单一的职业声望指标不能满足多元职业结构的社会分层。因此，Duncan（1961）设计了一种与职业相对应的受教育水平和平均收入的计算体系来进行社会分层模型的建构，称为社会经济地位指数（Socioeconomic Index，SEI），受教育水平即社会地位，收入水平即经济地位，综合了两个指标进行考量得出的社会经济地位指数就是个体的综合个人社会地

① 刘兴哲，贺雯，孙亚文. 社会阶层及其心理效应[J]. 心理研究，2014，7（3）：3-8.
② 刘祖云. 社会分层的若干理论问题新探[J]. 江汉论坛，2002（9）：89-93.

位。其后，Blau 和 Duncan(1967)又对该方法进行了发展，不仅设计出能够预估各种职业的社会经济地位指数的方程，并且将这些职业根据指数的高低分为 17 个等级。这种将社会根据教育和收入进行分层且划等级的方法是具有普遍性和国际适用性的，所以被学界所普遍接受，学者们进行了许多大规模的国际比较研究。

然而，Duncan 的 SEI 方法仍然不能全面反映个体的社会综合阶层。Green(1970)在此基础上提出了社会经济地位的测量方法(Socioeconomic Status，SES)。这是一种综合型的社会阶层测量方式，包括三个指标：经济地位(收入)、社会地位(教育)以及职业地位。虽然 Green 提出了社会经济地位的三个测量指标，但由于其操作方法较为复杂，在实际应用中大部分学者只选择了其中一个或两个指标进行测量。Alder 等(2000)发现：相较于传统的 SES，个体主观社会经济地位(subjective social status)与个体的健康关联性更高。Alder 将这种测量方法称为主观 SES 方法，并且发现主观 SES 所测量的社会等级能够同时预测个体生理和心理上的状态。Alder 等(2000)使用一个 10 级阶梯图片，向被调查者详细解释阶梯与社会地位关系的界定，并让被调查者指出他们认为自己在阶梯中的层级位置。运用主观 SES(10 层阶梯法)测量个体的社会阶层，在心理健康领域中目前为止是最优的方法。因此，考虑到该测量方法的综合性以及单一维度性，本文采用了这个量表。

2.2 社会阶层与奢侈品炫耀性消费

人们购买奢侈品的动机各有不同，已有一部分学者通过感知价值模型总结了奢侈品的消费动机。

Dubois 等运用感知价值的视角建构出了较为完善的奢侈品感知价值模型，认为奢侈品包括他人导向的炫耀性价值、独特性价值和从众价值，以及个人导向的品质价值和享乐价值。Vigneron 和 Johnson 将前人的研究总结为一个两层级五维度的感知价值模型，将从众维度从模型中去除，又在个人导向层级中加入了自我延伸的维度。Tsai 则将 Vigneron 所说的自我延伸价值描述为一种内在自我一致性价值，又在个人导向层级中加入了自我赠礼维度。

Berthon 等提出了与双导向不同的奢侈品感知价值模型，模型分为三个维度：象征维度、体验维度和功能维度。奢侈品的象征维度可以是象征财富、地位、成功或声望，也可以是象征个性或时尚。体验维度是产品为消费者创造的一段合宜的经历、感觉、情绪，消费者通过产品的标志(logo)、包装、广告和店铺环境等所激发的一种感觉，也就是一种享乐的维度。功能维度是指奢侈品本身的品质和工艺价值，来源于产品本身的属性和功能。由于高价格能够代表高品质，价格-质量感知也包括在功能维度中。

炫耀性消费属于他人导向的象征性消费，有学者指出，炫耀性消费在东方国家尤为突出。Nancy 等(1998)在探讨东西方奢侈品消费差异的研究中指出，东方的儒家文化以及集体主义让个体更趋向于通过显示物质财富来满足家族声誉(面子)的需求，而西方的个人主义则让个体购买奢侈品时更趋向于满足个人品味的需求①。确实，在集体主义国家，他

---

① Cheung, F. M., Leung, K., Fan, R. M., et al. Development of the Chinese personality assessment inventory[J]. *Journal of Cross-cultural Psychology*, 1996, 27(2): 181-199.

人导向象征性的消费特别明显①。但有研究发现，自我导向的象征性消费（非炫耀性）在中国消费者中有所提升，自我导向象征性对亚洲奢侈品消费者的影响将逐渐变强②。

而自炫耀性消费的概念被提出时，人们即已将其与社会阶层联系起来。Veblen(1899)认为，社会上层购买炫耀性的产品是为了让自己与社会下层区分开来，他将之称为歧视性对比(invidious comparison)，而社会下层购买炫耀性产品是为了把自己与社会上层联系起来，让自己看起来像社会上层，他称之为金钱竞争(pecuniary emulation)。

地位较低的身份群体对地位产品的偏好更强烈。Rucker 等(2008)发现，当产品与地位无关时，权力对消费者的支付意愿不产生影响，但当产品与地位相关时，比起权力水平高的消费者，权力水平低的消费者会愿意为产品支付更高的价格。

由于奢侈品兼具外在价值(地位信号)和内在价值(感情因素、文化因素和手工工艺)，探索不同消费人群的不同价值理念就显得尤为重要。Veblen(1899)仅仅从社会地位信号角度解释了奢侈品消费动机，即仅关注了奢侈品的外在价值。Kraus 等(2012)通过不同社会阶层的行为分析，提出了一个比较完整的模型，诠释了不同阶层的消费者为何会有内在(intrinsic motives)或外在(ulterior motives)的奢侈品消费动机。具体来说，他认为社会上层的独立认知意识较强，他们更加注重个人，由自我意识驱动行为产生。而社会下层更注重与他人的关系，认知被外部环境所驱动，他们以关系为导向驱使行为产生。社会上层的购买决策主要由内在动机所驱动，对品牌外显功能的需求较弱。而社会下层的购买决策主要由外在动机所驱使，例如印象管理、自我炫耀等，对品牌外显功能的需求较强，注重品牌的社会功能价值。而自我-品牌价值正是衡量消费者对其所拥有的品牌或产品的价值感知，我们将在下文中详细阐述。

2.3 自我-品牌联系与奢侈品消费

自我-品牌联系的概念是指消费者自己自发地将自我形象与品牌文化的信息相匹配③。每一个消费者对于自身都有一定的认识，并且对于品牌也有一定的知识，在进行消费的过程中，消费者会将两者进行比对，进而进行购买决策。学术界对消费者自我-品牌联系的探索往往覆盖了三个关键方面：品牌联想、自我观念及自我形象比较。

杜伟强等(2009)通过实证研究表明，消费者渴望通过消费与自我心中渴望成为的形象一致的品牌来进一步提升自己，并向他人展示自己是什么类型的人。消费者也会刻意避免那些拥有自己不喜欢的形象的品牌，从而向他人表明自己不具有这种形象。

Ferraro 等(2013)认为不同强弱程度的自我-品牌联系会直接影响到消费者的消费行为。一般来说，自我-品牌联系强，购买意愿就强。但对于奢侈品来说，自我-品牌联系的

① Hennigs, N., Wiedmann K. P., et al. What is the Value of Luxury? A Cross-Cultural Consumer Perspective[J]. *Psychology & Marketing*, 2012, 29(12): 1018-1034.

② Tsai, S. Impact of personal orientation on luxury-brand purchase value[J]. *International Journal of Market Research*, 2005, 47(4): 429-454.

③ Escalas, J. E. Advertising narratives: What are they and how do they work[J]. *Representing Consumers: Voices, Views, and Visions*, 1998(5): 267-289.

强弱与消费奢侈品时的特点的关系更为紧密。在进行炫耀性消费的行为之后，消费者的自我-品牌联系将会得到加强。

3. 理论模型与研究假设

本研究针对社会上层与社会中层群体，探索不同社会阶层的消费者在奢侈品消费过程中的不同炫耀性消费倾向，并且研究奢侈品自我-品牌联系与社会阶层、炫耀性消费的关系。

已有研究表明，比起暴发户群体（社会中上层）和势利的社会下层群体，贵族群体（社会上层）的炫耀性消费倾向较低。社会阶层低的群体对地位消费的需求更高，他们需要通过消费地位品牌来彰显自己渴望拥有的地位和财富，社会阶层高的群体对地位消费的需求较低，他们不需要通过故意展示地位品牌来表达自己地位的形象。并且，社会阶层高的群体可能因为"局内人"效应而避开使用拥有显著品牌标志的奢侈品，以免将自己与那些社会中层的群体联系起来。因此提出假设：

H_1　　在奢侈品消费过程中，社会阶层不同，炫耀性消费的倾向不同。并有，

H_{1a}　　在奢侈品消费过程中，社会中层消费者的炫耀性消费倾向较高。

H_{1b}　　在奢侈品消费过程中，社会上层消费者的炫耀性消费倾向较低。

品牌可以表达、理解、成就及展示自我及自我的身份。消费者如果认为品牌与自我一致，那么就可以用品牌来表达自我，也可以用品牌把自己展示给他人。奢侈品品牌作为本身就带有财富和地位象征属性的品牌，其与地位高或拥有大量财富的群体的联系较为紧密。地位高（低）以及富裕（不富裕）的群体，其自我与奢侈品品牌的联系较高（低）。社会阶层就是个体财富、地位及声誉的综合表现。社会阶层高就意味着地位高或富裕，而地位高或富裕群体，其对奢侈品的自我-品牌联系较高；反之亦然。因此，本文提出假设：

H_2　　不同社会阶层的消费者在奢侈品消费过程中的自我-品牌联系强度不同。并有，

H_{2a}　　社会上层的消费者对奢侈品品牌的自我-品牌联系较

H_{2b}　　社会中层的消费者对奢侈品品牌的自我-品牌联系较低。

消费者的自我-品牌联系高说明消费者认为自身的形象与该品牌的形象较为符合。通常，自我-品牌联系高的消费者对该品牌的购买意愿更强。而奢侈品品牌在排除了不同奢侈品品牌之间的个性差异后，能够带给消费者的是象征性价值以及品质价值，所以消费者对奢侈品品牌的自我-品牌联系更多的是从财富与地位的角度将自身的形象与奢侈品品牌的形象做比较。当消费者的地位或财富拥有较低时，他们与奢侈品的自我-品牌联系较低。当消费者的地位或财富拥有较高时，他们与奢侈品的自我-品牌联系较高。但地位低的消费者对地位消费的需求更强烈，他们希望通过消费来展现自己渴望中的地位，他们会模仿渴望中的高地位群体购买奢侈品，并且为了突出展现自己的消费而进行炫耀性的展示。地位高的消费者的地位消费需求较弱，他们的消费一般出于个人品位或内在自我一致性，所以他们购买奢侈品不会特意展现品牌本身，并且由于"局内人"效应，他们比较排斥使用明显带有品牌标志的产品。因此，提出假设：

H_3　　消费者奢侈品自我-品牌联系强度不同，炫耀性消费倾向就会不同。并且，

H_{3a}　消费者奢侈品自我-品牌联系强度越高，炫耀性消费的倾向越低。

H_{3b}　消费者奢侈品自我-品牌联系强度越弱，炫耀性消费的倾向越高。

社会中层消费者有能力购买奢侈品，但其能够认识到奢侈品与社会上层的联系更紧密。认识到自身与奢侈品联系较弱，社会中层消费者可能会通过加强自身与奢侈品之间的联系，来加强自己与财富和地位的联系，因此会进行炫耀性消费来实现这一联系的加强。而社会上层消费者则相反。因此，提出假设：

H_4　奢侈品自我-品牌联系在社会阶层与炫耀性消费倾向之间起到中介的作用。

故本文的研究框架可以概括为图 1 所示：

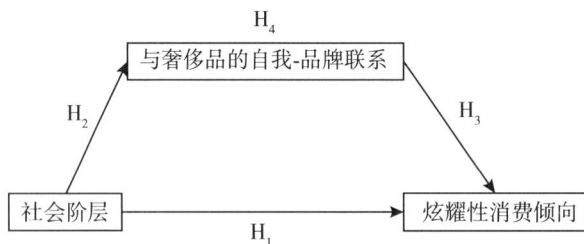

图 1　本文的研究框架

4. 实验设计与统计分析

客观社会经济地位方法使用三要素指标(收入、职业、教育)将消费者划分为 3 个阶层：社会上层、社会中层以及社会下层，但考虑到奢侈品的主力消费人群，本文排除了客观上的社会下层群体，仅针对社会上层和社会中层消费者进行研究。因为本文属于心理学范畴的研究，故使用主观社会经济地位的测量方法(subjective socioeconomic status)。在对照客观社会经济地位与主观社会经济地位整体相符后，用主观社会经济地位的方法将消费者划分为 10 个阶层，从 1 至 10 社会阶层依次上升，以 5 和 6 为分界，将社会阶层分为上下两个阶层，即客观上的社会上层和社会中层。

本研究采用 Wernerfelt(1990)的炫耀性消费的测量方法，即给被试 1~4 个同一奢侈品品牌产品的选项，这些产品在外观上相似，只是产品标志有大小，或者没有产品标志。如果被试选择品牌标志大的产品，则表示其炫耀性消费的倾向高，如果被试选择品牌标志小的产品，则表示其炫耀性消费的倾向低。有研究使用图片处理的方式①②③，使同一品牌

①　Han, Y. J., Nunes, J. C., Drèze, X. Signaling status with luxury goods：The role of brand prominence [J]. *Journal of Marketing*, 2010, 74(4)：15-30.

②　Ferraro, R., Kirmani, A., Matherly T. Look at me！Look at me！Conspicuous brand usage, self-brand connection and dilution[J]. *Journal of Marketing Research*, 2013, 50(4)：477-488.

③　Wang, Y., Griskevicius, V. Conspicuous consumption, relationships, and rivals：Women's luxury products as signals to other women[J]. 过程工程学报, 2009, 9(5)：916-921.

的同一产品的标志大小不同，产品分为显性产品（loud product）和隐性产品（quiet product），显性产品上有品牌标志或者有巨大的品牌标志，而隐性产品则没有明显的品牌标志。选择显性产品的被试就代表其炫耀性消费的倾向较高，选择隐性产品的被试则表示其炫耀消费的倾向较低。由于前者的研究使选项失去了真实性，容易让一些对奢侈品较了解的被试察觉到题项的目的，本研究使用的是后一种测量方式，即使用同一品牌不同类型产品的方法。

自我-品牌联系的测量采用 Escalas 等（2003）的 7 级量表。量表包括 7 个问题：我了解 Gucci 这个品牌，我认为 Gucci 能反映我是谁，我认同 Gucci 品牌，我感到与 Gucci 存在一种情感上的联系，我愿意利用 Gucci 品牌向别人展示我是什么样的人，我觉得 Gucci 品牌有助于我变成我想成为的那类人，我认为 Gucci 品牌就是"我"。

实验分为四个部分：（1）社会阶层的测量；（2）无关联题项；（3）奢侈品自我-品牌联系的测量；（4）炫耀性消费倾向的测量。

第一部分是社会阶层的测量，本研究采取了主观社会经济地位对照客观社会经济地位的方法。让被试同时填写了两部分的量表。在性别和年龄等基本信息后，让其填写职业与职位，选择受教育水平、收入水平，并让被试阅读一段关于陆学艺十大社会阶层的文字，在阅读之后进行社会阶梯（社会阶梯法是社会阶层测量方法的名字，前文已提及）的直接选择。

第二部分是奢侈品使用经历的调查，目的是模糊被试对该实验目的的猜测。题项仅涉及被试是否有使用过奢侈品以及使用奢侈品的频率，不会对被试对奢侈品的态度造成影响，可能会加固被试对奢侈品的态度，但这不影响实验目的。

第三部分则进入奢侈品自我-品牌联系的测量。使用了两个对手品牌 Gucci 和 Louis Vuitton 以及一个非消耗品品牌 Cartier。这 4 个品牌都属于大众知晓度较高的奢侈品品牌，有较完整的产品线，并同时有拥护者和排斥者，没有明显的性别导向，能保证实验结果比较客观、公允。

第四部分进行了炫耀性消费倾向的测量。使用了女款 Louis Vuitton 手袋、女款 Dior 墨镜、男款 Louis Vuitton 公文包以及男款 Gucci 皮带四大类产品，每一类产品都有四个不同的产品选项，从显性到隐性随机排列。

4.1 第一次实验

第一次实验共发放 100 份问卷，主要群体为上海交通大学不同院系的在校全日制研究生、博士生以及在职 MBA，其中有效问卷为 97 份，其中男性 35 人、女性 62 人；19 至 24 岁有 45 人，25 至 29 岁有 35 人，30 岁及以上有 16 人。主观 SES 均值为 4.69，客观 SES 的题项 $\alpha = 0.752$，信度良好。收入与主观 SES 的相关性为 0.393，$p < 0.001$，在 0.01 的水平上显著相关。教育与主观 SES 的相关性为 0.079，$p = 0.44 > 0.1$，即没有显著的相关性。由于职业分布包括一部分学生群体和自由职业者，无法准确给予赋值，在此不作考虑。当综合考虑收入与教育时，两者的综合水平与主观 SES 的相关性为 0.367，$p < 0.001$，在 0.01 的水平上显著相关。样本中自我-品牌联系均值为 72.26，$\alpha = 0.924 > 0.7$，题项信度良好。炫耀性消费均值为 7.84，$\alpha = 0.709 > 0.7$，题项信度良好。

在进行相关性检验和回归分析后发现，主观 SES 与炫耀性消费的相关性为 -0.515，以主观 SES 为自变量，炫耀性消费为因变量，其回归系数为 -0.865，两者均有 $p<0.001$，在 0.001 的水平上显著。H_1 得到了验证。社会中层的炫耀性消费倾向的均值为 9.89，社会上层的炫耀性消费倾向的均值为 5.93，明显低于社会中层，如图 2 所示。故假设 H_{1a} 和 H_{1b} 成立。

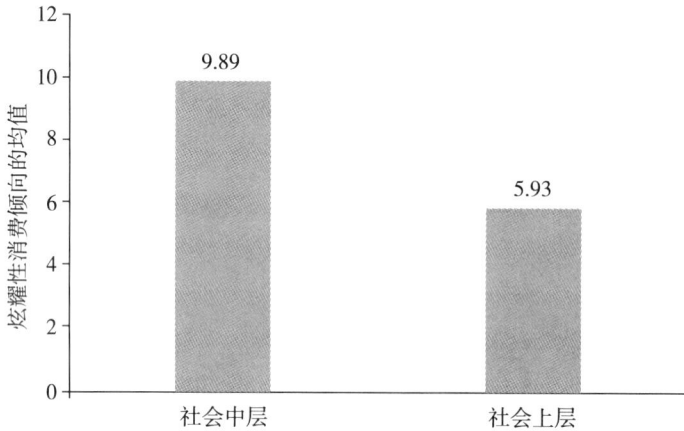

图 2　社会中层和上层炫耀性消费倾向的均值比较

主观 SES 与奢侈品自我-品牌联系的相关性为 0.597，以主观 SES 为自变量，奢侈品自我-品牌联系为因变量，回归系数为 13.491，两者均有 $p<0.001$，在 0.001 水平上显著。值得注意的是，在没有使用过奢侈品的样本中，主观 SES 与奢侈品自我-品牌联系的相关性为 0.597，$p<0.001$，在 0.001 水平上显著。相较于使用过奢侈品的人群，没有使用过奢侈品的人群奢侈品自我-品牌联系与所属阶层的相关性更高，这可能是由于使用过奢侈品的人群对奢侈品的知识了解得更多，对奢侈品品牌形成了一定的个人偏好。H_2 得到了验证。社会中层奢侈品自我-品牌联系均值为 17，社会上层奢侈品自我-品牌联系均值为 34，明显高于社会中层，如图 3 所示。故 H_{2a} 和 H_{2b} 成立。

奢侈品自我-品牌联系与炫耀性消费的相关性为 -0.256，以奢侈品自我-品牌联系为自变量，炫耀性消费倾向为因变量，回归系数为 -0.076，两者均有 $p<0.001$，在 0.001 的水平上显著。H_3（H_{3a}、H_{3b}）得到了验证。奢侈品的自我-品牌联系 103-126 划分为较强组时，较弱组的炫耀性均值为 9.16，较强组的炫耀性均值为 5.13，如图 4 所示。

以主观 SES 为自变量，炫耀性消费为因变量，其回归系数 $c=-0.865$，以主观 SES 为自变量，以奢侈品自我-品牌联系为因变量，回归系数 $a=13.491$，以奢侈品自我-品牌联系为自变量，炫耀性消费倾向为因变量，其回归系数为 $b=-0.256$。控制自我-品牌联系的变量后，以主观 SES 为自变量，以炫耀性消费为因变量，其回归系数 $c'=-0.994$，$p<0.001$，在 0.001 的水平上显著。由于 c' 的绝对值高于 c，故 H_4 不成立。

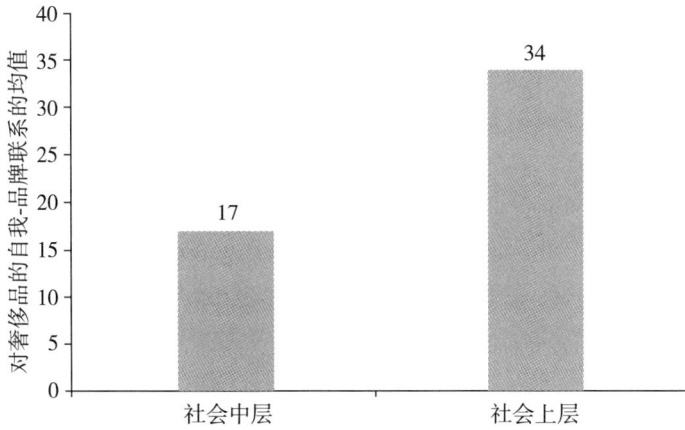

图 3　社会中层和上层对奢侈品的自我-品牌联系的均值比较

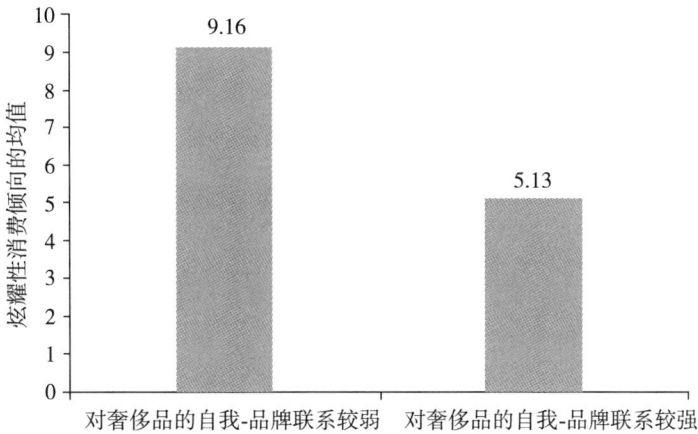

图 4　对奢侈品的自我-品牌联系强和弱的炫耀性消费倾向均值比较

4.2　第二次实验

　　由于第一次实验中的学生群体占比过大，故进行了第二次实验。第二次实验共发放 106 份问卷，其中有效问卷 104 份，实验对象为社会各阶层的随机样本。其中，男性 71 人，女性 33 人；19 至 24 岁 11 人，25~29 岁 41 人，30~34 岁 24 人，35~39 岁 17 人，40 岁及以上 11 人。主观 SES 均值为 4.69，收入与主观 SES 的相关性为 0.604，$p<0.001$，在 0.001 的水平上显著相关。教育与主观 SES 的相关性为 0.142，$p = 0.152>0.1$，即在 0.1 的水平上没有显著的相关性。去除学生数据后，职业等级与主观 SES 的相关性为 0.506，$p<0.001$，在 0.001 的水平上显著相关。当综合考虑收入、教育和职业时，三者的综合水平与主观 SES 的相关性为 0.56，$p<0.001$，在 0.001 水平上显著相关。客观社会经济地位的 $\alpha = 0.797>0.7$，题项信度良好。自我-品牌联系均值为 60.16，$\alpha = 0.856>0.7$，题项的信度良好。炫耀性消费均值为8.14，$\alpha = 0.707 > 0.7$，题项的信度良好。

主观SES与炫耀性消费的相关性为-0.64，以主观SES为自变量，炫耀性消费为因变量，回归系数为$c = -0.64$，两者均有$p < 0.001$，在0.001的水平上显著。主观SES与奢侈品自我-品牌联系的相关性为0.612，以主观SES为自变量，奢侈品自我-品牌联系为因变量，回归系数$a = 8.024$，两者均有$p < 0.001$，在0.001的水平上显著。奢侈品自我-品牌联系与炫耀性消费的相关性为-0.43，以奢侈品自我-品牌联系为自变量，炫耀性消费为因变量，回归系数$b = -0.052$，两者均有$p < 0.001$，在0.001水平上显著。而当控制自我-品牌联系的变量后，以主观SES为自变量，以炫耀性消费为因变量，其回归系数$c' = -0.958$，$p < 0.001$，在0.001的水平上显著。由于c'的绝对值高于c，故H_4不成立。

对比两次实验发现：两次实验都验证了$H_1 \sim H_3$，而H_4不成立。但在第二次实验中，各假设的变量之间的相关性都提高了。本文认为这与调查人群的结构有关。第一次实验中，全日制研究生群体的占比较大（第一次实验的全日制学生群体占比36%，第二次实验的全日制学生群体占比8.6%），他们社会阅历少，没有自己的收入，不能很好地反映社会群体的行为习惯。第二次实验改善了这一问题，减小了样本带来的误差。

5. 结论

本文从社会阶层的视角出发，探索了不同社会阶层的消费者在奢侈品消费过程中的不同炫耀性消费倾向。具体来说，我们认为自我-品牌联系直接决定了炫耀性消费倾向的差异，也就是说：不同社会阶层的消费者有不同的自我-奢侈品品牌联系，并且造成了不同的消费动机。本文假设不同社会阶层的炫耀性消费倾向不同，社会阶层越高其炫耀性消费倾向越低（H_1）。并且，不同社会阶层对奢侈品的自我-品牌联系不同，社会阶层越高，其对奢侈品的自我-品牌联系越强（H_2）。对奢侈品的自我-品牌联系不同，其炫耀性消费的倾向也会不同，对奢侈品的自我-品牌联系越强，其炫耀性消费的倾向越低（H_3）。对奢侈品的自我-品牌联系在社会阶层与炫耀性消费之间起到中介的作用（H_4）。本研究结果表明，$H_1 \sim H_3$均成立，而H_4不成立。

虽然我们没有测量炫耀动机，但是本文的结果与以往关于社会阶层的研究结果一致（Krause等，2012）。尤为特别的是，社会中层对社会关注度的需求以及对社会认同的需求高于社会上层，但这些消费者的自我-品牌联系较低，因此，他们并不为了反映自身的内在价值而购买奢侈品，而是用奢侈品向周围人群显示某些成就。而社会阶层较高的消费者的自我-品牌联系则更高，因此，他们为了自己的内在价值而购买奢侈品，并没有向外界炫耀、展示的动机。

本研究存在一些不足之处，将在后续的研究中详细阐述。例如第一次实验的样本中，学生占比过高，一定程度上影响了参考性。但第二次研究的样本弥补这一缺陷。样本上的不足还包括样本太过单一，被试多集中于上海、北京、广州和深圳，只能代表少数一线城市的状况并未深入研究二、三线城市的情况，探索城市间的不同。我们希望看到受教育程度、收入、年龄、社会经济地位等客观指标会产生更多的消费差异，我们也将在实验和调查中用更多的奢侈品品牌，它们的炫耀性并不同。

本文也试图探讨对奢侈品的自我-品牌联系在社会阶层与炫耀性消费之间可能扮演的角色，但结果表明其不具有中介作用。过去的研究表明了独特性需求、社会融入等变量可以作为可选的中介变量，因此后续的研究可以尝试检验炫耀性消费心理的中介作用，除此之外，后续还将对社会阶层的变化与奢侈品炫耀性消费"动机变化"之间的关系进行研究。研究过程中不仅关注操控的社会阶层变化对奢侈品炫耀性消费的影响，也关注消费者在真实生活经历中的社会阶层变化对奢侈品炫耀性消费的影响。我们需要运用焦点访谈从时间跨度上纵向地、更加深入地测量社会阶层变化，这将是既让人兴奋，也具有很大挑战性的研究工作。

就目前我们的最大认知来看，本文是第一篇将社会地位与奢侈品炫耀性消费放在一起考量的实证论文。本文跨出了研究奢侈品文献中经常使用的社会信号理论，尤为合理和综合地从社会地位视角诠释了为何不同人群会有不同的消费行为。随着中国经济再次发生深刻转型，中国消费者的消费理念也逐渐成熟，中国奢侈品消费者对不同奢侈品品牌的感知也将发生持续变化。为了让奢侈品更好地丰富人们的生活，探究奢侈品何以至此的奥秘就显得越来越重要了。

◎ 参考文献

[1]杜伟强等. 参照群体类型与自我-品牌联系[J]. 心理学报，2009，41(2).

[2]陆学艺. 当代中国社会十大阶层分析[J]. 学习与实践，2002，3(55).

[3]Adler, N. E., Epel, E. S., Castellazzo, G., et al. Relationship of subjective and objective social status with psychological and physiological functioning：Preliminary data in healthy white women[J]. *Health psychology*，2000，19(6).

[4]Berthon, P., Pitt, L., Parent, M., et al. Aesthetics and ephemerality：Observing and preserving the luxury brand[J]. *California Management Review*，2009，52(1).

[5]Blau, P. M., Duncan, O. D. *The American occupational structure*[M]. New York：Wiley，1967.

[6]Warner, W. L., Lunt, P. S. *The social life of a modern community*[M]. New Haven：Yale University Press，1941.

[7]Duncan, O. D. A socioeconomic index for all occupations[M]//Reiss, A. J. Occupation and Social Status. New York：Free，1961.

[8]Dubois, B., Laurent, G. Attitudes towards the concept of luxury：An exploratory analysis [J]. *AP-Asia Pacific Advances in Consumer Research*，1994(1).

[9]Edson E. J., Bettman, J. R. You are what they eat：The infulence of reference groups on consumers' connections to brands[J]. *Journal of Consumer Psychology*，2003，13(3).

[10]Ferraro, R., Kirmani, A., Matherly, T. Look at me! Look at me! Conspicuous brand usage, self-brand connection, and dilution[J]. *Journal of Marketing Research*，2013，50(4).

[11] Green, L. W. Manual for scoring socioeconomic status for research on health behavior[J]. *Public health reports*, 1970, 85(9).

[12] Hatt, P. K. Occupation and social stratification[J]. *American Journal of Sociology*, 1950.

[13] Hall, J., Jones, D. C. Social grading of occupations[J]. *The British Journal of Sociology*, 1950, 1(1).

[14] Kraus, M. W., Piff, P. K., et al. Social class, solipsism, and contextualism: How the rich are different from the poor[J]. *Psychological Review*, 2012, 119(3).

[15] Kraus, M. W., Tan, J. J. X., Tannenbaum, M. B. The social ladder: A rank-based perspective on social class[J]. *Psychological Inquiry*, 2013, 24(2).

[16] Leibenstein, H. Bandwagon, snob, and veblen effects in the theory of consumers' demand [J]. *The Quarterly Journal of Economics*, 1950, 64(2).

[17] Nancy, Y. W., Aaron, C. A. Personal taste and family face: Luxury consumption in Confucian and Western societies[J]. *Psychology & Marketing*, 1998, 15(5).

[18] O'cass, A., McEwen, H. Exploring consumer status and conspicuous consumption [J]. *Journal of Consumer Behaviour*, 2004, 4(1).

[19] Rucker, D. D., Galinsky, A. D. Desire to acquire: Powerlessness and compensatory consumption[J]. *Journal of Consumer Research*, 2008, 35(2).

[20] Smith, J. B., Colgate, M. Customer value creation: A practical framework[J]. *Journal of Marketing Theory and Practice*, 2007, 15(1).

[21] Shukla, P. The influence of value perceptions on luxury purchase intentions in developed and emerging markets[J]. *International Marketing Review*, 2012, 29(6).

[22] Shukla, P., Purani, K. Comparing the importance of luxury value perceptions in cross-national contexts[J]. *Journal of Business Research*, 2012, 65(10).

[23] Veblen. *The theory of the leisure class*[M]. New York: New American Library, 1899.

[24] Vigneron, F., Johnson, L. W. Measuring perceptions of brand luxury[J]. *Journal of Brand Management*, 2004, 11(6).

[25] Wernerfelt, B. Advertising content when brand choice is a signal [J]. *Journal of Business*, 1990.

Social Class and Conspicuous Consumption in Luxury Market

Sun Yi[1] Li Jie[2] Jonathan Zhang[3] Sun Liben[4]

(1, 2, 4 Antai College of Economics & Management, Shanghai Jiao Tong University, Shanghai, 200030;
3 Foster School of Business, University of Washington, Seattle, 98101)

Abstract: This research investigates the relationship between social class and tendencies for conspicuous consumption. Using over 200 consumers of middle to high social class across two studies, we show that higher social-status consumers engage in lower likelihood of conspicuous consumption than consumers of lower social-status, and the effect can be explained by their differences in self-brand association. Theoretically, this research is novel as it explicitly links social status to luxury consumption, and explains luxury product consumption from angles other than traditionally-studied signaling perspectives. Insights from this research can be used for luxury companies to guide their positioning strategies and fine-tune their advertising messages for consumers of different social classes.

Key words: Social class; Luxury consumption; Conspicuous consumption; Self-brand association

专业主编：曾伏娥

如何让销售人员既出工又出力：
工作动机的作用机制[*]

● 朱华伟[1]　许姣姣[2]　黄　勇[3]

（1，2，3　武汉大学经济与管理学院　武汉　430072）

【摘　要】销售人员长期在外工作，企业往往难以进行有效的管理和控制；如果能够激发他们的自主性，让他们自觉地既出工又出力，将解决销售管理中的一大难题。本文引入工作动机理论，探索工作动机在双因子激励与销售人员离职意愿和销售努力之间的作用机制。本文通过对一家大型钢铁企业销售人员的调查分析发现，两种激励方式均通过工作动机的中介作用影响销售人员的离职意愿和销售努力，但影响方向和路径并不一样，其中物质激励主要提高销售人员的外在工作动机，但最终会提高离职意愿，降低销售努力；而培训激励主要提高销售人员的内在工作动机，最终降低离职意愿，提高销售努力。本研究的结论对企业销售人员管理具有实践指导意义。

【关键词】物质激励　培训　工作动机　离职意愿　销售努力

中图分类号：C93　　　文献标识码：A

1. 引言

销售人员一直是企业管理的难点。由于长期工作在外，他们一方面接触的信息和企业较多，另一方面对本企业的情感联结较低，销售人员的离职率一直居高不下。既有研究和管理实践主要通过物质报酬来激励销售人员，但物质激励只是在短期内对个体行为有一定的激励效果，在长期情况下却有可能削弱由成就感、挑战性等内部报酬所带来的内部激励，成为负强化因素，导致销售人员虽然离职率降低，但工作努力度不高，形成只出工不出力的局面（Lepper and Greene，1978）。一旦出现这种现象，一方面会造成其他岗位员工的不公平感，引发连锁反应；另一方面导致组织效率低下、管理成本过高、利润率下降。因此单纯的物质激励并不能从根本上提高销售人员的努力程度。根据赫茨伯格提出的双因子理论，员工行为受保健因素和激励因素两种不同刺激的影响，其中保健因素主要是与工

* 基金项目："基于议程设置的品牌社会化传播：品牌故事化及情感资本化"（71672135）。

通讯作者：朱华伟，E-mail：zhuhuawei@whu.edu.cn。

作环境有关的外部报酬，而激励因素则主要是与工作内容有关的内部报酬。基于该理论，本研究试图探索物质激励和培训对销售人员的激励效果。物质激励主要指公司的薪酬福利这些可见的物质性报酬，我们将其归为保健因子；而培训可以提高员工的知识基础和技能水平，让他们得以成长（Aragónsánchez et al.，2010），因此属于激励因子。

鉴于销售人员的工作特点，如何让他们自身产生既愿意留在企业又努力工作的意愿对企业具有重要价值。Mehrabian 和 Russell（1974）的刺激—机制—反应（stimulus-organic-response）模型分析了环境对人类行为的影响，认为处于环境中的个人对环境特征作出的趋近或规避行为受到个人情绪状态和认知的中介作用影响。也就是说，人的行为是可以通过外界环境的刺激，引发内在变化而变化的，而动机是行为的前因变量，促使人以某种方式行事或至少有特定行为的倾向（Gagné and Deci，2005），有利于充分发挥其能动性。因此本文引入工作动机作为中介变量，探索工作动机在企业激励与销售人员行为之间的作用机制。工作动机分为内在动机和外在动机，内在动机是指由于任务本身或执行任务所带来的纯粹乐趣和满意而行动的动机；外在动机是指为实现某些外在目标或迫于某些外部施加的约束而行动的动机（Petri，2013）。归因理论创始人 Heider（1958）认为：如果个体将行为和结果归为外部原因，则他们的主观能动性降低；如果个体将行为和结果归结于内部原因，则对事件的结果将有更强的责任感。企业对销售人员进行物质激励和培训，是否会对销售人员的内外动机产生不同影响，进而影响他们的离职意愿和销售努力？这是本文研究的重点。

综上所述，本文旨在引入动机理论，通过动机理论去解释双因子激励的作用机制，并了解物质激励和培训对销售人员的激励效果，指引企业如何让销售人员既出工又出力。研究采用问卷调查法在一家大型钢铁企业收集数据，调查对象涉及中国五大区域的销售人员，最终收集到的有效问卷为 377 份，通过结构方程模型进行分析。研究结果表明工作动机在双因子激励过程中起到了完全中介作用，具体表现为物质激励能提高销售人员的外在工作动机，但同时降低内在工作动机，通过内外动机的综合中介作用导致员工高离职意愿和低销售努力，既不愿出工也不愿出力；而培训能同时提高销售人员的内、外在工作动机，通过动机的中介作用降低销售人员的离职意愿，提高销售努力，使员工既出工又出力。

2. 文献综述

2.1 销售努力与销售人员的离职意愿

离职意愿是指员工离开组织的意愿或感知到的永久离开组织的可能性（Wells and Peachey，2011），它已经被广泛证实与实际的离职率正相关（Tett and Meyer，1993），是员工离职行为的重要前因变量（Bigliardi et al.，2005）。许多组织面临着员工离职这个问题，而销售人员的离职问题尤为突出（Lucas and Enis，1987）。由于销售人员离职会造成客户流失、组织总体效能和士气下降等负面影响，降低销售人员的离职意愿和离职率是所有企业人事管理方面努力的重要目标。

当然，仅仅让销售人员留下来，但如果不能确保他们出力，对企业而言并没有多大意义，反而增加了人力成本和管理成本，因此，企业必须让销售人员既出工又出力，即提高销售人员的销售努力程度。销售努力在以往的文献中没有给出具体定义，甚至直接将努力等同于动机。例如，动机曾经被定义为在完成工作任务过程中所花费的努力总量（Campbell and Pritchard，1983）。然而，主流文献将两者进行了明确区分，认为动机是努力的前因变量（Naylor et al.，1956）。本文也持有这种观点，认为动机和努力是不同的概念，努力表示在完成工作时所耗费的精力、能量或活动量，而动机表示人在行为方向、强度和持久性选择上的心理状态或倾向。销售管理和组织行为研究者一致认为努力在绩效的概念模型中起到重要作用，并将努力作为动机和绩效的中介变量，这进一步证明了努力是动机转变为工作成果的内在机制。Brown 等人（1996）的实证研究表明努力对工作满意度和工作绩效有直接影响。因此，如何提高销售人员的努力程度也是企业管理方面的重要课题。

结合两者来看，降低销售人员的离职意愿，使他们出工，这只是企业对员工的基本要求；而提高销售人员的销售努力，使他们出力，这才是企业对员工的最终期许。企业要达到的目的是让销售人员既出工又出力，这就要求企业采用适当的激励方式去激励他们。

2.2 物质激励与培训激励

物质激励和培训激励是两种不同类型的激励因素，根据赫茨伯格提出的双因子理论，导致工作满足的因素与导致工作不满足的因素是完全不同的，因此管理者若仅仅消除了工作不满足的因素（即保健因子），虽然可以免于不满，但却不一定能带来正向激励，最终导致安抚效果大于激励效果。管理者若要激励员工，应借助能够增加工作满足感的激励因子。根据该理论，保健因子指与工作的环境或条件相关的因素，如福利、薪酬、工作人际关系、工作条件、地位、安全、公司政策、公司环境；激励因子指与执行某一工作直接相关的因素，如认同、成就感、责任、升迁、成长、工作挑战。针对销售人员，物质激励主要指公司的薪酬福利这些可见的物质上的激励，我们将其归为保健因子；而培训可以提高他们的知识基础和技能水平，让他们得以成长（Aragónsánchez et al.，2010），因此属于激励因子。

2.3 物质激励对离职意愿的影响

之前很多研究表明薪酬等物质激励对员工的离职意愿有影响，这些研究往往将工作满意度作为物质激励与离职意愿的中介，结果表明高满意度对低离职意愿有较好的预测作用（张瑞娟、孙健敏，2011）。例如，泰勒提出高报酬（物质激励）能提高员工的满意度；但赫茨伯格认为报酬仅仅是防止员工产生不满的因素之一，并不必然导致员工满意。此外，Guastello（1987）用突变模型模拟报酬等激励对离职的影响，得出的结论表明：虽然报酬等外在激励会有效降低离职率，但激励力超过一定范畴，离职率便不再随激励力提高而明显减少，并且外在激励会削弱内在激励，而内在激励对保留高能力的雇员更有效。在销售管理领域，既有研究从不同视角探究物质激励对离职意愿的影响，发现低于预期的薪酬补偿会让销售人员不满意，从而产生离职的想法（Parasuraman and Futrell，1983）；并发现物质回报主要通过影响销售人员的公平感知、工作满意度或组织承诺等情感来影响离职率

（Bartol，2013）。也有研究认为薪酬对员工组织承诺的影响很小（Sager and Johnston，2013），并非导致销售人员留下来的主要因素。因此，物质激励是否能降低销售人员的离职意愿还需进一步研究。

2.4　物质激励对销售努力的影响

在经济学领域，研究者普遍认为外在的物质激励能提高个体努力水平和业绩，早期对工资形式的讨论就基于报酬对员工有激励作用这个前提。例如，研究发现计件工资比计时工资的激励效果更好，将工资与绩效挂钩能提高生产力，以及薪酬变动可以提高员工生产力等（Lazear，1996）。但是，心理学领域的学者们却对以外在动机为基础的物质激励的有效性持怀疑态度。他们更加看重个体的内在动机，认为奖金等物质激励只是在短期内对个体的行为有一定的激励效果，从长期看却有可能起到负面作用，削弱由成就感、挑战性等内部报酬所带来的内部刺激，成为负强化因素（Lepper and Greene，1978）。与此类似，Eichhorn 和 Etzioni（1965）发现工人们认为通过奖励措施控制他们的行为是一种破坏内心和谐、不人道的做法。在销售管理领域，Churchill 等人（1979）认为薪酬补偿是一种重要的激励方式。薪酬能提高销售绩效和决定工作满意度（Sager and Johnston，2013），而销售努力又是销售绩效的重要前因变量（Naylor et al.，1956），所以一般认为薪酬等物质激励能提高销售努力。然而，Churchill（1985）之后的研究又发现，对于高收入的销售人员，薪酬等外在奖励的重要性低于如成就感、自我价值等内在奖励。因此物质激励并不见得能有效影响销售人员的努力程度，并且缺乏实证研究和解释机制，还需要进一步探索。

2.5　培训对离职意愿的影响

培训是企业为了增加员工完成工作所需的知识与技术，并改善工作态度，提高员工的工作能力，改进工作结果而举办的活动（Love，1998）。从销售人员的角度看，培训是他们吸收经验，提高技能并引起其行为变化的过程（Goldstein，1986）。虽然业界和学界普遍认为培训是提高销售人员技能的必要途径，但也有研究对销售培训的有效性持保留观点。Benson（2006）的研究结果表明，参加在职培训、公司课程、学费报销等形式的培训与感情承诺正相关，但员工获得市场认可的文凭或资格证书，将增强其离职倾向，除非该员工在培训后能获得晋升。国内学者张文辉和胡蓓（2002）也认为，许多企业的管理者面临着受训人员"翅膀硬了，另觅高枝"的问题。

然而，根据社会交换原则，当人们接受有价值的东西时，将设法做出回应（Maurer and Shore，2002）。因此，公司提供在职培训，会提高参与培训员工的组织承诺并降低离职意愿（Benson，2006）。Love 和 Thomas（1998）指出，培训能显著地降低离职率，因为组织对员工给予各种培训支持使员工感知到他们受到组织的重视、组织关心他们的职业发展及成长，并具有社会责任感，这将增强员工继续为组织工作的热情与信念，激发组织与员工共同信守"契约"所默示的"承诺"，以更高的生产率和更高的忠诚回报组织。Pettijohn 等（2009）的研究对销售培训项目的有效性提供了一个实证评估，研究结果表明，销售培训会对多项重要的指标如工作满意度、组织承诺、顾客导向产生显著影响。当销售经理花费精力在提高销售人员的销售技巧上时，有助于销售人员认识到销售工作的意义与乐趣，激发他们的工作热情，并减少人员流失。反之，当销售人员感到不能从工作当中学到新知识与技能时，就会厌倦工作，缺乏内在驱动力，表现出更高的离职意愿。

2.6 培训对销售努力的影响

与培训对离职意愿的影响一样，培训对销售努力的影响也存在争议。一方面培训提高了员工的技能，使员工具有更高的可雇佣性，具有明显的外部效应（张文辉、胡蓓，2002）。可雇佣性的提高使员工感知到的被组织抛弃的风险降低，从而可能降低工作的努力程度。但另一方面，社会交换原则表明员工对组织的承诺感知会让他们觉得有义务回报组织，这会强化员工的工作努力（Shore and Wayne，1993）。并且培训让销售人员与组织的关系更加密切，提高他们对组织文化和价值观的认同，使其从心理上更加接纳个人在组织中的角色，这种角色认知能够让销售人员更加努力工作（Churchill et al.，1985）。在销售领域，一般认为销售培训能有效提高销售绩效，接受培训越多的销售人员会对工作投入越多（Grewal and Sharma，2013）。但 Wilson 等人（2002）的报告称许多销售人员和销售经理对销售培训持有负面观点，认为销售培训不是灵丹妙药，不是必需的，它只会深化新人员失败经历的影响，甚至可能会对有经验的销售人员产生负面影响。

根据以上文献评述，可以发现物质激励和培训对销售人员的离职意愿和销售努力的影响存在争议，这需要进一步探究。另外，针对销售人员工作的特殊性，如果企业能激发他们的自主性，他们将为企业努力工作。因此，我们引入工作动机作为中介变量，探索工作动机在组织激励与销售人员行为之间的作用机制。

3. 研究框架与假设

工作动机是一种来自个体内部或外部的力量，引发工作相关行为，并确定它的形式、方向和持续时间（Pinder，1998）。尽管动机的相关理论和学说众多，比如学习理论认为所有行为是生理驱动；而操作理论认为所有行为都是被奖励驱动，包括食物、金钱等有形奖励和荣誉、感激等无形奖励。但更多学者根据动机的产生源泉不同将动机分为两大类：内在动机和外在动机（Amabile et al.，1994），其中内在动机分为挑战动机和愉悦动机两个维度，挑战动机指人们享受工作带来的挑战，从工作中能获取新知识；愉悦动机指人们觉得工作本身就是一件愉快的事；外在动机分为补偿动机和关系动机两个维度，补偿动机指人们工作是为了外在的奖励，如金钱、职位提升；关系动机指人们工作是为了获得他人认可，提升社会地位。本文也按照这种分类方式，将工作动机分成内在工作动机和外在工作动机，并分别从挑战动机、愉悦动机、补偿动机、关系动机四个维度进行测量。在组织行为领域，如果个体参加一项活动或工作任务的目的是得到任务之外的某些结果如报酬奖励或迫于外界压力，那么其行为就是由外部动机引发的。企业最普遍的做法就是通过提供财务或货币补偿激发员工的外在动机。相反，如果个体行为主要由任务本身的某些特性引发并维持，那么其行为就是由内在动机所引发。比如一个人成为 IT 职业者是因为他/她想了解更多关于电脑使用与网络交互的知识，那他/她就是出于想获取知识的内在动机而工作；如果是为了得到报酬或他人认可等外在回报，则是出于外在动机而工作。因此，我们引入工作动机作为企业激励与销售人员离职意愿和销售努力的中介变量，构建激励—动机—态度理论模型。在此基础上，本研究对各个变量之间的关系进行推演，提出相应的研究假设。

3.1 物质激励对动机的影响

早在 1968 年 Decharms 就提出，个体只有在认为自己的行为是自主选择与控制的结果时，才会形成内在动机；若相信有外在力量的控制，如物质奖励，个体的自主控制感就会减弱，内在动机也随之降低。同样，Deci 和 Ryan（1975）的认知评价理论也认为外在奖励会导致内在动机的萎缩。也就是说，当销售人员是出于喜欢销售工作而非常投入地工作时，如果管理者对他的工作业绩过分看重，并对工作结果进行奖励，就会导致他们的内在工作动机下降。因为这会使销售人员感到自己是为了物质利益而工作，而不是因为自己的爱好和兴趣，觉得丧失了对自己行为的控制（张剑、宋亚辉、刘肖，2016）。Deci（1971）通过猜谜实验发现，相对于无报酬组，报酬组在无报酬的自由选择期（Free-Choice Period）还选择继续猜谜的人数和时间都显著降低，说明物质奖励起到了相反的作用，使原本由内在动机驱动的猜谜行为变成了外部动机驱动，并降低了被试的努力意愿。基于此，本文提出如下假设：

假设 1　物质激励对销售人员的内在动机有消极影响（H1a）；对外在动机有积极影响（H1b）

3.2 培训激励对动机的影响

与物质激励不同，培训提供给销售人员学习的机会，将产生更多积极的结果。Nordhaug（1989）识别出员工参加培训项目能获得三种类型的利益，包括学习动机的提升（比如渴望参与更多的培训，渴望学习），职业提升（如升职和胜任感兴趣的任务）和心理提升（如自我实现）。Gist（1986）指出，被培训者获得的相关知识或技术会影响自我效能感知，自我效能指个体相信自己完成具有挑战性任务的能力（Bandura，1977）。实证研究表明，高自我效能感的员工会对自己的能力表现出更强的信心，也在工作过程中拥有更高的内在动机（Bandura and Locke，2003）。如果员工自我效能感较高，由此激发的内在动机会促使其选择充满挑战性的工作；相反，如果员工对自己顺利完成某项任务的能力表示怀疑，自然倾向于逃避相应工作。同时，自我效能感较高的员工不仅喜欢挑战性工作，而且在挑战性工作中体会到乐趣；自我效能感偏低的员工则惧怕挑战性工作，成天担忧任务无法完成，无法在工作过程中找到乐趣。因此我们可以推理培训能提高销售人员的内在动机。此外，由于在培训过程中，企业一般会给销售人员设定工作目标，介绍公司奖惩原则，这会唤起消费人员对获得奖励和避免惩罚的倾向，同时鼓励了销售人员与他人竞争的行为，这都属于外在驱动。基于此，本文提出如下假设：

假设 2　培训对销售人员的内在动机（H2a）和外在动机（H2b）有积极影响

3.3 内在动机对离职意愿和销售努力的影响

虽然对动机的研究越来越精细，但无论是内在动机还是外在动机都对行为的方向、强度和持久性有驱动作用。之前的研究表明，员工的内在动机对绩效、组织承诺、工作满意度等具有积极的预测作用（Koestner and Losier，2002），而组织承诺高的员工对组织目标和价值能强烈认同和接受，愿意为了组织的利益作出相应的付出，并且渴望与组织保持成员关系（Mowday et al.，1983）。Heider（1958）认为：当个体认为行为和结果是由外部因素引起的，个体的主观能动性就会较低；如果个体将行为和结果归结于内部原因，则对事件的结果将有更强的责任感；因此内在动机强的销售人员会更加努力地进行销售工作。基于此，我们提出假设3：

假设3　内在动机对销售人员离职意愿有消极影响（H3a）；对销售努力有积极影响（H3b）

3.4　外在动机对离职意愿和销售努力的影响

受到外在动机驱动的员工是为了工作之外某些结果如报酬奖励等而工作，根据认知评价理论（CET），当人们工作是为了得到外部奖励时，人们会觉得这是对自我行为的控制，而不是出于自己对工作的喜好（Ryan and Deci，2000）。在工作中，自主性与工作满意度和员工幸福感正相关，如果员工感受到被控制，缺乏自主性，满意度和幸福感便会降低，而低满意度往往与高离职意愿相关（Dole and Schroeder，2001）。因此，我们提出外在动机高的销售人员会有更高的离职意愿。

另外，外在动机驱动的员工更倾向于用外部报酬对自己的行为作出外部归因（Kasser，2002）。根据归因理论，当个体认为行为和结果是由外部因素引起时，个体的主观能动性会较低。因此，外在动机可能对销售人员的销售努力有负面影响。基于此，我们提出假设4：

假设4　外在动机对销售人员离职意愿有积极影响（H4a）；对销售努力有消极影响（H4b）

根据以上分析，本研究的初步构架如图1所示：

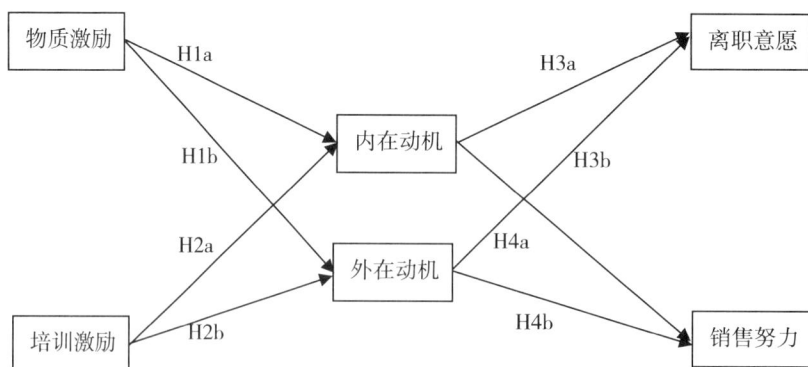

图1　假设模型图

4. 研究设计

4.1　样本选取和样本特征

本文选取了一家钢铁企业，聚焦企业销售人员，以区域为单位，通过员工填写调查问卷的方式获取调研数据。调研过程和样本选择主要遵循几点原则。第一，调研前向公司高层和部门主管表明调研意图，提供调研所需信息清单及具体流程，并征得公司高层和部门主管的同意。第二，该企业在全国直辖市和省会城市设有多个办事处，负责营销和销售工作。公司在各个办事处采取的物质激励和培训方式类似，不存在因区域不同导致的较大激励差异而影响研究结论。第三，企业所有销售人员均自愿参与匿名问卷调研，由部门主管在调研结束后统一回收与邮寄。

根据以上程序，本研究收集 5 大区域的有效样本，包括湖北、湖南、安徽、江苏等 14 个省。共回收问卷 450 份，有效问卷 377 份，有效率为 83.8%。其中男性占 66.8%，90.4% 的被试接受过本科及以上教育。在年龄分布方面，34 岁及以下的占 43.9%，35~44 岁的占 34.8%，44 岁以上的占 21.3%。相关工作经验方面，不到一年的占 5.2%，1~3 年的占 14.7%，3~5 年的占 26.2%，5 年以上的占 53.9%。

4.2　变量测量

本研究通过对销售人员进行问卷调查来验证模型和假设的正确性。首先，问卷中采用已有研究的成熟量表，在翻译问卷时，采用双向翻译技术来保证语句翻译的质量。其次，作者邀请五位销售人员进行了座谈，让他们判断和评价语项是否模糊或难以理解，并结合他们的反馈意见对问卷的语项进行了些微调整(Aryee and Chen, 2006)，然后正式施测。

本研究涉及的变量均采用经典的李克特七级量表进行测量(1 表示非常不同意，7 表示非常同意)。离职意愿的量表根据 Hackman 和 Oldham(1980)的改编而来，含 3 个题项，分别从自我和他人两个角度来测量(Cronbach's α = 0.766)。销售努力的量表来自 Miao 和 Evans(2013)的研究，包括 4 个题项，主要从工作时间强度和面对困难时坚持程度两方面进行测量(Cronbach's α = 0.809)。物质激励和培训激励的量表是根据以往文献中的相关量表做了修改之后得到的，通过销售人员主观感知来进行测量，分别包含 5 个和 6 个题项(Cronbach's α 值都是 0.920)。工作动机采用 Amabile 等人(1994)开发的工作偏好量表，该量表将内在动机分为挑战动机和愉悦动机两个维度，挑战动机包含 3 个题项，如"我喜欢尝试解决复杂的问题"，"我希望我的工作能让我增长知识和技能"等(Cronbach's α = 0.848)；愉悦动机包含 7 个题项，如"我想知道自己在工作上能做得有多好"，"对我来说最重要的是享受我正在做的事"等(Cronbach's α = 0.844)。外在动机分为补偿动机和关系动机两个维度，补偿动机包含 3 个题项，如"我挣的钱对我有很强的激励作用"，"我很在意自己的发展目标"等(Cronbach's α 值 = 0.747)；关系动机包含 4 个题项，如"我希望他人发现我可以在工作上表现有多优秀"，"对我来说，成功意味着比别人做得更好"等(Cronbach's α = 0.866)。

4.3 信效度检验和同源偏差检验

4.3.1 测量信效度分析

本研究采用验证性因子分析(CFA)来衡量模型中涉及变量的结构信效度。通过使用 AMOS18.0 采取全模型法来分析，模型的总体拟合优度良好($\chi^2 = 1232.511$，$df = 532$，$\chi^2/df = 2.317$，NFI = 0.846，CFI = 0.905，IFI = 0.906，RFI = 0.818，RMSEA = 0.059)。

基于验证因子模型中的因子载荷来计算的各个量表的复合信度(CR)在 0.859 以上，都超过了建议的临界值 0.7；平均方差提取量在 0.525 以上，也都达到了所建议的临界值 0.5 的要求。这说明，本研究的测量模型具有良好的聚合效度。

此外，我们还检验了测量的区分效度，即变量之间测量是否存在相互混淆。如表 1 所示，本研究中所测量的 8 个变量的平均抽取方差(AVE)均大于它们与其他变量之间相关系数的平方，这表明变量的测量有良好的区分效度(Fornell and Larcker，1981)。

表 1　　　　　　　　　　　　　　变量相关系数表

	物质激励	培训激励	挑战动机	愉悦动机	报偿动机	关系动机	离职意愿	销售努力
物质激励	1							
培训激励	0.701**	1						
挑战动机	0.166**	0.189**	1					
愉悦动机	0.118*	0.201**	0.467**	1				
报偿动机	0.080	0.123*	0.214**	0.464**	1			
关系动机	0.342**	0.263**	0.203**	0.412**	0.534**	1		
离职意愿	0.001	−0.042	0.042	−0.051	0.072	0.004	1	
销售努力	0.122*	0.169**	0.319**	0.441**	0.328**	0.334**	−0.011	1
Cronbach's α 值	0.920	0.920	0.848	0.844	0.747	0.866	0.766	0.809
均值	3.831	4.111	5.126	5.886	5.679	5.357	3.680	5.186
标准差	1.433	1.324	1.203	0.819	1.067	1.064	1.249	1.045
AVE	0.759	0.718	0.768	0.525	0.671	0.658	0.684	0.651

注：* 表示 $p<0.05$，** 表示 $p<0.01$，*** 表示 $p<0.001$。

4.3.2 同源偏差检验

考虑到本研究采取自我回答的方法来获取调查，获得的数据容易导致同一方法变异(CMV)偏差，这是本研究必须解决的挑战。本研究通过两种补救方式来解决：事前的程序性补救和事后的统计性补救。在程序性补救上一是在设计问卷时分开陈列属于同一变量的问题项；二是用反向题项来问问题以最大限度地降低同源偏差。在统计性补救上，本研究采用常规的 Harman 单因子方法来判定同源偏差性是否存在。因子分析表明：单因子模

型的卡方值 = 1501. 496（ df = 539），其拟合度低于多因子测量模型的卡方值 = 1232. 511（ df = 532）（ Δx^2（ df = 7）= 268. 985，$p<0.01$）。因此，本研究中的同一方法变异的影响并不严重。

4.4 数据分析和结果讨论

4.4.1 模型检验
研究采用结构方程模型（SEM）来检验假设中涉及的变量之间的关系。通过使用 AMOS18. 0 采取全模型法来分析。

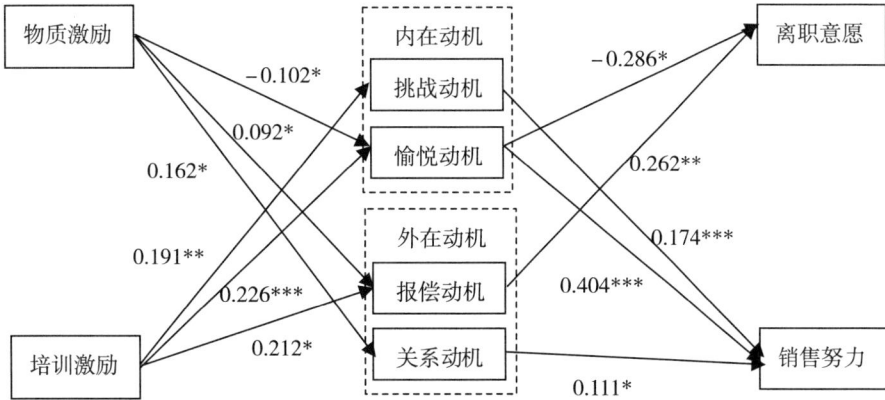

注： * 表示 $p<0.05$，** 表示 $p<0.01$，*** 表示 $p<0.001$。

图 2　最终模型图

图 2 是本研究的最终分析模型，模型整体拟合程度良好（ x^2 = 1533. 373，df = 540，x^2/df = 2. 840，NFI = 0. 809，CFI = 0. 865，IFI = 0. 867，RFI = 0. 777，RMSEA = 0. 070），模型中的路径系数如表 2 所示。

表 2　　　　　　　　　　　　研究模型的回归系数

			标准化系数	标准差	T 值	P 值
物质激励	→	愉悦动机	-0. 102	0. 048	-2. 125	0. 034
物质激励	→	报偿动机	0. 092	0. 045	2. 045	0. 041
物质激励	→	关系动机	0. 162	0. 067	2. 410	0. 016
培训激励	→	挑战动机	0. 191	0. 073	2. 634	0. 008
培训激励	→	愉悦动机	0. 226	0. 058	3. 901	***
培训激励	→	报偿动机	0. 212	0. 095	2. 217	0. 027
愉悦动机	→	离职意愿	-0. 286	0. 120	-2. 380	0. 017
补偿动机	→	离职意愿	0. 262	0. 081	3. 243	0. 001
愉悦动机	→	销售努力	0. 404	0. 078	5. 210	***

			标准化系数	标准差	T 值	P 值
挑战动机	→	销售努力	0.174	0.051	3.374	***
关系动机	→	销售努力	0.111	0.047	2.375	0.018

注：*** 表示 $p<0.001$。

研究结果表明，物质激励负向影响愉悦动机（$\beta=-0.102$，$p<0.05$），正向影响报偿动机（$\beta=0.092$，$p<0.05$）和关系动机（$\beta=0.162$，$p<0.05$），因此 H1a 和 H1b 得到验证。培训激励正向影响挑战动机（$\beta=0.191$，$p<0.01$）、愉悦动机（$\beta=0.226$，$p<0.001$）和报偿动机（$\beta=0.212$，$p<0.05$），因此 H2a 和 H2b 得到验证。愉悦动机负向影响离职意愿（$\beta=-0.286$，$p<0.05$），正向影响销售努力（$\beta=0.404$，$p<0.001$），挑战动机正向影响销售努力（$\beta=0.174$，$p<0.001$），因此 H3a 和 H3b 得到验证。补偿动机正向影响离职意愿（$\beta=0.262$，$p<0.01$），因此 H4a 得到验证；而关系动机正向影响销售努力（$\beta=0.111$，$p<0.018$），H4b 被拒绝。

4.4.2 中介效应

为了检验工作动机的中介作用，我们采用 Baron 和 Kenny（1981）的方法进行回归分析。在模型 1 中，我们把离职意愿和销售努力作为因变量，把物质激励和培训激励作为自变量进行回归。结果显示物质激励和培训激励对离职意愿和销售努力均存在显著影响。在模型 2 中，我们把挑战动机、愉悦动机、报偿动机、关系动机作为因变量，把物质激励和培训激励作为自变量进行回归，发现物质激励对内在动机中的愉悦动机和外在动机的两个维度都有显著影响，培训激励对内在动机的两个维度和外在动机中的报偿动机有显著影响。在模型 3 中，我们把离职意愿和销售努力作因变量，把物质激励、培训激励，内在动机中的挑战动机与愉悦动机，以及外在动机中的报偿动机、关系动机同时作为自变量进行回归。结果显示工作动机对离职意愿和销售努力有显著影响，而物质激励和培训激励的影响明显下降，变得不显著，说明工作动机发挥了完全中介的作用。我们将回归的结果总结在表 3 中。

表 3   中 介 检 验

	模型 1		模 型 2				模型 3	
	离职意愿	销售努力	挑战动机	愉悦动机	报偿动机	关系动机	离职意愿	销售努力
物质激励	0.38*	-0.13**	0.07	-0.05*	0.30*	0.31***	0.06	-0.03
培训激励	-0.41**	0.26*	0.14*	0.23**	0.36**	0.05	-0.08	0.07
挑战动机							0.09	0.14**
愉悦动机							-0.13*	0.27***
报偿动机							0.14*	0.09
关系动机							-0.03	0.14*

注：* 表示 $p<0.05$，** 表示 $p<0.01$，*** 表示 $p<0.001$。

4.4.3　模型对比

尽管本研究所提出的假设模型具有良好的拟合优度,但为了得到更优的拟合模型,同时进一步检验工作动机在双因子激励和销售人员离职意愿、销售努力之间的中介作用,我们在假设模型的基础上提出了一个竞争模型,并将其与基准的假设模型进行比较。在竞争模型中,我们在原假设模型的基础上添加了四种路径:物质激励对离职意愿和销售努力的直接影响,培训激励对离职意愿和销售努力的直接影响。假设模型和竞争模型的对比分析结果如表4所示。

表4　　　　　　　　　　　　　　　模型对比分析结果

	χ^2	df	RMSEA	CFI	$\Delta\chi^2$	Δdf	P 值
模型 0 假设模型	1533.373	540	0.059	0.905			
模型 1 竞争模型	1528.224	536	0.07	0.866	5.149	4	>0.05

从以上对比可以发现,竞争模型 1 在拟合优度上与假设模型 0 相比并没有显著的提升($\Delta\chi^2 = 1533.37 - 1528.224 = 5.149$,$\Delta df = 540 - 536 = 4$,$p > 0.05$),从而验证了内外工作动机完全中介了双因子激励和销售人员离职意愿、销售努力之间的关系。

5. 研究结论和讨论

5.1　研究结论

本文通过问卷调查方法,以国内某大型钢铁企业的销售人员为调查对象,基于动机理论探索了双因子激励影响销售人员离职意愿和销售努力的内在机制,尝试对销售人员出工和出力的问题进行解释和研究。模型演绎了物质激励和培训激励影响销售人员离职意愿和销售努力的内在机制。研究结果表明,工作动机(内在动机和外在动机)完全中介了激励(物质激励和培训激励)和销售人员离职意愿、销售努力之间的关系。具体来说,首先,物质激励是一把双刃剑,一方面会通过外在动机中关系动机子维度间接正向影响销售努力;另一方面又会通过外在动机中的报偿动机子维度间接正向影响离职意愿,同时降低内在动机中的愉悦动机,间接提高离职意愿、降低销售努力。通过计算物质激励对离职意愿和销售努力的净影响可以发现:物质激励对离职意愿的净影响为正,影响系数为 $-0.102 \times (-0.286) + 0.092 \times 0.262 = 0.053$;而对销售努力的净影响为负,影响系数为 $-0.102 \times 0.404 + 0.162 \times 0.111 = -0.023$。其次,培训激励通过内在动机中的挑战动机和愉悦动机间接正向影响销售努力,同时通过愉悦动机间接负向影响离职意愿;但也会通过外在动机中的报偿动机正向影响离职意愿。通过计算培训激励对离职意愿和销售努力的净影响可以发现:培训对离职意愿的净影响为负,影响系数为 $0.226 \times (-0.286) + 0.212 \times 0.262 =$

-0.009；对销售努力的净影响为正，影响系数为 0.191×0.174+0.226×0.404＝0.125。因此可以说，物质激励既会降低销售人员的销售努力，又会提高他们的离职意愿；而培训激励既能提高销售人员的销售努力，又能降低他们的离职意愿。

该结果出人意料的一点是外在动机对销售人员的销售努力不但没有负向影响，反而有正向影响，可能的原因是与销售人员感知到的工作趣味性有关。Koestner 等（2002）研究认为，对于趣味性较强的工作，内在动机可导致较高的绩效；而对于缺乏趣味性的工作，认同和整合动机能产生较高的绩效。根据自我决定理论，认同动机和整合动机都属于外在动机。在本研究中，销售人员可能觉得销售工作并不是有趣的事情，更多的是迫于社会压力、为了获得报酬或他人的认可等外在因素的驱动而工作，这种情况下销售人员的外在动机也起到了积极作用。期望理论表明，当人们觉得努力可以实现目标，满足自己的需求时，便有了很强的动力去完成任务，所以外在动机也能使销售人员努力工作。

5.2　研究贡献

本文的理论贡献主要有两个方面。首先，以往有关员工激励的研究主要以工作满意度、组织承诺等作为中介变量来解释激励的效果，片面地认为某种激励只会正向或负向影响销售人员的态度，而本文主要考虑激励对销售人员工作动机的影响，并且区分了内、外工作动机，发现即使是相同的激励也会导致内、外动机的不同变化，进而综合影响销售人员的行为表现，深入解释了销售人员出工出力的内在机制，丰富了销售管理的相关文献。其次，本研究发现物质激励和培训对销售人员的激励效果有差异。具体表现为物质激励负向影响销售人员的销售努力，正向影响离职意愿；而培训激励正向影响销售人员的销售努力，负向影响离职意愿。这说明物质激励和培训作为两种不同的人力资本投入，其激励效果是不一样的。很明显，培训比物质激励更有效：培训能让销售人员既出工又出力，而物质激励既不能让销售人员出力，又不能让其出工。这也有效地解释了双因子激励理论中激励因子比保健因子更有驱动力。

本研究对于企业的销售管理而言，具有一定的现实指导意义。第一，销售人员的工作表现与工作动机息息相关，企业对销售人员的激励都要通过改变工作动机而发生作用，但不是所有的工作动机都会带来好的工作表现。相对于外在动机，内在动机更加有效，不但能降低销售人员的离职意愿，还能提高销售努力。而其中的愉悦动机最为重要，它是唯一能降低离职意愿的动机，也就是说，销售人员只有在工作中感受到了快乐，才愿意留下来，一旦感受不到快乐，就会有离职意愿。企业在管理销售人员的时候要充分认识到幸福感和愉悦感的重要性，可以通过工作设计、组织沟通、组织支持等方式提高销售人员从工作中感受到的快乐，满足他们的内在需求。相反，外在动机中的报偿动机是最不利的动机，它会提高销售人员的离职意愿，因为这类员工选择销售工作只是为了金钱、奖励等物质回报，不是出于真心喜欢，一旦物质需求没有得到满足或者外界给出更高的报酬，就会有离职倾向。因此，对于销售经理来说，重要的一点是拥有把握销售人员的心理活动和行为规律的"软实力"，懂得他们潜在的工作动机，从而更好地管理销售人员。

第二，培训是提高销售人员内在动机的重要激励方式，企业可以通过培训来提高销售人员的内在动机，让销售人员既出工又出力。虽然培训是一项比较大的人力资本投入，还面临着为他人作嫁衣的风险，但本研究结论给培训提供了支持。经过培训的销售人员获得了自我成长的机会，这是一种激励因子。培训后的员工更希望从工作中体验到挑战和快乐，这种内在需求不易受外界因素干扰，能够降低员工离职意愿，同时面对销售工作带来的业绩压力反而能激发工作热情。相反，物质激励的效果不是那么理想，它更多的是激发销售人员的外在动机，使员工追求外在物质、荣誉，而不是享受工作本身的乐趣，这样的员工更容易消极怠工或者离职。因此，针对资源分配问题，该结论给出了一点启示：组织应该将更多的资源分配在培训上，不能片面关注培训投入的成本，而应该认识到培训带来有形和无形的价值。相反，物质激励的效果并不理想，虽然之前有研究表明提高薪酬能留住员工，并激励他们努力工作，但往往是在短期内有效，时间久了就会有更高的物质需求，一旦没有得到满足，就会降低努力并产生离职意向。

第三，本文综合研究了销售人员的离职意愿和销售努力。对企业来说，前者是需要规避的结果，后者是希望趋近的结果。之前的研究都只是单独研究某一方面，比如从个体层面、组织层面探索影响员工离职意愿的因素。但仅仅降低员工的离职意愿是不够的，因为不离职不代表会努力工作，可能的结果就是员工只出工不出力，对企业造成的损失可能比员工离职更大，因为企业对他们进行了人资投入，却没有得到相应的回报，同时还影响了其他人的积极性。所以企业在降低离职意愿的基础上，还必须提高销售努力，也就是让销售人员既出工又出力，这也是本文同时研究销售人员的离职意愿和销售努力的意义所在。

5.3 研究局限

首先是样本的选择局限，由于条件限制，本研究只在一个企业中搜集了样本，虽然样本量很丰富也确实涵盖了我国大部分地区，但是不可否认这种单企业样本的代表性还有待提高，未来的研究可以考虑扩展到更多企业，更多行业。其次是本文研究的对象是销售人员，未来可以考虑研究其他类型工作人员。最后是本文通过销售人员主观感知来测量各个变量，包括物质激励和销售培训等信息都是员工自己汇报的，而不是公司具体的激励制度和培训体系，可能与实际存在偏差。

◎ 参考文献

[1] 张剑，宋亚辉，刘肖 . 削弱效应是否存在：工作场所中内外动机的关系[J]. 心理学报，2016，48(1).

[2] 张瑞娟，孙健敏 . 人力资源管理实践对员工离职意愿的影响：工作满意度的中介效应研究[J]. 软科学，2011，25(4).

[3] 张文辉，胡蓓 . 受训员工离职现象的原因分析及对策研究[J]. 科技进步与对策，2002，19(8).

[4] Aragón, S. A., Barba, A. I., and Sanz, V. R. . Effects of training on business results [J]. *Internationl Journal of Human Resource Management*, 2003(14).

[5] Aryee, S., Chen, Z. X. . Leader-member exchange in a Chinese context：Antecedents, the mediating role of psychological empowerment and outcomes[J]. *Journal of Business Research*,

2006, 59(7).

[6]Bandura, A. Self-efficacy: Toward a unifying theory of behavioral change[J]. *Psychological Review*, 1977, 84(2).

[7]Bandura, A. , Locke, E. A. Negative self-efficacy and goal effects revisited[J]. *Journal of Applied Psychology*, 2003, 88(1).

[8]Bartol, K. M. Reframing salesforce compensation systems: An agency theory-based performance management perspective[J]. *Journal of Personal Selling & Sales Management*, 2013, 19(3).

[9] Benson, G. S. Employee development, commitment and intention to turnover: A test of 'employability' policies in action[J]. *Human Resource Management Journal*, 2006, 16(2).

[10]Bigliardi, B. , Petroni, A. , Dormio, A. I. Organizational socialization, career aspirations and turnover intentions among design engineers[J]. *Leadership & Organization Development Journal*, 2005, 26(6).

[11]Brown, S. P. , Peterson, R. A. The effect of effort on sales performance and job satisfaction [J]. *Texas Business Review*, 1996, 58(2).

[12] Campbell, J. P. , Pritchard, R. D. . Motivation theory in industrial and organizational psychology[J]. *Handbook of Industrial & Organizational Psychology*, 1983.

[13]Churchill, G. A. , Ford, N. M. , Walker, O. C. Personal characteristics of salespeople and the attractiveness of alternative rewards[J]. *IEEE Engineering Management Review*, 1979, 7(1).

[14] Churchill, G. A. , Ford, N. M. , Hartley, S. W. , Walker, O. C. The determinants of salesperson performance: A meta-analysis[J]. *Journal of Marketing Research*, 1985, 2(22).

[15]Deci, E. L. The effects of externally mediated rewards on intrinsic motivation[J]. *Journal of Personality & Social Psychology*, 1971, 18(1).

[16]Deci, E. L. , Ryan, R. M. *Intrinsic motivation*[M]. New York: Springer, 1975.

[17]Dole, C. , Schroeder, R. G. The impact of various factors on the personality, job satisfaction and turnover intentions of professional accountants[J]. *Managerial Auditing Journal*, 2001, 16(4).

[18] Eichhorn, R. L. , Etzioni, A. Modern organizations [J]. *Industrial & Labor Relations Review*, 1965, 19(1).

[19] Fornell, C. , Larcker, D. F. Evaluating Structural equation models with unobservable variables and measurement error[J]. *Journal of Marketing Research*, 1981, 18(1).

[20] Gagné, M. , Deci, E. L. Self-determination theory and work motivation [J]. *Journal of Organizational Behavior*, 2005, 26(4).

[21]Gist, M. E. , Hill, C. The effects of self-efficacy training on training task performance[J]. *Academy of Management Best Papers Proceedings*, 1986(12).

[22]Goldstein, I. L. *Training in organizations: Needs assessment, development, and evaluation.* 3rd ed[M]. CA: Brooks/Cole Pub. Co, 1986.

[23] Grewal, D. , Sharma, A . The effect of salesforce behavior on customer satisfaction: An interactive framework[J]. *Journal of Personal Selling & Sales Management*, 2013, 11(3).

[24] Guastello, S. J. A butterfly catastrophe model of motivation in organization: Academic performance[J]. *Journal of Applied Psychology*, 1987, 72(72).

[25] Hackman, J. R. Work redesign and motivation[J]. *Professional Psychology*, 1980, 11(3).

[26] Heider, F. *The psychology of interpersonal relations* [M]. New York: Wiley, Lawrence Erlbaum Associates, 1958 .

[27] Kasser, T. *The high price of materialism*[M]. Cambridge, MA: Mit Press, 2002

[28] Koestner, R. , Losier, G. Ã. Distinguishing three ways of being highly motivated: A closer look at introjection, identification, and intrinsic motivation [J]. *Handbook of Self-Determination Research*, 2002.

[29] Lazear, E. P. Performance pay and productivity[J]. *Social Science Electronic Publishing*, 1996, 90(5).

[30] Lepper, M. R. , Greene, D. *The hidden cost of rewards: New perspectives on the psychology of human motivation*[M]. Hillsdale, NY: Taylor & Francis Ltd, 1978

[31] Love, T. Training can reduce employee turnover[J]. *Nations Business*, 1998, 86(8).

[32] Lucas, G. H. , Enis, B. M. An empirical study of salesforce turnover [J]. *Journal of Marketing*, 1987, 51(3).

[33] Maurer, T. J. , Shore, L. M. Perceived beneficiary of employee development activity: A three-dimensional social exchange model[J]. *Academy of Management Review*, 2002, 27 (27).

[34] Miao, C. F. , Evans, K. R. The interactive effects of sales control systems on salesperson performance: A job demands-resources perspective[J]. *Journal of the Academy of Marketing Science*, 2013, 41(1).

[35] Mowday, R. T. , Porter, L. W. , Steers, R. M. . Employee-organization linkages: The psychology of commitment, absenteeism, and turnover[J]. *American Journal of Sociology*, 1983, 38(6).

[36] Naylor, J. C. , Pritchard, R. D. , Ilgen, D. R. *A theory of behavior in organizations*[M]. New York: Academic Press, 1956.

[37] Nordhaug, O. Reward functions of personnel training[J]. *Human Relations*, 1989, 42(5).

[38] Parasuraman, A. , Futrell, C. M. Demographics, job satisfaction, and propensity to leave of industrial salesmen[J]. *Journal of Business Research*, 1983, 11(1).

[39] Petri, H. L. *Motivation: Theory, research, and applications*. 4th ed[M]. Belmont, CA: Wadsworth Publishing Co Inc, 2013.

[40] Pettijohn, L. , Pettijohn, C. , Taylor, A. . Retail sales training: Activities and effects on job satisfaction, organizational commitment, turnover and customer-orientation [J]. *Marketing Management Journal*, 2009, 19(1).

[41] Pinder, C. C. *Work motivation in organizational behavior*[M]. NJ: Prentice-Hall, 1998.

[42] Sager, J. K. , Johnston, M. W. Antecedents and outcomes of organizational commitment: A study of salespeople[J]. *Journal of Personal Selling & Sales Management*, 2013, 9(1).

[43] Shore, L. M. , Wayne, S. J. Commitment and employee behavior: Comparison of affective commitment and continuance commitment with perceived organizational support[J]. *Journal of Applied Psychology*, 1993, 78(5).

[44] Tett, R. P. , Meyer, J. P. Job satisfaction, organizational commitment, turnover intention, and turnover: Path analyses based on meta-analytic findings[J]. *Personnel Psychology*, 1993, 46(2).

[45] Wells, J. E. , Peachey, J. W. Turnover intentions[J]. *Team Performance Management*, 2011, 17(1/2).

[46] Wilson, P. H. , Strutton, D. , Ii, M. T. F. Investigating the perceptual aspect of sales training[J]. *Journal of Personal Selling & Sales Management*, 2002, 22(22).

How to Make the Salesperson Stay and Work Hard: Effect of Dual-Stimuli of Material and Training on Work Motivation

Zhu Huawei[1]   Xu Jiaojiao[2]   Huang Yong[3]

(1, 2, 3   Economics and Management School of Wuhan University, Wuhan, 430072)

Abstract: For many companies, it's difficult to manage and control their salespersons because of the field nature of the sales work. It will have important implication in sales management if salespersons can be stimulated and thus motivate themselves. In this paper, we introduce the theory of work motivation, and try to explore the role of the dual-stimuli in salespersons' turnover intention as well as sales effort and the mediating role of work motivation. Using survey data from a large steel company, we find that the two incentives have an impact on salespersons' turnover intention as well as sales effort through mediation effect of a work motivation. However, these two incentives vary in their effect direction and path. Material reward mainly improves salespersons' extrinsic motivation, and ultimately improves their turnover intention and reduce their sales efforts; while training incentives mainly improves the salespersons' intrinsic motivation, and ultimately reduce their turnover intention and increase their sales efforts. This paper will shed some light in salesperson management.

Key words: Material reward; Training; Work motivation; Turnover intention; Sales effort

专业主编: 曾伏娥

市场导向如何影响企业绩效：营销能力的中介效应研究[*]

● 高　芳[1]　刘泉宏[2]

（1，2　江汉大学商学院　武汉　430056）

【摘　要】市场导向被视为营销观念的执行工具之一，从而成为近年来营销学界最受重视的研究主题之一。本文研究了营销能力对市场导向与企业绩效二者关系的中介作用。研究结论表明，营销能力作为市场导向所推动的一种至关重要的能力，对市场导向与企业绩效之间的关系有中介效应。本文认为，随着市场环境越来越动态化和复杂化，企业必须树立市场导向观念并把它有效地转化为营销能力，才能取得良好的企业绩效，并在竞争中处于更有利的地位。

【关键词】市场导向　营销能力　企业绩效

中图分类号：F270　　文献标识码：A

1. 引言

市场导向的概念早在四十多年前就在营销理论和实践中被放在一个重要位置，并被视为营销观念的执行工具之一，但正如 Kohli 和 Jaworski（1990）所指出，虽然营销观念是营销学科的基础，但很少有人关注其执行，直到 20 世纪 80 年代末，学术界才意识到市场导向的价值所在。许多企业相信市场导向能正向影响企业绩效，并试图通过培育自身的市场导向来提高其盈利能力和水平。但现有研究对于市场导向究竟如何影响企业绩效存在较大分歧，一些研究认为市场导向对企业绩效有显著的正向影响（Slater 和 Narver，1994；Hooley 等，1999；Jaworski 和 Kohli，1993；Narver 和 Slater，1990；Chang 等，2014；谢洪明、陈盈和程聪，2014）；另一些研究则发现两者之间只有极其微弱的联系（Slater 和 Narver，1996）；而某些研究却发现两者之间没有任何联系（Han、Kim 和 Srivastava，1998）。

针对上述分歧，诸多学者认为，市场导向对企业绩效的影响是间接的，应该存在某些

---

　* 基金项目：湖北省教育厅人文社会科学研究项目：“中国企业营销能力的构建研究：基于动态能力的视角”（2007d223）。

　通讯作者：高芳，E-mail：gaofangwh@163.com。

中间变量的影响(Guo，2002)，这也是直接检验二者之间关系而出现分歧的最根本原因。因此近年来，一些中介变量和调节变量被相继纳入研究中，如组织创新(Han、Kim 和 Srivastava，1998；Hurley 和 Hult，1998；Mahmoud 等，2016)、组织承诺(Caruana、Ramaseshan 和 Ewing，1999)、战略类型(Matsuno 和 Mentzer，2000)等，但至今仍未达成共识。

本文认为，究竟应该引入何种中介变量，关键在于该变量是否真正桥接了市场导向与企业绩效之间的关系，而营销能力正是这样一个重要的但在以往的研究中却不被重视的中介变量。本文着重研究该变量对市场导向与企业绩效关系的中介作用。

2. 理论基础与概念假设

2.1　市场导向及其对绩效的影响

Narver 和 Slater(1990)将市场导向定义为一种能够最有效导致某种行为的企业文化，这种行为是为顾客创造价值和为企业创造更高利润所必需的。他们认为市场导向由三个行为要素和两个决策标准构成，三个行为要素分别是：顾客导向、竞争导向和跨职能协作，两个决策标准分别是：长远打算和利润率，其研究表明市场导向对绩效有正向影响。Jaworski 和 Kohli(1993)从更为细致的角度定义了市场导向的三个行为要素：收集市场情报以及顾客当前和未来的需求信息，在组织内部广泛传递这些信息，在组织内部对这些信息做出反应，其研究也认为市场导向能正向影响企业绩效。Maydeu-Olivares 和 Lado(2003)认为，随着消费者偏好的快速变化、技术的飞速发展和竞争的不断加强，企业开发某种组织机制来产生市场信息、分析信息并做出有针对性的反应就变得势在必行。Hunt 和 Morgan(1995)也认为，市场导向是一种带有文化嵌入性的组织框架，会引导企业的战略选择。与此类似，其他学者也将市场导向定义为一种组织文化或特定价值，认为它有利于更好地满足顾客需要、最小化竞争，从而能产生卓越的企业绩效(Kohli 和 Jaworski，1990；Han、Kim 和 Srivastava，1998；Slater 和 Narver，1994；Slater 和 Narver，1995；Hurley 和 Hult，1998)。因此，本文提出以下假设：

H1　市场导向对企业绩效有显著的正向影响。

2.2　营销能力及其中介效应

营销能力被认为是企业伴随其营销职能的运用而体现出的服务于外部市场的技能。Srivastava、Shervani 和 Fahey(1998)认为，在企业的所有资源和能力中，营销能力最为重要。他们用"以市场为基础的资产"来表述这种在营销活动中长期培养、发展和积累的动态能力对企业的重要性。在他们看来，以市场为基础的资产包括两种类型：关系资产和智力资产。关系资产建立在信任和声望的基础上，是企业建立和发展出来的与顾客的亲密关系，它们是无形的、难以测量的，也是竞争对手难以复制的。他们是公司"可得到"，但无法"所有"的外部资源。基于市场的智力资产是公司具有的有关竞争环境的知识。这种知识使公司在面对市场需求(顾客偏好)和产品供给异质性时，可以通过系统地获得、分配和使用各种信息来识别和选择细分市场，开发适当的产品以及集合所需资源来生产和传递产品或服务。

事实上，以市场为基础的资产可以视为动态营销能力的静态结果，它既是企业过去开发和培养的营销能力的市场表现，又是企业形成未来营销能力的市场基础。因此，Arnett 和 Badrinarayanan(2005)将营销能力区分为知识管理能力和关系营销能力，并认为培养雇员的营销能力至关重要。Webster(1992)认为，企业营销能力应包含营销文化、营销战略和营销策略三个层面，企业发展营销能力必须从文化、战略及策略三个层次进行建构。Day(1994)在研究市场驱动型组织时，也提供了一个营销能力的分类框架，他将营销能力细分为三种能力，由外而内(outside-in)的能力主要关注公司的外部环境，由内而外(inside-out)的能力主要关注公司的内部资源和能力，其价值在于面对市场需求、竞争挑战和外部机会时，能为公司在市场上创造竞争优势，联系(spanning)能力负责整合前两种能力，并生成卓越的公司战略执行力，这一能力需要公司全面理解市场需求和自身的内部能力。

经过对比分析不难发现，Webster(1992)对营销能力的关注更多地侧重于文化和战略层面；而 Day(1994)则更侧重于策略或者说运作层面。Hooley 等(1999)将二者的观点进行了整合，认为营销能力是一种金字塔结构，包含营销文化能力、战略性营销能力和策略性营销能力。

纵观现有的研究成果，把市场导向看作是一种组织文化或特定价值的观点，实际上已经得到了大多数学者的认同。问题在于，市场导向是如何影响企业绩效的呢？显然，文化或价值观本身并不能直接产生企业绩效，它的作用实际上是能为企业衍生出某种能力，并通过这种能力创造绩效，而营销能力正是桥接二者关系的关键能力。Narver 和 Slater(1990)也明确指出，市场导向是一种能够最有效地导致某种行为的企业文化，这种行为是为顾客创造价值和为企业创造更高利润所必需的。本文认为，Narver 和 Slater(1990)所谓的行为实际上是营销能力的有形体现。因此，本文提出以下假设：

H2　营销能力对市场导向与企业绩效的关系存在中介效应。

3. 研究设计

3.1　测量工具

本研究采用国外广泛使用的成熟量表，并进行了适应性改变，使其既忠实原意又适合国内的测量。我们首先进行预测试，根据测试情况对问卷条目进行了调整。实测问卷共分为四大部分(共 45 个问项)，分别测试市场导向、营销能力、企业绩效、企业和个人信息。各主要构念采用 Likert 7 点量表测量。

市场导向的测量，目前引用较为普遍的量表主要有两个：Kohli、Jaworski 和 Kumar(1993)的 MARKOR 量表和 Narver 和 Slater(1990)的 MKTOR 量表。前者将市场导向分为信息产生、信息分配和响应三个维度；后者将其分为顾客导向、竞争导向和跨职能协作三个维度。经反复比较发现两个量表的条目基本类似，只不过是构念分类方式存在差异(Slater 和 Narver, 1994)。MARKOR 量表是纵向层次的分类，而 MKTOR 量表是横截面分类。由于 MARKOR 量表条目更直观化，其引用频率更高，也更适合在中国使用。故本研究采用 MARKOR 量表，包括三个维度。实测中根据预测结果，删除了原量表中信度不高的 3 个条目，共保留 29 个条目，其中信息产生 8 个条目，信息分配 8 个条目，响应 13 个条目。

企业绩效的测量，目前主要有两种测量方法：主观绩效和客观绩效。当企业间差异比较大，尤其是进行跨行业研究时，客观绩效缺乏横向可比性，而且如果要求跨部门的被试都能准确地报告客观绩效，存在极大的难度，因此本文使用主观测量法，实践表明，该方法的可行性和可信度均较好（Narver 和 Slater，1990；Matsuno 和 Mentzer，2000）。具体操作是将被试所在企业近三年的绩效与其主要的竞争对手进行比较（Hunt 和 Morgan，1995）。量表改编自 Matsuno 和 Mentzer（2000），包括市场绩效（2 个条目）、财务绩效（2 个条目）两个维度。

营销能力的测量，我们采用了 Day（1994）对营销能力的界定，并改编了 Hooley 等（1999）量表中相对应的部分（9 个条目），包括由内而外的能力（3 个条目）、由外而内的能力（3 个条目）和联系能力（3 个条目）三个维度。

企业和个人信息包括 3 个问项，分别调查公司相对规模、行业类型和调查对象所属部门。

3.2 样本及数据收集

本研究的样本采集对象为中山大学、浙江大学和武汉大学的 EMBA 学员，并且限定为企业高层管理人员，这也确保了被试对某些问卷术语的准确理解。共发放问卷 200 份，回收问卷 160 份，其中有效问卷为 149 份，成功回收率为 74.5%。

3.3 信度及效度检验

Cronbach's α 系数的检测表明，各构念的 α 系数均超过 0.8，而各维度的 α 系数也大于了 0.7，说明量表的内部一致性较好（见表1）。效度检验结果如表2 所示。对市场导向、营销能力、企业绩效和环境不确定性等构念的 KMO 和 Bartlett's 检验表明：各构念 KMO 值均大于 0.7，而 Bartlett's 检验在 0.05 的水平上显著（见表3），即样本数据适合作因子分析。因子分析表明，因子载荷均超过 0.5，且未发现跨负载情况，说明量表具有较好的区分效度。另外，将各维度的题项单独进行因子分析，均自动聚合为一个因子，各题项因子载荷均超过 0.5，且方差解释百分比均超过 50%，说明量表具有较好的聚合效度。综上所述，本研究所采用量表具有较好的信度和效度。

表 1   内部一致性检验数据

构念及其维度	Cronbach's α	构念及其维度	Cronbach's α
市场导向（MO）	0.890	营销能力（MC）	0.863
信息产生（IG）	0.725	由内而外的能力（MCI）	0.776
信息分配（ID）	0.713	由外而内的能力（MCO）	0.713
响 应（RESP）	0.826	联 系 能 力（MCS）	0.739

构念及其维度	Cronbach's α	构念及其维度	Cronbach's α
企业绩效(EP)	0.855		
市场绩效(EPMP)	0.862		
财务绩效(EPFP)	0.785		

表2 　　　　　　　　　　　　　　　　**因 子 载 荷**

构念及其维度	条目	因子载荷	构念及其维度	条目	因子载荷
市场导向(MO)			响　应 (RESP)	RESP6	0.649
				RESP7	0.564
信息产生 (IG)	IG1	0.727		RESP8	0.558
	IG2	0.572		RESP9	0.722
	IG3	0.784		RESP10	0.559
	IG4	0.641		RESP11	0.571
	IG5	0.658		RESP12	0.731
	IG6	0.563		RESP13	0.531
	IG7	0.600	营销能力(MC)		
	IG8	0.637	由内而外的能力(MCI)	MCI1	0.734
信息分配 (ID)	ID1	0.521		MCI2	0.878
	ID2	0.673		MCI3	0.881
	ID3	0.698	由外而内的能力(MCO)	MCO1	0.856
	ID4	0.524		MCO2	0.806
	ID5	0.572		MCO3	0.723
	ID6	0.511	联　系　能　力(MCS)	MCS1	0.736
	ID7	0.569		MCS2	0.838
	ID8	0.677		MCS3	0.851
响　应 (RESP)	RESP1	0.777	企业绩效(EP)		
	RESP2	0.505	市场绩效(EPMP)	EPMP1	0.941
	RESP3	0.724		EPMP2	0.934
	RESP4	0.686	财务绩效(EPFP)	EPFP1	0.920
	RESP5	0.527		EPFP2	0.894

表3 　　　　　　　　　　　　　　　**回归模型检验数据**

	模型(1) 营销能力	模型(2) 企业绩效	模型(3) 企业绩效
市场导向	0.707 ***	0.527 ***	0.238 *
营销能力			0.409 ***

注：* 表示 $p<0.05$；** 表示 $p<0.01$；*** 表示 $p<0.001$。

4. 假设检验

关于中介效应的检验，一般认为可以采用以下三个步骤(温忠麟等，2004)：(1)检查解释变量对被解释变量的回归系数，如显著，则(2)检查解释变量对中介变量的回归系数，如显著，则(3)采用多元回归分析检查解释变量和中介变量对被解释变量的回归系数，如果显著即说明中介效应存在。如果解释变量的回归系数也同时显著，则说明中介效应为部分中介，反之则说明中介效应为完全中介。因此，本文依次检验以下三个回归模型：

$$EP = cMO + e_1 \tag{1}$$

$$MC = aMO + e_2 \tag{2}$$

$$EP = c'MO + bMC + e_3 \tag{3}$$

其中：EP——企业绩效；MO——市场导向；MC——营销能力。

检验结果如表 3 所示。

模型(1)中的数据显示，系数 c 显著($\beta = 0.527$，$p<0.05$)，表明市场导向对企业绩效有显著的正向影响，H1 得到验证。模型(2)中的数据显示，系数 a 显著($\beta = 0.707$，$p<0.05$)，表明市场导向对营销能力有显著的正向影响。模型(3)中的数据显示，系数 b 显著($\beta = 0.409$，$p<0.05$)，表明营销能力对市场导向与企业绩效的关系存在中介效应，H2 得到验证。由于系数 c' 也显著($\beta = 520.238$，$p<0.05$)，说明该中介效应为部分中介，其中介效应占总效应的比例为 $0.707 \times 0.409/0.527 = 54.87\%$，中介效应解释了因变量的方差变异为 $\mathrm{sqrt}(0.353 - 0.273) = 0.2828$ (28.28%)。

5. 讨论与建议

5.1 研究结论与讨论

本文探讨了在市场导向与企业绩效的关系中营销能力的中介作用。结果表明，市场导向对企业绩效有显著的正向影响(H1)，这印证了诸多学者的观点(如 Hooley 等，1999；Jaworski 和 Kohli，1993；Slater 和 Narver，1994)，也揭示了企业着力培育市场导向的意义所在。但正如本文所揭示的，营销能力对市场导向与企业绩效的关系存在中介效应(H2)。如果把市场导向看作是一种组织文化，那么文化所创造的效果必须通过它所推动的某种行为和能力的中介作用才能显现出来。营销能力作为市场导向所推动的一种至关重要的能力，有效地桥接了市场导向与企业绩效之间的关系。当代企业所面对的市场环境越来越动态化和复杂化，因此企业必须更积极有效地把自己的市场导向观念转化为营销能力，从而产生卓越的企业绩效。

5.2 研究局限及未来研究方向

5.2.1 本研究的局限

(1)本研究为消除地域差异，尽可能采用广泛取样的原则，但囿于企业采样的难度，未能做到随机抽样，而是兼顾了便利性原则。因此，样本的代表性受到一定限制。

（2）企业绩效的影响因素是多方面的，在研究中应剔除其他相关变量的影响，但这些因素太多而使得操作过于复杂，我们遵循本研究领域的通行做法，力图在调查过程中对相关因素进行一定的控制，比如调查对象、行业规模及类别等，但模型中并未引入其他控制变量。

5.2.2 未来研究方向

本文研究了市场导向与企业绩效关系中营销能力的中介作用，但营销能力绝非企业唯一的能力，其他相关能力变量对市场导向与企业绩效是否存在中介效应值得进行探讨。

此外，营销能力的金字塔结构中包含营销文化能力、战略性营销能力和策略性营销能力等三个层次，不同层次的营销能力对企业绩效的影响是否存在差异值得进一步检验。

◎ 参考文献

[1]温忠麟，张雷，侯杰泰，刘红云.中介效应检验程序及其应用[J].心理学报，2004，36（5）.

[2]谢洪明，陈盈，程聪.市场导向与组织绩效关系——基于 Meta 分析的研究[J].科学学与科学技术管理，2014，35(12).

[3]Arnett, D. B., Badrinarayanan, V. Enhancing customer-needs-driven CRM strategies: Core selling teams, knowledge management competence, and relationship marketing competence [J]. *Journal of Personal Selling & Sales Management*, 2005, 25(4).

[4]Caruana, A., Ramaseshan, B., Ewing, M. T. Market orientation and performance in the public sector: The role of organizational commitment[J]. *Journal of Global Marketing*, 1999, 12(3).

[5]Chang, W., Franke, G. R., Butler, T. D., Musgrove, C. F., Ellinger, A. E. Differential mediating effects of radical and incremental innovation on market orientation-performance relationship: A meta-analysis[J]. *Journal of Marketing Theory and Practice*, 2014, 22(3).

[6]Day, G. S. The capabilities of market-driven organizations[J]. *Journal of Marketing*, 1994, 58 (4).

[7]Guo, C. Market orientation and business performance: A framework for service organizations [J]. *European Journal of Marketing*, 2002, 36(9/10).

[8]Han, J. K., Kim, N., Srivastava, R. K. Market orientation and organizational performance: Is innovation a missing link? [J]. *Journal of Marketing*, 1998, 4.

[9]Hooley, G., Fahy, J., Cox, T., Beracs, J., Fonfara, K., Snoj, B. Marketing capabilities and firm performance: A hierarchical model[J]. *Journal of Market-Focused Management*, 1999, 4 (3).

[10]Hunt, S. D., Morgan, R. M. The comparative advantage theory of competition[J]. *Journal of Marketing*, 1995, 59 (2).

[11]Hurley, R. F., Hult, G. T. M. Innovation, market orientation, and organizational learning:

An integration and empirical examination[J]. *Journal of Marketing*, 1998, 62 (3).

[12] Jaworski, B. J., Kohli, A. K. Market orientation: Antecedents and consequences[J]. *Journal of Marketing*, 1993, 57(3).

[13] Kohli, A. K., Jaworski, B. J., Kumar, A. Markor: A measure of market orientation[J]. *Journal of Marketing Research*, 1993, 30(4).

[14] Kohli, A. K., Jaworski, B. J. Market orientation: The construct, research propositions, and managerial implications[J]. *Journal of Marketing*, 1990, 54(2).

[15] Mahmoud, M. A., Blankson, C., Owusu-Frimpong, N., Nwankwo, S., Trang, T. P. Market orientation, learning orientation and business performance: The mediating role of innovation[J]. *International Journal of Bank Marketing*, 2016, 34(5).

[16] Matsuno, K., Mentzer, J. T. The effects of strategy type on the market orientation-performance relationship[J]. *Journal of Marketing*, 2000, 64 (4).

[17] Maydeu-Olivares, A., Lado, N. Market orientation and business economic performance: A mediated model[J]. *International Journal of Service Industry Management*, 2003, 14(3).

[18] Narver, J. C., Slater, S. F. The effect of A market orientation on business profitability[J]. *Journal of Marketing*, 1990, 54 (4).

[19] Slater, S. F., Narver, J. C. Competitive strategy in the market focused business[J]. *Journal of Market-Focused Management*, 1996, 1(2).

[20] Slater, S. F., Narver, J. C. Does competitive environment moderate the market orientation-performance relationship? [J]. *Journal of Marketing*, 1994, 58(1).

[21] Slater, S. F., Narver, J. C. Market orientation and the learning organization[J]. *Journal of Marketing*, 1995, 59 (3).

[22] Srivastava, R. K., Shervani, T. A., Fahey, L. Market-based assets and shareholder value: A framework for analysis[J]. *Journal of Marketing*, 1998, 62(1).

[23] Webster, F. E. The changing role of marketing in the corporation[J]. *Journal of Marketing*, 1992, 56 (4).

How does Market Orientation Impact on Corporate Performance: The Mediated Effect of Marketing Capability

Gao Fang[1]   Liu Quanhong[2]

(1, 2 Business School of Jianghan University, Wuhan, 430056)

Abstract: Market orientation has become one of the most important research hotspot since it be regarded as one of the implementation tools of marketing concept. This paper studies the mediated effect of marketing capability on the relationship between market orientation and corporate performance. Conclusions show that marketing capability partly mediates the relationship between market orientation and corporate performance. This paper argues that since the market environment are more and more dynamic and complicated, companies must establish their market orientation concepts and translate them into marketing capability, to gain better corporate performance and win competitive advantages.

Key words: Market orientation; Marketing capability; Corporate performance

专业主编：曾伏娥

基于产品低碳水平的供应链推拉模式比较[*]

● 杨 磊[1] 纪静娜[2] 郑晨诗[3]

（1，2，3 华南理工大学经济与贸易学院 广州 510006）

【摘 要】本文在低碳经济环境下，基于产品的低碳水平构建推拉式二级供应链模型，分别对普通供应链与低碳供应链的推拉模式进行分析，并探讨产品低碳水平对推拉式供应链绩效的影响。研究表明，低碳供应链的绩效是否优于普通供应链的绩效取决于产品低碳水平、消费者的价格敏感度和环保意识。当产品低碳水平低于一定值时，无论供应链由谁主导，供应链成员均能在低碳供应链中获得较高收益。与传统供应链中拉式供应链始终优于推式供应链不同，在产品低碳水平影响下，推式低碳供应链绩效也可能优于拉式低碳供应链，并且供应链成员的利润由所处供应链的低碳水平决定，而不由参与者的供应链地位决定。最后，通过数值分析，探讨产品低碳水平与消费者低碳扩张度对推拉式供应链的影响。

【关键词】低碳水平 供应链管理 推式 拉式

中图分类号：F224；F252 文献标识码：A

1. 引言

近年来，随着人们对环境问题认识的不断加深，市面上低碳产品不断增多，消费者的购买行为也逐渐发生改变。越来越多的消费者在购物时对低碳产品给予了更多考量，因为这种行为选择不仅有利于自身健康，还有助于为子孙后代保持良好的生态环境。在低碳消费的引导下，商家推出越来越多的低碳产品，并实施"低碳产品认证"；欧盟各国对产品进行"碳标签"管理，保证产品低碳水平；英国的超市连锁乐购(Tesco)对部分产品贴上碳削减标志，以减少产品碳排放；美国将于 2020 年对进口产品征收"碳关税"，支持低碳产品生产。中国也在碳减排方面体现出了一个负责任大国的积极态度[1][2]。2013 年以来，我

---

* 基金项目：国家自然科学基金面上项目"低碳环境下时鲜产品供应链优化研究"(71572058)；国家自然科学基金青年项目"基于风险偏好的农产品供应链协调与优化研究"(71101054)。

通讯作者：杨磊，E-mail：yang@ scut. edu. cn。

① 黄守军，任玉珑，孙睿，俞集辉. 双寡头电力市场垂直合作减排的随机微分对策模型[J]. 中国管理科学，2014，22(2)：101-111.

② Zhang, Y. J. , Wang A. D. , Tan W. . The impact of China's carbon allowance allocation rules on the product prices and emission reduction behaviors of ETS-covered enterprises [J]. Energy Policy, 2015(86)：176-185.

国先后在深圳、上海、北京等七省市实施碳排放交易试点。在2015年9月25日发表的中美双方关于气候变化的联合声明中，中国明确表示计划于2017年启动全国碳排放交易体系，将覆盖钢铁、电力、化工、建材、造纸和有色金属等重点工业行业。由此可见，产品低碳化、绿色化趋势不可阻挡①②。

低碳产品是生产过程及其本身节能、低污染一类产品的总称，在其生命周期中，符合环境保护要求，资源利用率高、能源消耗低，其所在的供应链也称为低碳或绿色供应链。由于产品设计及生产过程等环节的不同，同类产品具有不同的碳排放量，而消费者也具有不同的产品偏好。碳等级是产品全生命周期过程碳排放量信息的认证划分，是衡量产品低碳水平的标准。消费者对低碳产品的偏好决定了市场需求，因此制造商通过产品的低碳水平来影响消费者的决策，进而影响供应链绩效。在低碳经济的趋势下，制造商面临产品生产策略的问题，而零售商也面临产品销售策略的疑惑。随着市场经济结构的改变，传统制造商为主导的格局发生变化，部分大型零售商与消费者直接接触，具有信息优势，逐渐占据供应链主导地位。若制造商在决策过程中居于主导地位，则为推式供应链，反之为拉式供应链。对于推拉式供应链模式下的制造商与零售商，产品低碳水平对其运作决策与利润的影响可能并不相同。因此，产品低碳水平对推拉式供应链运作决策的影响具有一定的研究价值。

本文在供应链低碳化背景下，考虑消费者不同的产品偏好，研究产品低碳水平对推拉式供应链绩效的影响。目前国内外已有不少学者研究消费者低碳产品偏好及其环境溢价问题。研究表明，部分消费者对低碳产品有明显的偏好，并愿意为此付出更多费用③④。Vanclay等研究消费者环境保护的购买行为，研究表明消费者优先选择含有低碳标签的产品，当含有低碳标签的产品与不含低碳标签的产品价格相同时，低碳选择倾向更加明显。由此可见，市场上存在部分环境保护型消费者，愿意为低碳产品支付环境溢价，并且大部分消费者对价格敏感。另外有部分学者研究消费者低碳偏好行为对供应链决策的影响，如赵道致等研究了消费者低碳偏好程度未知情况下的低碳产品定价问题，提出了在信息不对称现象下的最优减排量和定价组合策略。王芹鹏等研究消费者存在低碳偏好下的供应链协调问题，并设计收益共享契约实现了零供双方的帕累托改进。Wang等讨论消费者低碳偏好对不同类型供应链的影响，结果表明，当零售商处于主导地位时，只有消费者的低碳偏好足够高时，批发价格契约才能使供应链获得更高效益。目前，鲜有文献研究基于产品碳等级的消费者低碳偏好行为对供应链决策的影响。

① 覃艳华，曹细玉，袁传怀. 不同碳排放政策下考虑碳减排投入的供应链协调[J]. 工业工程，2015，18(4)：99-106.

② Du, S. F., Hu, L., Song, M. Production optimization considering environmental performance and preference in the cap-and-trade system [J]. *Journal of Cleaner Production*, 2016, 112(20)：1600-1607.

③ Carrillo, J. E., Vakharia, A. J., Wang R. Environmental implications for online retailing [J]. *European Journal of Operational Research*, 2014, 239(13)：744-755.

④ Adaman, F., Karali, N., Kumbaroglu, G., et al. What determines urban households willingness to pay for CO_2 emission reductions in Turkey：A contingent valuation survey [J]. *Energy Policy*, 2011, 39(2)：689-698.

目前关于供应链低碳水平的研究已有不少成果。Swami 等基于产品低碳水平研究二级供应链中制造商与零售商的低碳努力程度、合作程度对供应链绩效的影响与供应链协调问题。Dües 等研究精益实践对供应链产品低碳水平的增益作用。曹柬等基于不同时期的低碳产品市场，采用博弈论和最优化理论探讨低碳产品创新过程制造企业间的博弈行为。杨磊等考虑了生鲜产品的三级供应链系统，基于低碳背景分别在到岸价模式和离岸价模式下研究了供应链成员的最优运作策略，得出了两种不同模式下供应链博弈均衡解，并讨论了低碳策略对供应链成员最优决策的影响。Yang 等讨论不同碳政策下的供应链协调策略，并指出不同碳政策和企业的碳排放水平对供应链绩效的影响。吴英姿等研究不同行业的绿色生产率及其对行业的影响。Liu 等基于产品低碳水平，研究消费者环境保护意识以及供应链成员竞争对供应链的影响。研究表明，消费者环境保护意识与对生态保护制造商及零售商利益正相关；产品竞争水平与非生态保护制造商及零售商收益水平负相关。Cheng 等在考虑产品低碳水平的三级供应链中，探讨四种供应链模型下各参与者的供应链决策，并通过收益共享契约与 N 人合作对策的 Shapley 值法进行供应链协调，但其文章中并没有研究产品低碳水平对供应链决策以及供应链协调的影响。

　　在推拉式供应链的研究方面，不少学者认为拉式契约优于推式契约。Cachon 等基于库存模型，指出拉式供应链的绩效始终优于推式供应链的绩效。Wang 等分别基于推式与拉式策略，对比了委托授权与直接控制两种外包模式。研究表明，推拉式契约下，供应链成员具有不同的外包模式偏好；然而，基于给定的外包模式，原始外包客户更偏好拉式供应链契约。随着推拉式契约在供应链应用方面研究的增多，推式契约与拉式契约在供应链应用中的优劣性更加多样化。Dong 等基于推式契约与提前购买折扣情形，研究零售商与制造商的库存决策行为。其研究表明，相比于拉式契约，供应链在推式契约下能获得更高的效率。Li 等基于大量供应商线上拍卖机制提出了优化的价格阶梯拉式契约，并对比推式契约与拉式契约的线上拍卖结果。研究表明，当产品需求水平高且竞拍的供应商较多时，买方偏好推式契约；当产品成本较高且供应商较少时，买方偏好拉式契约。李新军等研究了由战略供应商、后备供应商以及制造商构成的二级供应链中推式订货的 N 模式和推拉结合的 Y 模式。结果表明：当战略供应商的采购成本、备份供应商的期权执行成本和缺货成本较大且残值以及可靠性系数较小时，推拉结合模式相对于完全推式的效果更加明显。马祖军等将非合作代价（PoA）概念引入逆向供应链。考虑废旧产品供应的不确定性，分别分析了推式和拉式两种结构下两级和多级逆向供应链在分散决策时效率损失的上界。研究表明，推式与拉式两种结构下具有一致的 PoA，即分散决策下的效率损失与谁来承担风险无关。Gou 等考虑由拥有外部市场的单一零售商和单一供应商构成的两级供应链，研究了推式和拉式契约下的帕累托解集以及供应链绩效。结论表明：当且仅当供应商有足够大的产能时，推式批发价契约能协调供应链；当市场壁垒很低时，推式契约更有可能协调供应链。在目前的产品低碳化进程中，研究在低碳水平考量下，推拉式契约对供应链运作影响的适用性具有一定的意义。

　　消费者环境保护意识的提高拉动了市场对低碳产品的需求。消费者低碳水平偏好不同，导致市场低碳产品供应的不确定性。此外，提高产品低碳水平，需要技术资金的投入，从而提高成本，导致销售价格的提高，而消费者同时是价格敏感的，产品价格的提高降低消费者对低碳产品的需求。在这种环境下，供应链参与者为最大化自身收益，需要对产品低碳水平做出决策。基于以上背景，本文通过研究产品低碳水平对推拉式供应链运作的影响，探讨推拉式供应链推行低碳产品的条件，并提供不同模式下供应链产品的最优低碳水平，为供应链企业的运营模式决策提供依据。

2. 问题描述与假设

考虑由制造商和零售商构成的二级供应链系统，基于不同类型消费者以及不同产品低碳水平条件，分别研究推式与拉式这两种供应链模式，其中，拉式供应链是指在供应链中，零售商在决策过程中居于主导地位；而推式供应链是指制造商作为供应链主导者的情况。在以零售商为主导的拉式供应链 Stackelberg 博弈模型中，博弈过程的决策顺序如下：(1)零售商作为优势的一方，根据制造商期望利润的反应函数确定产品的零售价格，并最大化自身利润；(2)制造商作为弱势的一方，将根据零售商的期望利润、订货数量设置产品的批发价格，并获得自身期望利润。在以制造商为主导的推式供应链 Stackelberg 博弈中，博弈过程的决策顺序如下：(1)制造商作为优势的一方，根据零售商的期望利润以及订货数量的反应函数确定产品的批发价格，并最大化自身利润；(2)零售商作为弱势的一方，将根据制造商确定的批发价格，最终确定产品的订货数量，并获得期望利润。

低碳环境下，同一类型的产品制造工艺与制造过程不同，可能导致产品的低碳水平不同。产品的低碳水平标准包括产品低碳设计、低碳采购、低碳制造、低碳过程控制、低碳营销以及低碳回收等。不同供应链生产同类产品的碳排放量不同，因而产品的低碳水平具有差异。本文参考 Ghosh 的模型，考虑制造商差异化的生产环节导致产品具有不同低碳水平的情况，采用碳等级来衡量产品的环保程度，同类产品生产过程碳排放量越低，则低碳水平越高，相对应的碳等级也越高。本文中，我们假设制造商生产低碳水平为 g ($g \geq 0$) 的产品，为了方便接下来的讨论，我们将产品的低碳水平 $g = 0$ 的情况定义为普通供应链，将 $g > 0$ 的情况定义为低碳供应链。基于拉式与推式两种不同的供应链模式，文中分别讨论制造商生产普通产品与低碳产品的情况，对普通产品供应链与低碳产品供应链的绩效进行对比以及分析产品低碳水平与消费者的环保意识对供应链的影响，并对比低碳水平因素影响下推拉式供应链的优劣性，为供应链的运作决策提供依据。

2.1 符号说明

部分符号说明如下，其中下标 i ($i = 1$，2，3，4) 分别表示普通产品的拉式供应链、普通产品的推式供应链、低碳产品的拉式供应链以及低碳产品的推式供应链，下标 j ($j = f$, b)分别表示非环境保护型及环境保护型消费者。

w_i ——产品批发价格；

m_i ——零售商的边际利润；

p_i ——产品零售价格，$p_i = w_i + m_i > 0$ ；

c ——普通产品的生产成本；

g_i ——产品的低碳水平，$g = 0$ 表示产品为普通产品，$g > 0$ 表示产品为低碳产品；

k ——产品低碳水平价格系数，$k > 0$；

c_g ——产品低碳水平提高增加的边际成本，$c_g = kg^2/2$；

a_j ——非环境保护型/环境保护型消费者的最大需求；

b_j ——非环境保护型/环境保护型消费者的价格敏感系数，$b_j > 0$；

α ——低碳水平提高引发的需求扩张系数，与消费者环保意识正相关，$\alpha \geqslant 0$；

π_{mi} ——制造商的利润；

π_{ri} ——零售商的利润；

π_{sci} ——供应链的利润。

2.2 模型假设

（1）单一周期内制造商只生产一种低碳产品；

（2）制造商有足够的生产能力以满足市场需求；

（3）低碳经济推行初期，提升产品低碳水平需要一定的技术改革与资金投入，考虑产品低碳水平提升导致产品成本价格上涨的情形，假设每提高一个单位的低碳水平，产品成本相应增加 $kg^2/2$，由于价格受成本上涨影响，低碳水平对产品需求产生负的影响；

（4）供应链中产品低碳水平与市场价格等信息是对称的。

3. 模型建立

越来越多的消费者对低碳产品有明显偏好。对环境有益的产品能受到环境友好型消费者的青睐。消费者以购买低碳产品为时尚，促使企业生产更多低碳产品，作为获取经济利益的途径。通常情况下，市场同时存在低碳产品与普通产品，低碳产品的价格高于普通的同类产品。一般而言，市场需求具有价格敏感性，产品价格越高，市场需求越低。在低碳环境下，消费者的低碳认知越高，购买低碳产品的意愿越强烈，同时消费者也对产品价格因子敏感。然而，现实生活中，并不是所有消费者都倾向于购买低碳产品。基于消费者对低碳产品的偏好度不同，本文将市场上的消费者分为环境保护型消费者与非环境保护型消费者。非环境保护型消费者是纯粹的价格敏感型消费者，产品需求因价格升高而降低；环境保护型消费者由于自身环境认知水平、收入及市场制约，同时具有低碳敏感性与价格敏感性，对低碳产品的需求随着产品低碳水平的增加而增加，随着产品价格的升高而降低。

基于以上分析，考虑一个周期内的需求量是关于价格与低碳水平的变动需求，对于非环境保护型消费者，需求仅与产品价格相关，并随着价格上涨而递减，为 $a_f - b_f p_i$；对于环境保护型消费者，市场需求同时受到价格与低碳水平双因素的影响，随着价格上涨而递减，且随低碳水平上升而递增，即 $a_b - b_b p_i + \alpha g_i$。因此，市场总需求由两部分组成，非环境保护型消费者的需求与环境保护型消费者的需求，可表示为 $q_i = (a_f - b_f p_i) + (a_b - b_b p_i + \alpha g_i)$，为简化公式，令 $a = a_f + a_b$，$b = b_f + b_b$，则总需求公式化简为 $q_i = a - b p_i + \alpha g_i$（$i = 1, 2, 3, 4$）。制造商和零售商的利润函数分别为：

$$\pi_{m_i} = (w_i - c - c_g)(a - b p_i + \alpha g_i), \quad i = 1, 2, 3, 4. \tag{1}$$

$$\pi_{r_i} = (p_i - w_i)(a - b p_i + \alpha g_i), \quad i = 1, 2, 3, 4. \tag{2}$$

表1总结了拉式及推式供应链下制造商与零售商的最优决策，表2总结了最优决策下企业及供应链的利润。其中，$g_1 = g_2 = 0$，$g_3 > 0$，$g_4 > 0$。

表1 低碳供应链下企业的最优决策

最优决策	m_i	p_i	q_i
拉式供应链（$i = 1,3$）	$\dfrac{2a - 2bc + 2\alpha g_3 - bkg_3^2}{4b}$	$\dfrac{6a + 2bc + 6\alpha g_3 + bkg_3^2}{8b}$	$\dfrac{2a - 2bc + 2\alpha g_3 - bkg_3^2}{8}$
推式供应链（$i = 2,4$）	$\dfrac{2a - 2bc + 2\alpha g_4 - bkg_4^2}{8b}$	$\dfrac{6a + 2bc + 6\alpha g_4 + bkg_4^2}{8b}$	$\dfrac{2a - 2bc + 2\alpha g_4 - bkg_4^2}{8}$

表2 低碳推拉式供应链下企业及供应链的最优利润

最优利润	π_{ri}	π_{mi}	π_{sci}
拉式供应链（$i = 1,3$）	$\dfrac{(2a - 2bc + 2\alpha g_3 - bkg_3^2)^2}{32b}$	$\dfrac{(2a - 2bc + 2\alpha g_3 - bkg_3^2)^2}{64b}$	$\dfrac{3(2a - 2bc + 2\alpha g_3 - bkg_3^2)^2}{64b}$
推式供应链（$i = 2,4$）	$\dfrac{(2a - 2bc + 2\alpha g_4 - bkg_4^2)^2}{64b}$	$\dfrac{(2a - 2bc + 2\alpha g_4 - bkg_4^2)^2}{32b}$	$\dfrac{3(2a - 2bc + 2\alpha g_4 - bkg_4^2)^2}{64b}$

4. 模型比较分析

基于表1和表2的结果，我们对比分析了四种不同模型的最优决策及利润，并得出以下命题。

命题1 普通推拉式供应链中，$p_1 = p_2$，$q_1 = q_2$，$\pi_{sc_1} = \pi_{sc_2}$，$\pi_{r_1} = 2\pi_{r_2}$，$\pi_{m_2} = 2\pi_{m_1}$，$\pi_{r_1} = 2\pi_{m_1}$，$2\pi_{r_2} = \pi_{m_2}$。

命题1说明，在需求确定的情况下，普通拉式供应链的最优零售价格、订货数量以及供应链总利润与普通推式供应链相同。这与 Cachon 指出的在需求随机的情况下，拉式供应链可以取得更高的绩效不同。然而，供应链推拉式运作模式的不同会影响供应链成员的利润分配，参与者的供应链地位决定其获得的利润。拉式供应链中，作为主导者的零售商获得 2/3 的供应链总利润；推式供应链中，作为主导者的制造商获得 2/3 的供应链总利润。对于供应链参与者来说，处于供应链主导地位时获得的利润是处于跟随者地位时的两倍，供应链参与者通过产品批发价格与边际利润的博弈，获得供应链优势。企业若能加强自身综合实力，成为供应链主导者，必然获得利润优势。

命题2 当 $g_3 > 2\alpha/bk$ 时，$\pi_{sc_1} > \pi_{sc_3}$，$\pi_{sc_2} > \pi_{sc_4}$；当 $g_3 = 2\alpha/bk$ 时，$\pi_{sc_1} = \pi_{sc_3}$，$\pi_{sc_2} = \pi_{sc_4}$；当 $g_3 < 2\alpha/bk$ 时，$\pi_{sc_1} < \pi_{sc_3}$，$\pi_{sc_2} < \pi_{sc_4}$。

证明：拉式供应链中，与普通供应链相比，低碳供应链因产品低碳水平提高，每单位产品增加的成本为 $kg_3^2/2$。从表1中企业的最优决策可知：$w_3 = w_1 + 3kg_3^2/8 + \alpha g_3/4b$，$p_3 =$

$p_1 + 3\alpha g_3/4b + kg_3^2/8$, $q_3 = q_1 + \alpha g_3/4 - bkg_3^2/8$, $m_3 = m_1 + \alpha g_3/2b - kg_3^2/4$。当低碳扩张系数与价格敏感系数不变时，普通供应链与低碳供应链的绩效优劣随产品低碳水平变化而变化，对比二者的供应链绩效可知：若 $g_3 = 2\alpha/bk$，则 $m_3 = m_1$，$q_3 = q_1$，$w_3 = w_1 + kg_3^2/2$，$p_3 = p_1 + kg_3^2/2$，$\pi_{m_3} = \pi_{m_1}$，$\pi_{r_3} = \pi_{r_1}$，$\pi_{sc_3} = \pi_{sc_1}$；若 $g_3 > 2\alpha/bk$，则 $m_3 < m_1$，$q_3 < q_1$，$w_1 < w_3 < w_1 + kg_3^2/2$，$p_1 < p_3 < p_1 + kg_3^2/2$，$\pi_{m_3} < \pi_{m_1}$，$\pi_{r_3} < \pi_{r_1}$，$\pi_{sc_3} < \pi_{sc_1}$；若 $g_3 < 2\alpha/bk$，则 $m_3 > m_1$，$q_3 > q_1$，$w_3 > w_1 + kg_3^2/2$，$p_3 > p_1 + kg_3^2/2$，$\pi_{m_3} > \pi_{m_1}$，$\pi_{r_3} > \pi_{r_1}$，$\pi_{sc_3} > \pi_{sc_1}$。

同理，可得推式供应链的情况。命题 2 得证。

由命题 2 可知，当产品低碳水平 $g_3 < 2\alpha/bk$ 时，低碳供应链的绩效总是优于普通供应链的绩效，这与供应链参与者的市场地位无关。此时与普通供应链相比，低碳供应链中制造商与零售商利润均提高，且零售商提高的利润是制造商提高利润的两倍；产品零售价格提高，且涨幅大于成本涨幅，意味着消费者将为低碳产品支付不必要的绿色溢价。当产品低碳水平 $g_3 = 2\alpha/bk$ 时，低碳供应链利润与普通供应链利润相等。与普通供应链相比，低碳供应链各成员利润均没有改变，而批发价格与零售价格均增加 $kg_3^2/2$，此时制造商将产品低碳水平提高而增加的生产成本完全转嫁给消费者。当产品低碳水平 $g_3 > 2\alpha/bk$ 时，低碳供应链的绩效低于普通供应链的绩效。与普通供应链相比，低碳供应链成员利润均降低，且零售商下降的利润是制造商下降利润的两倍。此时产品零售价格依然提高，但升价幅度小于 $kg_3^2/2$，即制造商、零售商以及消费者分别承担部分环境保护费用。供应链成员作为理性人，会以最大化自身利润为目标来确定供应链运作决策。当 $g_3 \leqslant 2\alpha/bk$ 时，制造商与零售商将会选择低碳供应链，以获得更多利润。

命题 3 低碳推拉式供应链中，当消费者价格敏感度与低碳水平扩张度不变时，产品的最优低碳水平为 $g_3^* = g_4^* = \alpha/bk$，制造商生产产品的低碳水平范围均为 $[0, 2\alpha/bk]$。

证明：供应链产品的最优低碳水平，即产品在某低碳水平下，供应链利润最大。在保证供应链利润不减少的情形下，产品低碳水平提高，产品的成本提高 $kg_3^2/2$，零售价格至少提高 $kg_3^2/2$。由低碳供应链绩效可知：$\pi_{r_3} = 2\pi_{m_3}$。零售商与制造商是利益共同体，若零售商最大化自身利润，供应链同时获得最大化利润。低碳供应链中，零售商利润函数为：$\pi_{r_3} = m_3(2a - 2bm_3 - 2bc + 2\alpha g_3 - bkg_3^2)/4$。将上式对 g 求导，可得：$\partial \pi_{r_3}/\partial g_3 = (\alpha m_3 - bm_3kg_3)/2$。令导数 $\partial \pi_{r_3}/\partial g_3 = 0$，可知供应链最优低碳水平为：$g_3^* = \alpha/bk$。此时，供应链以及供应链各成员均获得最大化利润。供应链最优决策为：$q_3^* = (b - bc)/4 + \alpha^2/8bk$，$p_3^* = 3a/4b + c/4 + 7\alpha^2/8kb^2$，$\pi_{r_3}^* = (2abk - 2ckb^2 + \alpha^2)^2/32k^2b^3$，$\pi_{m_3}^* = (2abk - 2ckb^2 + \alpha^2)^2/64k^2b^3$，$\pi_{sc_3}^* = 3(2abk - 2ckb^2 + \alpha^2)^2/64k^2b^3$。由于零售商的利润函数是关于产品低碳水平的凹函数，由函数对称性可知：制造商生产产品的低碳水平范围为 $[0, 2\alpha/bk]$。

同理，可得推式供应链的情况。命题 3 得证。

低碳拉式供应链中，当 $g_3 > \alpha/bk$ 时，利润函数随着低碳水平的提升而减小；当 $g_3 = 2\alpha/bk$ 时，低碳供应链的利润等于普通供应链的利润；若 $g_3 > 2\alpha/bk$，低碳供应链利润将低于普通供应链。制造商作为理性人，必然不会选择利润更低的供应链。因此制造商生产产品的低碳水平范围为：$[0, 2\alpha/bk]$。如果能够确定市场对低碳产品的偏好度与价格敏感度，制造商为最大化自身利润必然选择最优的低碳水平来生产产品。低碳推式供应链与拉式供应链相似，市场上产品存在的最高低碳水平为 $2\alpha/bk$。

命题 4 当 $g_3 = g_4$ 时，$p_3 = p_4$，$q_3 = q_4$，$\pi_{sc_3} = \pi_{sc_4}$，$\pi_{r_3} = 2/3\pi_{sc_3}$，$\pi_{m_3} = 1/3\pi_{sc_3}$，$\pi_{m_4} = 2/3\pi_{sc_4}$，$\pi_{r_4} = 1/3\pi_{sc_4}$。

根据命题 2，受产品低碳水平影响，低碳推拉式供应链绩效与普通推拉式供应链绩效不同。然而，由于低碳推拉式供应链中产品低碳水平相同，低碳拉式供应链总绩效与低碳推式供应链总绩效相同，即低碳推拉式供应链的产品零售价格、订货数量与供应链总利润均相同，并且均随价格敏感系数的增加而降低，随低碳扩张度的增加而增加。供应链参与者的利润分配由参与者的供应链地位决定，供应链成员通过批发价格的博弈(制造商为主导者时提高批发价格，零售商为主导者时压低批发价格)，从而确定供应链利润分配。

命题 5 (1)当 $g_3 > g_4$ 且 $g_3 + g_4 < 2\alpha/bk$，或者 $g_3 < g_4$ 且 $2\alpha/bk < g_3 + g_4 < 4\alpha/bk$ 时，有以下结论：

① $q_3 > q_4$，$m_3 > m_4$，$\pi_{r_3} > \pi_{r_4}$，$\pi_{sc_3} > \pi_{sc_4}$；

② $\begin{cases} \pi_{m_3} > \pi_{m_4} & g_3(2\alpha - bkg_3) > 2(\sqrt{2} - 1)(a - bc) + \sqrt{2}g_4(2\alpha - bkg_4) \\ \pi_{m_3} < \pi_{m_4} & g_3(2\alpha - bkg_3) < 2(\sqrt{2} - 1)(a - bc) + \sqrt{2}g_4(2\alpha - bkg_4) \end{cases}$.

(2)当 $g_3 < g_4$ 且 $g_3 + g_4 < 2\alpha/bk$，或者 $g_3 > g_4$ 且 $2\alpha/bk < g_3 + g_4 < 4\alpha/bk$ 时，有：

① $q_3 < q_4$，$m_3 < m_4$，$\pi_{m_3} < \pi_{m_4}$，$\pi_{sc_3} < \pi_{sc_4}$；

② $\begin{cases} \pi_{r_3} > \pi_{r_4} & \sqrt{2}g_3(bkg_3 - 2\alpha) < 2(\sqrt{2} - 1)(a - bc) + g_4(bkg_4 - 2\alpha) \\ \pi_{r_3} < \pi_{r_4} & \sqrt{2}g_3(bkg_3 - 2\alpha) > 2(\sqrt{2} - 1)(a - bc) + g_4(bkg_4 - 2\alpha) \end{cases}$.

证明：对比绿色拉式供应链与绿色推式供应链的绩效可知：

$\pi_{sc_3} = 3(2a - 2bc + 2\alpha g_3 - bkg_3^2)^2/64b$，$\pi_{sc_4} = 3(2a - 2bc + 2\alpha g_4 - bkg_4^2)^2/64b$.

(1) 当 $g_3 > g_4$，且 $g_3 + g_4 < 2\alpha/bk$ 时，$\pi_{sc_3} > \pi_{sc_4}$。此时：$q_3 > q_4$，$m_3 > m_4$，$p_3 > p_4$，$\pi_{r_3} > \pi_{r_4}$。

①若 $g_3(2\alpha - bkg_3) > 2(\sqrt{2} - 1)(a - bc) + \sqrt{2}g_4(2\alpha - bkg_4)$，则 $\pi_{m_3} > \pi_{m_4}$；

②若 $g_3(2\alpha - bkg_3) < 2(\sqrt{2} - 1)(a - bc) + \sqrt{2}g_4(2\alpha - bkg_4)$，$\pi_{m_3} < \pi_{m_4}$.

(2) 当 $g_3 < g_4$，且 $2\alpha/bk < g_3 + g_4 < 4\alpha/bk$ 时，$\pi_{sc_3} > \pi_{sc_4}$。此时：$q_3 > q_4$，$m_3 > m_4$，$p_3 < p_4$，$\pi_{r_3} > \pi_{r_4}$。

①若 $g_3(2\alpha - bkg_3) > 2(\sqrt{2} - 1)(a - bc) + \sqrt{2}g_4(2\alpha - bkg_4)$，则 $\pi_{m_3} > \pi_{m_4}$；

②若 $g_3(2\alpha - bkg_3) < 2(\sqrt{2} - 1)(a - bc) + \sqrt{2}g_4(2\alpha - bkg_4)$，则 $\pi_{m_3} < \pi_{m_4}$.

(3) 当 $g_3 < g_4$，且 $g_3 + g_4 < 2\alpha/bk$ 时，$\pi_{sc_3} < \pi_{sc_4}$。此时：$q_3 < q_4$，$m_3 < m_4$，$p_3 < p_4$，$\pi_{m_3} < \pi_{m_4}$。

①若 $\sqrt{2}g_3(bkg_3 - 2\alpha) < 2(\sqrt{2} - 1)(a - bc) + g_4(bkg_4 - 2\alpha)$，则 $\pi_{r_3} > \pi_{r_4}$；

②若 $\sqrt{2}g_3(bkg_3 - 2\alpha) > 2(\sqrt{2} - 1)(a - bc) + g_4(bkg_4 - 2\alpha)$，则 $\pi_{r_3} < \pi_{r_4}$。

（4）当 $g_3 > g_4$ 且 $2\alpha/bk < g_3 + g_4 < 4\alpha/bk$ 时，$\pi_{sc_3} < \pi_{sc_4}$。此时：$q_3 < q_4$，$m_3 < m_4$，$p_3 > p_4$，$\pi_{m_3} < \pi_{m_4}$。

①若 $\sqrt{2}g_3(bkg_3 - 2\alpha) < 2(\sqrt{2} - 1)(a - bc) + g_4(bkg_4 - 2\alpha)$，则 $\pi_{r_3} > \pi_{r_4}$；

②若 $\sqrt{2}g_3(bkg_3 - 2\alpha) > 2(\sqrt{2} - 1)(a - bc) + g_4(bkg_4 - 2\alpha)$，则 $\pi_{r_3} < \pi_{r_4}$。命题 5 得证。

在低碳供应链下，供应链绩效与产品低碳水平密切相关。当其他条件不变时，推式供应链与拉式供应链的绩效优劣取决于产品低碳水平。这与 Cachon 等指出的拉式供应链的绩效始终优于推式供应链的绩效不同。当 $g_3 > g_4$ 且 $g_3 + g_4 < 2\alpha/bk$，或者 $g_3 < g_4$ 且 $2\alpha/bk < g_3 + g_4 < 4\alpha/bk$ 时，拉式供应链的绩效大于推式供应链的绩效；当 $g_3 < g_4$ 且 $g_3 + g_4 < 2\alpha/bk$，或者 $g_3 > g_4$ 且 $2\alpha/bk < g_3 + g_4 < 4\alpha/bk$ 时，推式供应链的绩效反而大于拉式供应链的绩效。在产品低碳水平影响下，没有绝对优势的供应链模式，供应链总绩效取决于竞争的供应链间产品低碳水平的博弈。

命题 5 还表明，在产品低碳水平的影响下，供应链成员的利润由所处供应链的低碳水平决定，而不由参与者的供应链地位决定。在传统供应链中，供应链成员处于主导者地位时，收获利润较高。然而，在产品低碳水平影响下，若零售商为供应链领导者，则制造商获得的利润反而可能高于其作为供应链主导者时获取的利润，即 $\pi_{m_3} > \pi_{m_4}$；制造商领导供应链时零售商获得的利润也可能高于零售商领导供应链时零售商获得的利润，即 $\pi_{r_3} < \pi_{r_4}$。这说明不论在何种供应链模式下，制造商和零售商均可能通过产品低碳水平博弈来获取更高的利润。对比上述讨论中不同低碳水平情况下的订货量、边际利润和供应链总利润可知：当市场同时存在两种供应链模式时，随着产品低碳水平变化，供应链绩效均在不断变化。产品零售价格随着低碳水平提高而提高，而供应链总利润、订货量与边际利润均随产品低碳水平不同组合变化而变化，且三者同增同减。作为一个理性人，供应链成员均以获得更多利润为目的。无论是零售商还是制造商，均无需考虑是否应该做大成为供应链主导者，而应该根据产品低碳水平偏好评估，选择合适的市场地位，以获得更多的利润。

5. 数值分析

为进一步直观对比不同主导者下 Stackelberg 博弈模型的区别，本节采用数值分析方法来分析产品低碳水平对推拉式供应链绩效的影响。假设不同类型消费者最大需求 $a_f = a_b = 1$，消费者价格敏感系数 $b_f = b_b = 0.5$，普通产品成本 $c = 1$，产品低碳成本价格系数 $k = 1$，低碳扩张系数 $\alpha = 1$，分别讨论产品低碳水平对拉式供应链的影响，如表 3 所示；产品低碳水平对推式供应链的影响，如表 4 所示。其他条件不变情形下，探讨消费者低碳扩张系数对供应链的影响，如表 5 所示，此时产品低碳水平 $g = 1$。

表3　　　　　　　　　　　产品低碳水平对拉式供应链的影响

g_3	w_3	p_3	m_3	q_3	π_{m_3}	π_{r_3}	π_{sc_3}
0.0000	1.250	1.750	0.5000	0.2500	0.0625	0.1250	0.1875
0.5000	1.469	2.156	0.6875	0.3438	0.1182	0.2364	0.3546
1.0000	1.875	2.625	0.7500	0.3750	0.1406	0.2812	0.4218
2.0000	3.250	3.750	0.5000	0.2500	0.0625	0.1250	0.1875

表4　　　　　　　　　　　产品低碳水平对推式供应链的影响

g_4	w_4	p_4	m_4	q_4	π_{m_4}	π_{r_4}	π_{sc_4}
0.000	1.500	1.750	0.2500	0.2500	0.1250	0.0625	0.1875
0.500	1.813	2.156	0.3438	0.3438	0.2364	0.1182	0.3546
1.000	2.250	2.625	0.3750	0.3750	0.2812	0.1406	0.4218
2.000	3.500	3.750	0.2500	0.2500	0.1250	0.0625	0.1875

　　基于上述给定条件，从表3，表4均可以看出，随着产品低碳水平提高，产品的批发价格与零售价格均一直增加，而产品的边际利润、订货数量、供应链成员利润以及供应链总利润均先升高后降低，如图1至图3所示。产品批发价格与零售价格随低碳水平增加而增加，一方面是产品低碳水平升高导致成本的增加；另一方面是因为批发价格与零售价格的增加幅度与 $bkg^2/2$ 以及 αg 的大小相关。当 $bkg^2/2 < \alpha g$ 时，批发价格与零售价格的涨幅将超过成本的涨幅；当 $bkg^2/2 > \alpha g$ 时，批发价格与零售价格的涨幅将低于成本的涨幅。说明对于制造商与零售商来说，并不是越高的批发价格与零售价格越有利。关于订货数量，供应链成员利润以及供应链总利润与产品低碳水平呈凸函数关系，说明产品低碳水平并不是越高越好。在消费者低碳扩张度以及价格敏感度确定的情形下，供应链中存在最优的低碳水平，促使供应链成员最大化自身利润。在既定市场环境下，推拉式供应链产品最优低碳水平 $g^* = 1$。当产品低碳水平 $g > 1$ 时，供应链各方利润开始下降，直至趋近于0。相比于普通产品供应链，过高低碳水平的低碳供应链利润反而更低。

　　对比低碳推拉式供应链，低碳水平对于利润以及订货量的影响是相似的，均表现出先升高后降低的趋势。然而，相同低碳水平下，推拉式供应链中供应链成员的利润分配是不同的，占据供应链主导地位的参与者能够获得更多的供应链利润，如图1和图2所示。供应链主导者不同，将引起供应链成员利润交换的现象，如图3和图4所示。

　　消费者对低碳产品的偏好与消费者本身的环保意识正相关，而低碳扩张系数也与消费者环保意识正相关。从表5中可知，随着消费者环保意识的提高，低碳扩张系数不断增

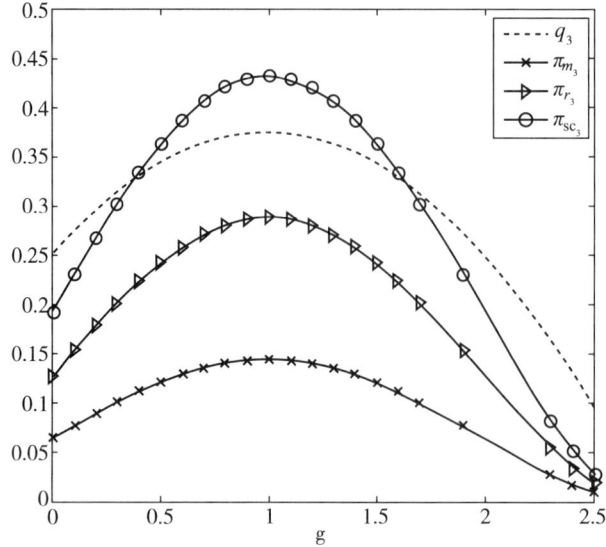

图 1　低碳水平对拉式供应链的影响

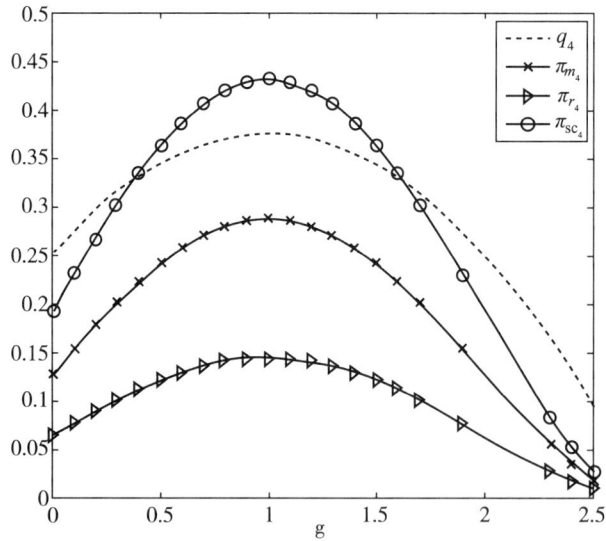

图 2　低碳水平对推式供应链的影响

加，推拉式供应链批发价格、零售价格、产品订货量以及供应链成员利润均随之增加，如图 5 和图 6 所示。对比普通供应链与低碳供应链可知，普通供应链中，$w_1 = 1.25$，$w_3 = 1.5$，$p_1 = p_3 = 1.75$，$q_1 = q_3 = 0.25$，$\pi_{m_1} = \pi_{r_3} = 0.0625$，$\pi_{r_1} = \pi_{m_3} = 0.125$，$\pi_{sc_1} = \pi_{sc_3} = 0.1875$；而低碳供应链中，当低碳扩张系数 $\alpha < 0.5$ 时，低碳供应链的利润低于普通供应链的利润。只有当市场上低碳扩张系数 $\alpha \geqslant 0.5$ 时，消费者对低碳产品的需求决定供应链

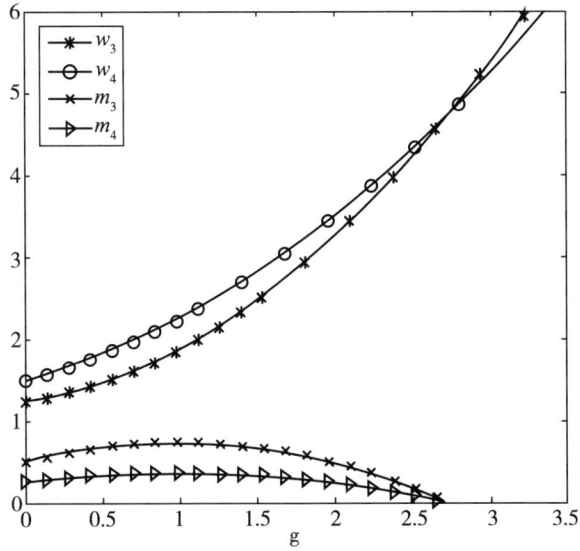

图 3　低碳水平对边际利润与批发价格的影响

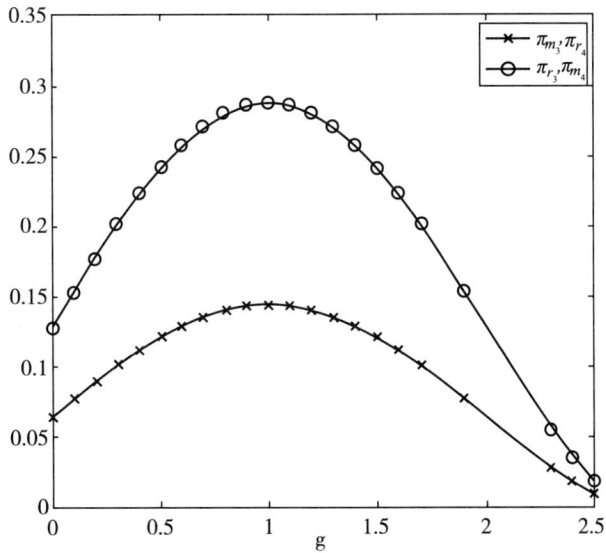

图 4　低碳水平对推拉式供应链成员利润的影响

是否应推行低碳产品。同时，低碳扩张系数 $\alpha > 0.5$ 时，零售价格的增加大于成本的增加。随着低碳扩张系数的增加，消费者将为低碳产品支付更多不必要的绿色溢价，过高的环境保护意识反而损害消费者自身利益。

表 5 消费者低碳扩张系数对推拉式供应链的影响

α	w_3	w_4	p_3，p_4	q_3，q_4	π_{m_3, r_4}	π_{r_3, m_4}	π_{sc_3, sc_4}
0.0000	1.625	1.750	1.875	0.1250	0.0156	0.0313	0.0469
0.2500	1.688	1.875	2.063	0.1875	0.0352	0.0704	0.1056
0.5000	1.750	2.000	2.250	0.2500	0.0625	0.1250	0.1875
1.0000	1.875	2.250	2.625	0.3750	0.1406	0.2812	0.4218
2.0000	2.125	2.750	3.375	0.6250	0.3906	0.7812	1.1718

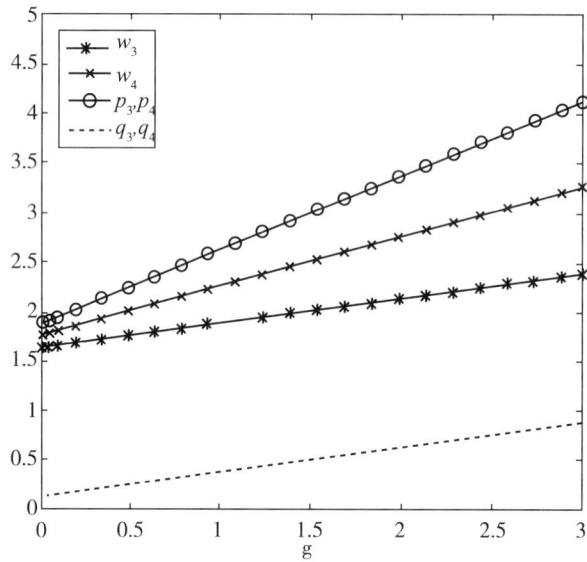

图 5 低碳扩张度对零售价格、批发价格与订货量的影响

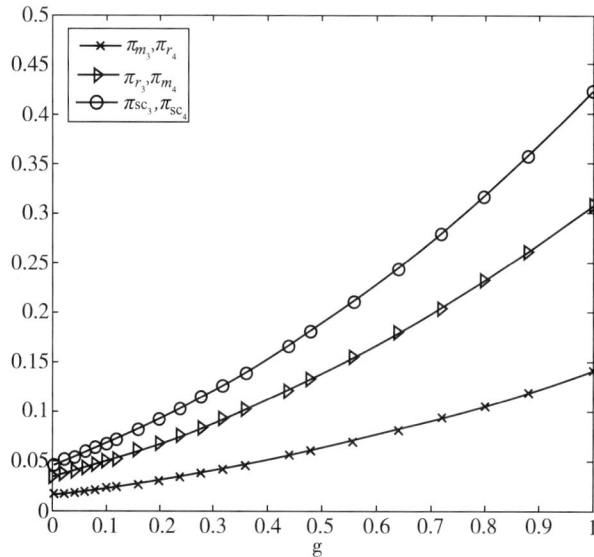

图 6 低碳扩张度对供应链利润的影响

6. 结论

本文基于环境保护型消费者与非环境保护型消费者以及产品低碳水平，分别构建推式与拉式二级供应链模型，引入产品低碳水平以及消费者低碳扩张系数，对比分析普通推拉式供应链与低碳推拉式供应链，探讨了产品低碳水平、低碳扩张系数等因素对供应链绩效的影响。研究表明，低碳供应链与普通供应链的绩效优劣取决于消费者的价格敏感度以及低碳扩张系数。若低碳扩张增加的市场需求大于价格敏感降低的市场需求，低碳供应链更具有优势。同时，推式与拉式的低碳供应链具有相同的最优低碳水平；供应链绩效均随着消费者低碳扩张系数的增加而增加。推拉式供应链中，若产品低碳水平相同，则供应链成员的利润由其供应链地位决定；若产品低碳水平不同，供应链以及供应链成员的利润由产品低碳水平决定。低碳供应链下，处于供应链跟随者地位的成员获得的利润也有可能大于其作为领导者时的情况。推式供应链绩效可能优于拉式供应链，也可能低于拉式供应链。供应链参与者应该根据产品低碳水平偏好评估，选择合适的市场地位，以获得更多的利润。

◎ **参考文献**

[1]曹东，吴晓波，周根贵，等．制造企业绿色产品创新与扩散过程中的博弈分析[J]．系统工程学报，2012，5(27)．

[2]马祖军，叶郁森，代颖．逆向供应链的非合作代价分析[J]．管理科学学报，2016，19(2)．

[3]王芹鹏，赵道致．消费者低碳偏好下的供应链收益共享契约研究[J]．中国管理科学，2014，22(9)．

[4]王新军，王建军，达庆利．供应中断情况下基于备份供应商的应急决策分析[J]．中国管理科学，2016(7)．

[5]吴英姿，闻岳春．绿色生产率及其对工业低碳发展的影响研究[J]．管理科学，2013，1(26)．

[6]杨磊，赵玉姣，纪静娜．生鲜产品供应链最优决策与低碳影响分析[J]．珞珈管理评论，2015(17)

[7]赵道致，原白云，徐春秋．考虑消费者低碳偏好未知的产品线定价策略[J]．系统工程，2014，32(1)．

[8]Vanclay, J. K., Shortiss, J., Aulsebrook S., et al. Customer response to carbon labelling of groceries [J]. *Journal of Consumer Policy*, 2011, 34(1).

[9]Wang, Q. P., Zhao, D. Z., He, L. F. Contracting emission reduction for supply chains considering market low-carbon preference [J]. *Journal of Cleaner Production*, 2016(11).

[10]Swami, S., Shah, J. Channel coordination in green supply chain management [J]. *Journal of the Operational Research Society*, 2013, 64(3).

[11] Dües, C. M. , Tan, K. H. , Lim, M. Green as the new Lean: how to use Lean practices as a catalyst to greening your Supply chain [J]. *Journal of Cleaner Production*, 2013, 40.

[12] Yang, L. , Zheng, C. S. , Xu, M. H. Comparisons of low carbon policies in supply chain coordination [J]. *Journal of Systems Science and Systems Engineering*, 2014, 23(3).

[13] Liu, Z. , Anderson, T. D. , Cruz, J. M. Consumer environmental awareness and competition in two-stage supply chains [J]. *European Journal of Operational Research*, 2012, 218(3).

[14] Cheng, T. Z. , Li, P. L. Research on coordination mechanism in three-level green supply chain under non-cooperative game [J]. *Applied Mathematical Modelling*, 2013, 37(5).

[15] Cachon, G. P. The allocation of inventory risk in a supply chain: Push, pull, and advance-purchase discount contracts [J]. *Management Science*, 2004, 50(2).

[16] Wang, Y. , Niu, B. , Guo, P. The comparison of two vertical outsourcing structures under push and pull contracts [J]. *Production and Operation Management*, 2014, 23(4).

[17] Dong, L. , Zhu, K. Two-wholesale-price contracts: Push, pull, and advance-purchase discount contracts [J]. *Manufacturing & Service Operations Management*, 2007, 9(3).

[18] Li, C. , Scheller-Wolf, A. Push or pull? Auctioning supply contracts [J]. *Production and Operations Management*, 2011, 20(2).

[19] Gou, Q. , Sethi, S. , Yue, J. , et al. Push and pull contracts in a local supply chain with an outside market [J]. *Decision Sciences*, 2016, 47.

[20] Ghosh, D. , Shah, J. A comparative analysis of greening policies across supply chain structures [J]. *International Journal of Production Economics*, 2012, 135(2).

Comparisons Between Push and Pull Supply Chains Based on The Low-carbon Level of Product

Yang Lei [1]   Ji Jingna [2]   Zheng Chenshi [3]

(1, 2, 3 Economics and Commerce School of South China University of Technology, Guangzhou, 510006)

Abstract: Under the background of low-carbon economy, this paper focuses on a two-echelon supply chain based on different product low-carbon level. The traditional and low-carbon supply chain with push and pull mode are considered respectively. The impact of low-carbon level on supply chain performance is also discussed. The results imply that whether the low-carbon supply chain is better than the traditional one depends on products' low-carbon level, consumer's price sensitivity and environmental protection consciousness. If products' low-carbon level is lower than a certain value, the supply chain members can always obtain higher profit in the low-carbon supply chain no matter who dominates the supply chain. In traditional supply chain, pull mode is always better than the push mode. However, with the influence of product low-carbon level, the push low-carbon supply chain may dominate the pull one. Additionally, the profits of supply chain members are independent on their decision-making status, but depend on the products' low-carbon level in the supply chain. Finally, numerical experiments are conducted to analyze the impacts of different carbon level and demand expansion effectiveness coefficient of low-carbon innovation on the performance of push and pull supply chains.

Key words：Low-carbon level；Supply chain management；Push；Pull

专业主编：许明辉

生产者延伸责任制(EPR)运营实践的供应链治理与评估方法研究[*]
——"EPR 成熟度模型"的构建与多案例的实践应用

● 牛水叶[1] 李勇建[2]

(1，2 南开大学商学院 中国特色社会主义经济建设协同创新中心 天津 300071)

【摘　要】基于成熟度理论和现实实践，本文研究了企业 EPR 运营实践的治理理论与方法，提出了针对"制造型企业—EPR 责任体"的"EPR 成熟度模型"(EPRM2)。通过识别 EPR 实践内容，区分 EPR 实践类型，判定出 EPR 责任体实践的不同阶段和水平，展示了 EPR 实践从无序、界定、联合、整合到延展五个阶段不断发展成熟的过程，并设计了"EPR 成熟度模型"的构建过程和评估方法。另外，本文选取了四个知名汽车制造企业为研究案例，展示了"EPR 成熟度模型"的实际应用过程，揭示了不同案例企业 EPR 实践的特点。

【关键词】生产者延伸责任(EPR)　EPR 责任体　多案例研究　供应链治理
中图分类号：F273.2　　文献标识码：A

1. 引言

随着经济发展和技术进步，废旧产品的数量日益增加。在可持续的发展目标和严格的环境立法双重驱动下，众多制造型企业，如宝马、大众、本田、施乐、柯达等，参与到废旧产品的收集与处理中，这充分体现了生产者延伸责任(EPR)的宗旨和内涵。"生产者延伸责任"这一概念自 1988 年由瑞典隆德大学环境经济学家托马斯(Thomas Lindhqvist)首次提出以来，迅速成为管理学、环境学、社会学、法学等多个学科领域共同关注的热点问题。在实践领域，EPR 作为在污染日益严重、资源日益匮乏背景下产生的一项社会协调发展理念，被越来越多的国家和地区作为环保政策制定的基本原则加以应用和推广。EPR 导向的运作模式和实践行为，可以帮助制造型企业重塑新的利润增长点，跨越绿色贸易壁

---

* 基金资助：本研究受国家社科基金重大项目"生产者责任延伸理论及其在中国的实践研究"(13&ZD147)资助。

通讯作者：李勇建，E-mail：liyongjian@nankai.edu.cn。

垒，增强国际竞争力，因此是现代制造业发展不可或缺的关键要素。具体而言，EPR 的引入使得制造型企业发生了两大变化：（1）制造型企业在决策制定过程中，不仅要考虑自身的经济效益，还要考虑环境和社会效益；（2）制造型企业必须基于 EPR 理念来整合其供应链联盟，同时处理各利益相关者之间的关系。因此，传统的运营模式和管理体系正面临着巨大挑战，制造型企业急需一套科学规范的理论和方法，用于指导其当前及未来的 EPR 运营实践。

本文通过融合 EPR 理论、供应链治理理论和成熟度理论，提出了"EPR 成熟度模型"，开展了以下四个方面的具体研究：构建"EPR 成熟度模型"；开发与"EPR 成熟度模型"相对应的评估方法；开展多案例研究并设计实践改善方案；分析案例企业实践特点与差异。相较于其他成熟度模型，本文提出的"EPR 成熟度模型"除了研究对象的不同，还冲破了企业和供应链的限制，将研究范围拓展至外部的利益相关者。另外，本文对于 EPRM2 的应用也拓展至多个案例，既探究了企业 EPR 实践的一般规律，也展示了不同国情下企业参与实践的个体特征。

2. 相关理论述评

生产者延伸责任的概念自 1988 年被正式提出以来，至今历经近 30 年的学术探讨，现已形成一套臻于成熟的 EPR 理论体系，其与企业社会责任理论、外部性理论、循环经济理论、环境权理论、产品生命周期理论和闭环供应链管理理论等相融合，以"生产者应当承担延伸责任"为核心思想，对现代制造企业生产运营及国家环境治理等产生着重要影响。

目前，对于"生产者"的认识已不再局限于制造商，它指代的是原材料供应-制造-销售等一系列产品生产流通过程的参与者，可称为"EPR 责任体"。所以，在扩张性的 EPR 框架中，EPR 实践除了包含末端废品回收，还向前延伸到绿色原材料及零部件采购、再制造设计等，向后延伸到再制造产品的营销与激励等。在此理论框架下，众多学者针对不同环节开展了深入研究，如 Nagel（2000）、Mosgaard 等（2013）、Mosgaard（2015）等研究了原材料或零部件的绿色采购问题，提出在原材料或零部件采购阶段应考虑产品使用后的无环境污染、可拆解、可再利用等；Shu 和 Flowers（1999）、Charter（2007）、Charter 和 Gray（2008）、Soh 等（2014）研究了产品再制造设计（DfR）问题，提出在原始产品的设计阶段应考虑产品或零部件的可再制造性能；Li 等（2014）、Michaud 和 Llerena（2011）、Agrawal 等（2015）、李新然和吴义彪（2015）等研究了再制造品营销问题，提出在产品销售阶段应考虑采用一些促销手段，如广告宣传、"以旧换新"和"以旧换再"等。

由于 EPR 理论与企业实践是密不可分的，一些学者对实用性的 EPR 实践决策及绩效评估方法进行了探索研究。例如，Chan（2008）通过灰色关联分析方法（GRA），提出了一种替代的决策方案，分析了在多目标（经济、环境和社会目标）的决策框架下，决策者如何制订废旧产品处理方案；Achillas 等（2010）采用 ELECTRE III 这种综合考虑环境标准、社会标准等的多标准分析技术研究了 UTR（产品回收再利用网点）最优选址问题；Cahill 等（2011）运用相关指标（利益相关者职责、合规机制、地方政权和融资机制）分析了欧盟 11

个国家的包装废弃物和 WEEE 实施情况；Brouillat 和 Oltra(2012)运用 Agent 模型研究了废物预防政策对代理人经济、技术决策的影响，同时探讨了税收补贴机制以及规制和企业创新之间的交互机制；Kovács(2007)运用利益相关者分析、工业生态学、可持续发展理论和社会网络理论，讨论了不同利益相关者对企业环境责任的影响，并揭示不同行业的企业 EPR 实践在成本效益和产业优势上有显著差异。尽管这些数学、行政、经济、管理上的方法在一定程度上实现了对特定参与者 EPR 实践绩效的评估，但是用于指导企业 EPR 实践的一般化、标准化、系统化的方法依然是欠缺的。

依据客观规律，一切事物都是随着时间发展变化的，所以 EPR 实践也会历经不成熟、混乱状态发展到成熟、有序状态，即呈现不同的"成熟度"。从成熟度视角探究一套有关 EPR 运营实践的治理理论与方法具有重要的学术价值和实践意义。成熟度理论及相关模型在人们的生产、生活中现已得到了普遍应用。例如，"需求层次模型"(Hierarchy of Needs，Maslow(1943))、"质量成熟度模型"(QM^3，Crosby(1979))、"能力成熟度模型"(CM^2，Paulk(1993)、Herbsleb(1997))、"知识成熟度模型"(KM^2，Kochikar(2000)、Paulzen 等(2002))、"流程成熟度模型"(BPM^2，Humphrey(1988)、Pfleeger 和 McGowan(1990))等已被广泛应用于人事管理、软件开发和项目管理等领域。在 21 世纪初，Lockamy 和 McCormack(2004)将"业务流程外包成熟度模型"引入供应链管理领域，提出了"供应链管理成熟度模型"(SCM^3)。近来，Li 等(2014)又针对制造服务企业提出了"企业制造服务成熟度模型($EMSM^2$)"。在已有的成熟度模型中，与 EPR 最为相关的是"供应链管理成熟度模型"和"企业制造服务成熟度模型"，因为前者涉及 EPR 的运营载体——供应链，后者涉及 EPR 的参与主体——制造型企业。供应链管理成熟度模型重点阐释了流程成熟度与供应链运营参考框架(SCOR)的关联作用，将供应链管理水平划分为五个层次，分别定义为"无序阶段"(层次 1)、"界定阶段"(层次 2)、"联合阶段"(层次 3)、"整合阶段"(层次 4)和"延展阶段"(层次 5)，而企业制造服务成熟度模型首次将评估对象——制造服务细分为基本服务、升级(或转型)服务等不同类型，将企业制造服务成熟度由低到高划分为四个阶段，每个阶段含有高、低两个水平。所以，上述两个模型为本文 EPRM 的构建提供了借鉴性参考。

3. EPRM2 理论模型框架

3.1 研究对象——EPR 实践

EPR 实践是本文的研究对象，因此对 EPR 实践进行归类分析是首要的。本部分分别从利益相关者的角色、参与动机、治理模式三个视角来展开陈述，明确回答"哪些是 EPR 实践"、"EPR 实践的形成是受什么因素驱动的"和"EPR 实践是如何运作的"等问题。

3.1.1 利益相关者角色分析

尽管 EPR 的核心责任者是制造商，但是 EPR 的顺利推行涉及众多其他利益相关者，如供应商、零售商、第三方回收商、消费者、政府、行业协会、非政府组织(NGO)、银行和其他金融机构等。本文依据 EPR 扩张性解释，将制造型企业主导下的 EPR 利益相关者团体称为"制造型企业-EPR责任体"，可表示为"X-EPR责任体"，X指代任何一个制造型企业。在每一个"X-EPR责任体"中，不同角色的利益相关者具有不同参与行为（如图1所示）。

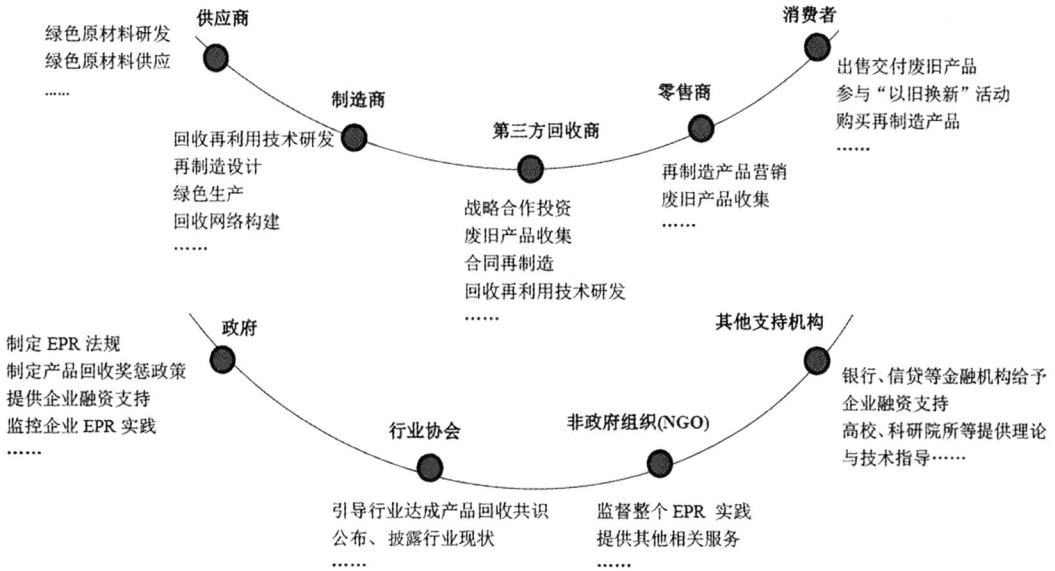

图1 不同利益相关者的EPR实践行为

3.1.2 参与动机分析

根据参与动机的不同，"X-EPR责任体"的EPR实践可划分为两种类型，即强制型实践和自主型实践。"强制型实践"满足EPR缩减性解释的概念，属于法律明确规定或社会自然约定的行为，通常是短期内对利益相关者的最低要求。"自主型实践"满足EPR扩张性解释的概念，在个体运作过程中展现出独特的创新性和灵活性，利益相关者更为深入地参与其中，以达成长期的、战略性的EPR实践目标。

制造商作为EPR实践的核心责任人和主导者，必须协助其他参与者完成相关强制型实践。例如，制造商必须对供应商提供的原材料或零部件做一定的安全检查，确保生产过程中使用的原材料是无毒无害的；制造商必须开展绿色生产以符合国家节能减排标准，同时完成一定量的废品回收和危废处理；若制造商与第三方回收商合作，制造商必须确保合作者达到国家资格认证标准，确保再利用产品上明确标示"由×××再制造"等字样；制造商必须要求其零售商售前事先告知消费者有关再利用产品的真实信息；制造商有义务向消费者宣传汽车报废相关规定，且必须履行产品质保及赔付承诺。对于供应链之外的其他参与者，如政府必须制定相关法律法规来控制"X-EPR责任体"行为，行业协会必须制定产品标准和行业准入标准，非政府组织必须正确引导公众舆论，银行信贷机构不得歧视第三方回收商，且应给予适当的利率优惠等。

若仅有强制型的EPR实践只能保证产品报废后的基本处理，并不能达到最有效的回收绩效。为此，制造商还应协调其他参与者积极落实一些自主型EPR实践。例如，制造商鼓励供应商实施环保认证，对其可回收的材料和零部件的研发给予资金支持；制造商自身积极开展可持续性设计/再制造设计以及回收再利用技术的研发；若制造商与第三方回收商合作，则应积极向合作者提供相应的产品信息、技术、人员、设备等支持；制造商积极联合零售商收集消费者的反馈信息，开展"以旧换新"、"以旧换再"等促销活动；制造商给予消费者一定的再利用品购买补贴。对于供应链之外的其他参与者，如政府应实施奖励(如发放再制造品生产和销售补贴)和惩罚(如征收环境税、回收处理费)，行业协会、非政府组织积极无偿参与废品回收，银行、保险等金融机构积极设计和开发更有效的供应链金融产品，高校和企业积极开展以废品回收与再利用为主题的科研合作项目等。

3.1.3 治理模式分析

具体的 EPR 实践(包括强制型实践和自主型实践)构成了 EPR 运作系统的关键点，然而，所有的点需要一个"链接机制(或连接机制)"进行整合。在 EPR 实践过程中，萌生了五个主要的"连接机制"：社会压力连接机制、暂时利益连接机制、正式契约连接机制、集中代理契约连接机制和市场化协作连接机制。当 EPR 实践运作体系越来越成熟时，参与者们将营造并维持一个长期而稳定的合作态势。整个制造行业借助不同的连接机制可呈现出相应的五种社会状态，如图 2 所示，其中，M，R，C，T，G，N，F 分别的制造商、零售商、消费者、第三方回收商、政府、非政府组织、金融保险等支持性机构。

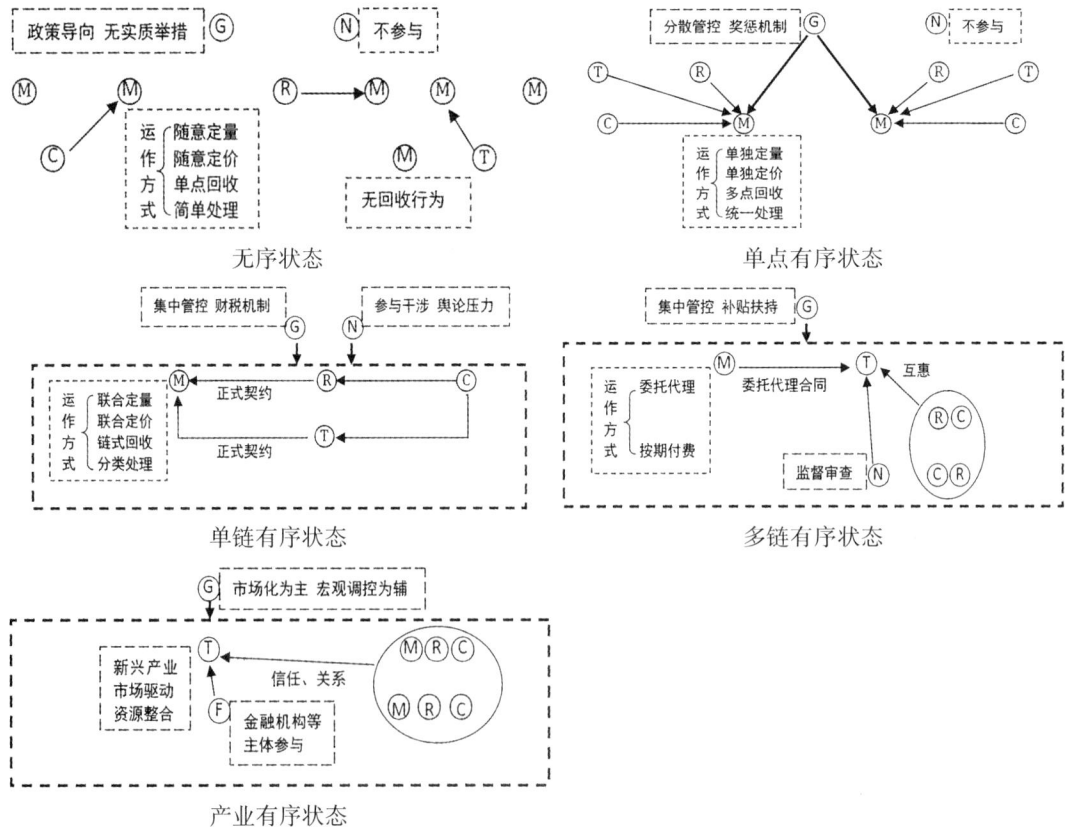

图 2 五种连接机制下的不同社会状态

3.2 模型构建与阶段特征

EPR 成熟度模型是用来描述"X-EPR 责任体"EPR 实践发展水平的,它可帮助"X-EPR 责任体"评估其当前所处阶段及水平,识别其实践"短板",提升其实践能力,指导其制订改进方案。参考前文提及的 SCM³ 和 EMSM²,可将整个 EPR 成熟度划分为五个阶段,从低到高依次为"无序阶段"、"界定阶段"、"联合阶段"、"整合阶段"和"延展阶段",每个阶段含有高、低两个水平。从低水平(即水平 1)到高水平(即水平 2),EPR 实践的业务流程由不规范到规范,实践支持体系(如信息交互、投融资服务等)由不健全到健全,各参与者协作程度由低到高,实践绩效转化程度由低到高变化。在图 3 中,横轴(或 x 轴)表示 EPR 实践的能力,用 EPR 实践阶段来测度,纵轴(或 y 轴)表示 EPR 实践的质量,用 EPR 实践水平来测度。从坐标区域(阶段 1,水平 1)到(阶段 5,水平 2),EPR 实践的成熟度是不断递增的。

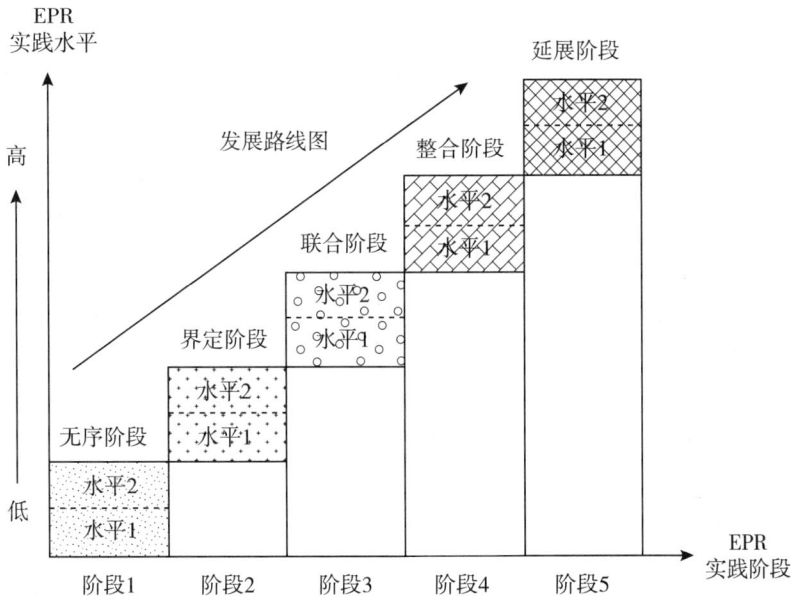

图 3　EPR 成熟度模型的基本框架

本研究提出的 EPRM2 已经涵盖并超越了供应链层次,它的参与者既包含供应链内部的成员(供应商、制造商、第三方回收商、零售商和消费者),也包含供应链外部的参与者(政府、行业协会、非政府组织、金融机构、高校科研机构等),这使得 EPR 实践成熟度的演进不仅是一个供应链管理的过程,也是一个社会治理的过程。

对于 EPRM2 的五个阶段,本研究从六个维度来详细阐述其特点,它们分别是 EPR 实践目标、EPR 实践内容、EPR 实践流程、EPR 实践成本、EPR 实践协作水平和 EPR 实践绩效(见表 1),这与 SCM³ 的描述维度框架是相一致的。

EPRM 各实践阶段主要特征的描述

表1

阶段	EPR 实践目标	EPR 实践内容	EPR 实践流程	EPR 实践成本	EPR 实践协作水平	EPR 实践绩效
		EPRM² 中五个实践阶段的主要特征				
阶段1 无序阶段	无目标或是应国家立法"响应要求"的目标而实现目标的计划，无序阶段的计划是模糊不清的	几乎没有 EPR 实践，仅有的 EPR 实践也是基本的强制回收型实践，是废旧产品回收是随意的，且是由原始制造商主导的	1. 单个企业各自参与废旧产品回收，回收流程无规则和统一性，是杂乱无章的，可能来自第三方 2. 制造商回收渠道废旧产品可能来自消费者，也可能来自第三方 3. 废旧产品回收数量和回收价格是企业根据自身情况处理的任意决定的 4. 废旧产品处理方式是二次销售和简单简单拆解的，主要是二次销售	EPR 实践的运作成本很低，但是社会满意度通常很低	制造商单独参与 EPR 实践，并由其控制和整个实践过程，实践过程中各利益相关者之间几乎没有合作	在前期阶段，EPR 实践绩效具有很大的波动性且无法被准确测量。在后期阶段，EPR 实践绩效大致可以被测量，但是通常是低于国家要求的最低标准的
阶段2 界定阶段	有明确目标并由内化于企业当前运营的计划，EPR 实践目的在于满足政府的立法要求界定阶段	EPR 实践既包含也含强制实践型实践，包含少量其核心型内容实践，容是制定标准和运作规则	1. EPR 内涵和每个参与者的责任是单个企业界定的，EPR 实践不再是单个企业界定的事情 2. 传统型的原始制造商主导的产品回收流程相对成熟 3. 具体的回收决策（包括回收数量、回收价格、处理方式选择等）必须遵循政府制定的一定规则和标准	EPR 实践的运作成本依然很高，但是社会满意度有一定程度的提高	1. 参与者包括制造商、消费者和政府 2. 所有参与者在政府监督下规范各自的运作流程	EPR 实践绩效可以被它通过准确测量并立法等常等于国家立法的最低标准的
阶段3 联合阶段	有明确目标并由内化于企业长期发展战略，其主要目的是在政府背景下实现的立法要求的前提下提高，实现良好的经济效益	EPR 实践型实践既包含也含强制实践型大量内容实践，其核心内容是在供应链内容政府、非政府组织行业组织等参与者兼具支持性的一个建起 EPR 实践协作性的运营机制	1. EPR 内涵和每个参与者的责任被清晰界定的，职责分工明确，协作合作已建立起相对健全的运作体系 2. 合作起一个的合同再制造所有参与者都采取一些支持性的运作过程	由于不同参与者之间相互协作，EPR 实践的运作成本减，同时社会满意度也有一定程度的提高	1. 参与者包括制造商、零售商、第三方行业协会、政府、非政府组织和银行等金融机构 2. 各参与者之间进行更为广泛的合作，各自利用自身前瞻性和深远意义的优势开展合作，如构建广泛的集采网络，EPR 实践，如废品产品回收再利用技术的研发力度，引导行业达成共识等	EPR 实践绩效可以被它通过准确测量并立国家标准，并常超过国家要求的最低标准，制造商可以获得可观的经济效益

EPRM² 中五个实践阶段的主要特征

阶段	EPR 实践目标	EPR 实践内容	EPR 实践流程	EPR 实践成本	EPR 实践协作水平	EPR 实践绩效
阶段 4 整合阶段	有明确目标并内化于企业长期的发展战略。其主要目的是在政府立法要求背景下，实现环境治理和内部运作流程的良好的社会效益	大多数 EPR 实践是自主型的。其核心内容是在同参与者的共同努力下实现外部的治理和内环境运作流程的集成	1. EPR 内涵和每个参与者的责任是被清晰界定的，职责分明、分工协作 2. 制造商通常与第三方回收商外包合作，以获得业务外包的优势 3. 整个 EPR 运作过程是具有开放性和合作性、技术、信息、资本、人才等资源在所有参与者之间是共享的	由于业务外包和资源共享，EPR 实践的运作成本低于行业平均水平，同时是很社会满意度是很高的	1. 参与者包括制造商、零售商、第三方合作者、消费者、行业协会、政府、非政府组织和银行等金融机构 2. 各参与者之间通过共享资源，彼此互助，形成更为深入的跨组织合作	EPR 实践绩效可以被准确测量，并且它通常超过国家立法要求的最低标准。制造商不仅可以获得可观的经济效益，还可以获得良好的社会效益
阶段 5 延展阶段	有明确目标并内化于企业长期的发展战略。其主要目的是形成一个新的第三方产品回收再利用的行业	大多数 EPR 实践是自主型的。其核心内容是实现产品回收再利用工作向专业化和工业化发展，并强调 EPR 实践的战略布局。EPR 实践不再是受环境责任驱动的，而是市场化的结果	1. EPR 内涵由第三方参与者在其主要业务过程中得以推广 2. EPR 实践的运营合理，第三方回收商依据市场需求和自身运营能力，借助自身管理模式和回收再利用技术，实现了废旧产品回收的统一化、专业化处理 3. 第三方回收商创新与战略整合的融合的资源流通渠道，旨在建立一个顺畅开放、便捷互联的产业化运作模式 4. 参与并优化 EPR 实践的基本经营原则，基于此制造商、零售商、消费者、第三方回收商以及其他参与者构建起稳固的信任和合作关系	在前期阶段，由于需要构建整体运营网络和协调相互同利益相关者，其实施成本是相对较高的。然而，在后期阶段，由于整合运营网络的资源整合效应合理化和规模效应凸显，EPR 实施成本变得很低，使得市场竞争加剧而社会满意度显著增加。整体 EPR 实践的运作效率和服务质量有一个质的飞跃，社会满意度非常高	所有的利益相关者在第三方专业回收公司的带动下进行整合与集成。所有参与者之间的合作是战略性的和深远的	EPR 实践绩效是完全可被预测的。起主导作用的第三方专业回收企业，它具有很强的自主性、适应性和灵活性，能够快速响应市场需求。在此阶段，EPR 实践的经济绩效、社会绩效和环境绩效都是最高的

3.3 评估方法与评估过程

在针对特定行业(如汽车制造行业)构建起 EPRM2 的基本框架后，需要使用一套方法来评估 EPRM2，同时识别该行业中某具体"X-EPR 责任体"的 EPR 实践运营实况。EPRM2 沿用了 EMSM^{2}评估方法，将整个评估过程分为模型构建、企业定位和企业分析三个阶段(如图 4 所示)。

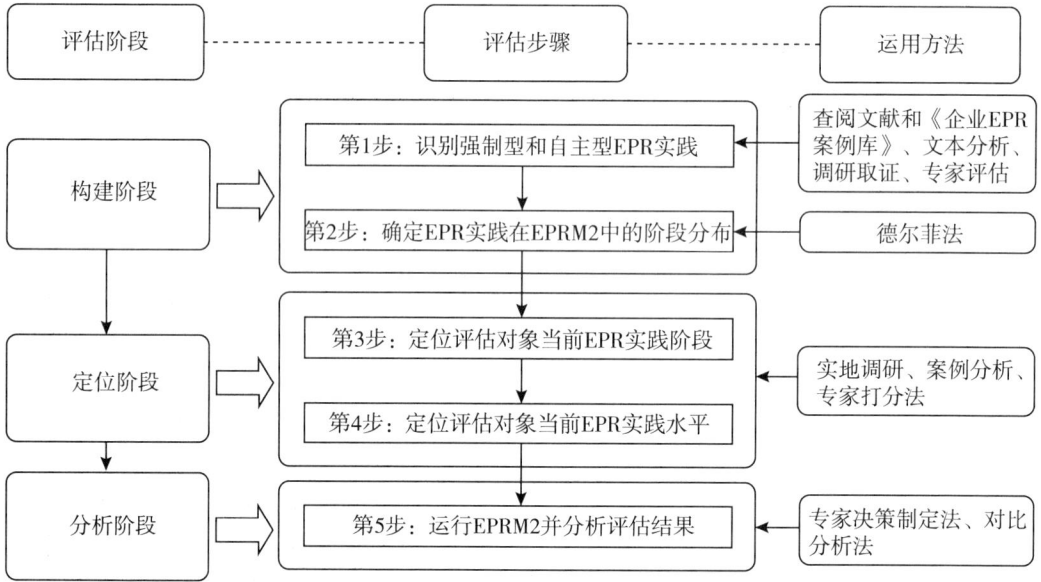

图 4　EPR 成熟度模型构建与评估方法

3.3.1　第一阶段：针对某行业的 EPRM2 构建

第 1 步：识别强制型和自主型 EPR 实践

根据前文所述，EPR 利益相关者参与 EPR 实践具有不同的动机，所以 EPRM2 中包含两种不同类型的 EPR 实践，即强制型实践和自主型实践。为识别每一实践类型具体包含哪些实践，本研究做了大量资料收集工作，主要通过三种渠道进行：收集并整理不同国家中 EPR 相关法律、法规和政策；查阅 EPR 相关文献；构建企业 EPR 案例库，包含来自欧盟、美国、日本、韩国等不同国家的 57 个企业。依据强制型和自主型 EPR 实践的不同特征(见表 2)，运用问卷调查法和专家座谈法，区分出某具体实践应属哪种类型。

第 2 步：确定 EPRM2 中每阶段的 EPR 实践分布

根据表 1 中对五个 EPR 实践阶段的描述，本研究提取了六个关键测量指标，六个指标按重要程度分配的权重为 F_k^j，j = 1，2，3，4，5，6。依照"X-EPR 责任体"运营实情，每一个指标设计有四个不同分值的 S_k^i(i = 1，2，3，4)，其中 $S_k^1 = 0.1$，$S_k^3 = 0.2$，$S_k^4 = 0.3$，$S_k^4 = 0.4$。依据公式(1)，每一项 EPR 实践都将计算得到一个具体分值，进而可将其归入 EPR 实践的某一阶段。

表 2 强制型和自主性实践的主要特征描述

类别	实践参与者	驱动力	业务模式	实践周期
强制型实践	并不总是包含全部利益相关者	立法限制、行业规定	封闭的、独自的	临时的、间歇性的
自主型实践	通常包含全部利益相关者	企业发展、社会责任	开放的、联合的	长期的、策略性的

表 3 EPR 实践阶段分配的关键测量指标

类别	测量指标	$0.1(S_k^1)$	$0.2(S_k^2)$	$0.3(S_k^3)$	$0.4(S_k^4)$
$C_1(F_k^1=0.1)$	EPR 实践行为的主要目标	法规响应	公众压力	经济回报	环保意识
$C_2(F_k^2=0.1)$	EPR 实践行为的作用属性	辅助性的	基础性的	支持性的	策略性的
$C_3(F_k^3=0.2)$	EPR 实践行为的技术复杂性	不复杂	较为复杂	复杂	非常复杂
$C_4(F_k^4=0.2)$	EPR 实践行为的实施困难性	不困难	较为困难	困难	非常困难
$C_5(F_k^5=0.2)$	EPR 实践行为的协作力度	小	较大	大	非常大
$C_6(F_k^6=0.2)$	EPR 实践行为对社会贡献度	低	较高	高	非常高

$$P_k = \sum_{j=1}^{6} S_k^i \times F_k^j \quad j=1,2,3,4,5,6;\ k=1,2,\cdots,n \tag{1}$$

其中，$\forall k$ 和 $\forall j$，$i=1$ 或 2 或 3 或 4

由表 3 可知，每一项 EPR 实践的 P_k 均在分值区间 $[0.10,0.40]$。对于某项具体的 EPR 实践，若 $P_k \in [0.10,0.16)$，则其被纳入阶段 1、2、3、4、5，若 $P_k \in [0.16,0.22)$，则其被纳入阶段 2、3、4、5，若 $P_k \in [0.22,0.28)$，则其被纳入阶段 3、4、5，若 $P_k \in [0.28,0.34)$，则其被纳入阶段 4、5，若 $P_k \in [0.34,0.40)$，则其被纳入阶段 5。

3.3.2 第二阶段：定位"X-EPR 责任体"当前 EPR 实践的阶段和水平

第 3 步：计算 EPR 实践所处阶段

本研究用 $D_k^i(i=1,2,3,4,5)$ 表示被纳入阶段 $\{i,i+1,\cdots,5\}$ 的第 k 项 EPR 实践的影响程度，并假定 $D_k^1=0.1$，$D_k^2=0.2$，$D_k^3=0.3$，$D_k^4=0.4$，$D_k^5=0.5$。通过收集分析某制造型企业的实践数据，找出其当前参与了哪几项 EPR 实践，计算出每项实践的 D_k^i，则

可求出某"X-EPR 责任体"现有的 EPR 实践能力 PC(Practice Capacity): $PC = \sum_{k=1}^{n} D_k^i$。另外，将 D_k^i 相同的所有 EPR 实践个数记为 m_i，根据判别公式（2），可判定某"X-EPR 责任体"当前 EPR 实践属于哪个阶段。

$$
EPR\ 实践阶段 = \begin{cases}
阶段 1\text{——无序阶段} & 若\ PC < D_k^1 \times m_1 \\
阶段 2\text{——界定阶段} & 若\ D_k^1 \times m_1 \leq PC < \sum_{i=1}^{2} D_k^i \times m_i \\
阶段 3\text{——联合阶段} & 若\ \sum_{i=1}^{2} D_k^i \times m_i \leq PC < \sum_{i=1}^{3} D_k^i \times m_i \\
阶段 4\text{——整合阶段} & 若\ \sum_{i=1}^{3} D_k^i \times m_i \leq PC < \sum_{i=1}^{4} D_k^i \times m_i \\
阶段 5\text{——延展阶段} & 若\ \sum_{i=1}^{4} D_k^i \times m_i \leq PC < \sum_{i=1}^{5} D_k^i \times m_i
\end{cases} \tag{2}
$$

第 4 步：计算 EPR 实践所处水平

综合采用实地调研、专家访谈和文献查阅等手段，本研究提取了用于评估 EPR 实践水平的七个指标，其中两个指标参考自 EMSM[2]，用上标 * 标示（见表 4）。依照"X-EPR 责任体"运营实情，每一个指标设计有三个可选分值 $L_I^i (i = 1, 2, 3)$，其中 $L_I^1 = 0$，$L_I^2 = 2$，$L_I^3 = 4$。将每个评估指标 L_I^i 相加，即可得到某"X-EPR 责任体"当前的 EPR 实践质量 PQ (Practice Quality)：$PQ = \sum_{I=1}^{7} L_I^i$。根据判别公式（3），可判定某"X-EPR 责任体"当前 EPR 实践属于哪个水平。

$$
EPR\ 实践水平 = \begin{cases}
水平 1\text{–低水平} & 若\ 0 \leq PQ \leq 14 \\
水平 2\text{–高水平} & 若\ 14 \leq PQ \leq 28
\end{cases} \tag{3}
$$

表 4　　　　　　　　　　　　　　EPR 实践水平的评估指标

标号(I)	评估指标	0(L_I^1)	2(L_I^2)	4(L_I^3)
1*	"X-EPR 责任体"领导者 EPR 认知度	基本不了解	了解一点	深入了解
2	"X-EPR 责任体"EPR 运营决策自由度	基本无决策权	部分决策权	决策自由
3*	"X-EPR 责任体"EPR 实践流程标准度	无标准	一般	高度标准化
4	"X-EPR 责任体"单周期废品回收量	低于行业均值	基本等于行业均值	高于行业均值

标号(I)	评估指标	0(L_I^1)	2(L_I^2)	4(L_I^3)
5	"X-EPR 责任体"废品主要处理方式	简单粗暴式(主要是再销售、修理和简单拆解)	较高附加值且环境友好式(主要是原材料再利用)	高附加值且环境友好式(主要是再制造)
6	"X-EPR 责任体"业务工作关系友好度(尤其是制造商-供应商关系)	非常差或差	一般	好或非常好
7	"X-EPR 责任体"产品信息共享度	基本不共享	部分共享	几乎全部共享

3.3.2 第三阶段：分析结果

第5步：分析评估结果

在确定某"X-EPR 责任体"当前 EPR 实践的阶段和水平后，本研究从两个方面开展综合分析，主要解决两个问题：如何加强和改善现有的 EPR 实践能力和质量；如何规划和推进下一个及下几个阶段的 EPR 实践。

4. EPRM2 实践应用——多案例研究

4.1 案例选取与案例描述

本研究依托国家社科重大项目课题——《生产者责任延伸理论及其在中国的实践研究》所构建的企业 EPR 案例库，从中选取中外四个典型"X-EPR 责任体"为研究案例，X分别指代德国宝马、美国通用、日本本田和中国一汽。

对于以上四个案例的数据采集与整理工作耗时 3 个月，参考数据来自国家信息统计平台及机构(如中国责任云平台、天津绿色供应链中心)、非政府组织(如自然资源保护委员会(NRDC)、公众与环境研究中心(IPE))和企业年度报告(如 2011—2016 企业社会责任报告或企业可持续发展报告)。依照"剥洋葱"式的分析逻辑，从"国家-社会组织-供应链-企业"层层深入，先分析案例主导企业所处的外部环境，再聚焦剖析案例企业的自身行为。为了更为直观地展示，本研究构建了"案例企业-EPR 责任体"运营框架图(如图5至图8所示)，涵盖所属国家汽车制造业 EPR 相关立法、所属国家政府参与治理机制、案例企业业务构成及自身 EPR 实践行为、利益相关者业务关联、废品回收渠道及处理流程、信息平台建设等内容。

4.2 EPRM2 的应用过程

本文四个案例的 EPRM2 应用过程可简述为以下五步：

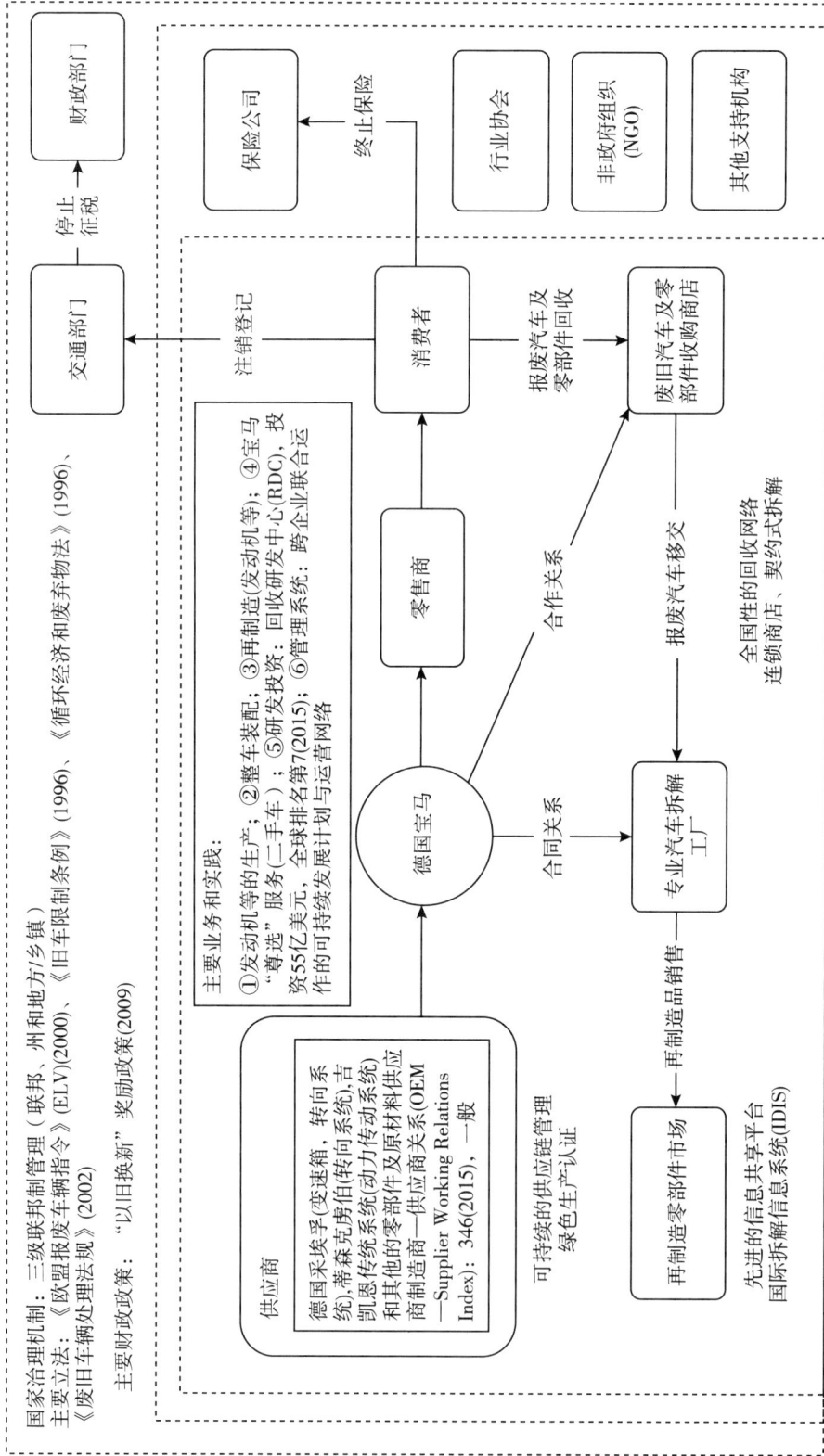

图5 "德国宝马-EPR责任体"运营框架

国家治理机制：三级联邦制管理（联邦、州和地方/乡镇）
主要立法：《欧盟报废车辆指令》(ELV)(2000)、《旧车限制条例》(1996)、《循环经济和废弃物法》(1996)、《废旧车辆处理法规》(2002)

主要财政政策："以旧换新"奖励政策(2009)

停止征税 → 财政部门

交通部门

注销登记

终止保险 → 保险公司

行业协会

非政府组织(NGO)

其他支持机构

消费者

报废汽车及零部件回收

废旧汽车及零部件收购商店

零售商

合作关系

合作关系

报废汽车移交

全国性的回收网络连锁商店，契约式拆解

德国宝马

合同关系

合同关系

专业汽车拆解工厂

主要业务和实践：
①发动机等的生产；②整车装配；③再制造(发动机等)；④宝马"尊选"服务(二手车)；⑤研发投资：回收研发中心(RDC)，投资55亿美元，全球排名第7(2015)；⑥管理系统：跨企业联合运作的可持续发展计划与运营网络

再制造品销售

再制造零部件市场

供应商

德国采埃孚(变速箱、转向系统)、蒂森克虏伯(转向系统)、吉凯恩传统系统(动力传动系统)和其他的零部件及原材料供应商制造一供应商关系(OEM—Supplier Working Relations Index): 346(2015)，一般

可持续的供应链管理绿色生产认证

先进的信息共享平台国际拆解信息系统(IDIS)

200

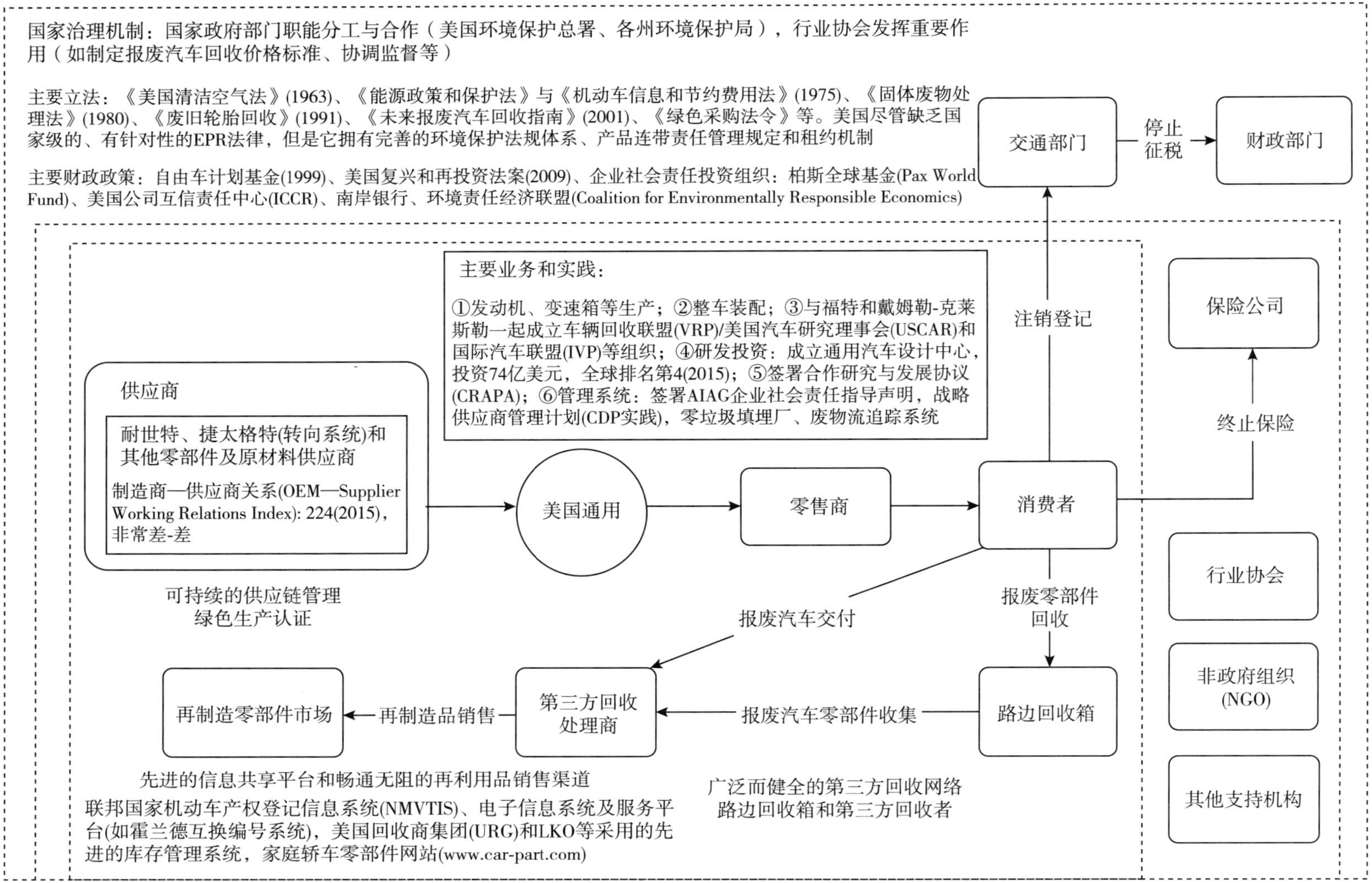

国家治理机制：国家政府部门职能分工与合作（美国环境保护总署、各州环境保护局），行业协会发挥重要作用（如制定报废汽车回收价格标准、协调监督等）

主要立法：《美国清洁空气法》(1963)、《能源政策和保护法》与《机动车信息和节约费用法》(1975)、《固体废物处理法》(1980)、《废旧轮胎回收》(1991)，《未来报废汽车回收指南》(2001)，《绿色采购法令》等。美国国会缺乏国家级的、有针对性的EPR法律，但是它拥有完善的环境保护法规体系、产品连带责任管理规定和租约约机制

主要财政政策：自由车计划基金(1999)，美国复兴和再投资法案(2009)，企业社会责任投资组织：柏斯全球基金(Pax World Fund)，美国公司互信责任中心(ICCR)，南岸银行，环境责任经济联盟(Coalition for Environmentally Responsible Economics)

财政部门

交通部门

停止征税

注销登记

停止保险

终止保险

保险公司

行业协会

非政府组织(NGO)

其他支持机构

消费者

零售商

美国通用

报废零部件回收

报废汽车支付

报废汽车零部件收集

报废汽车零部件收集

路边回收箱

第三方回收处理商

再制造零部件市场

再制造品销售

供应商
耐世特、捷太格特转向系统和其他零部件及原材料供应商
制造商—供应商关系(OEM—Supplier Working Relations Index): 224(2015)，非常差

可持续的供应链管理
绿色生产认证

主要业务和实践：
①发动机、变速箱等生产；②整车装配；③与福特和戴姆勒-克莱斯勒一起成立车辆回收联盟(VRP)美国汽车研究理事会(USCAR)和国际汽车联盟(IVP)等组织；④研发投资74亿美元，全球排名第4(2015)；⑤签署合作研究与发展协议(CRAPA)；⑥管理系统：签署AIAG企业社会责任指导声明，战略供应商管理计划(CDP)实践，零垃圾填埋厂、废物流追踪系统

先进的信息共享平台和畅通无阻的再利用品销售渠道
联邦国家机动车产权登记信息系统(NMVTIS)，电子信息系统及服务平台（如格兰德互换编号系统）、美国回收商集团(URG)和LKO等采用的先进的车存管理系统，家庭轿车零部件网站(www.car-part.com)

广泛而健全的第三方回收网络
路边回收箱和第三方回收者

图6 "美国通用-EPR责任体"运营框架

201

国家治理机制：政府机构和非政府机构合作管理机制（涵盖日本经济产业省、环境省、交通省、
汽车回收再利用企业、行业协会等）

主要立法：《节约能源法》(1979)，《再生资源利用促进法》(1989)，《促进建立循环型社会
基本法》(2000)，《报废汽车回收利用法》(2002)，《汽车循环法案》(2004)

主要财政政策：报废汽车回收处理费政策、"以旧换新"奖励政策

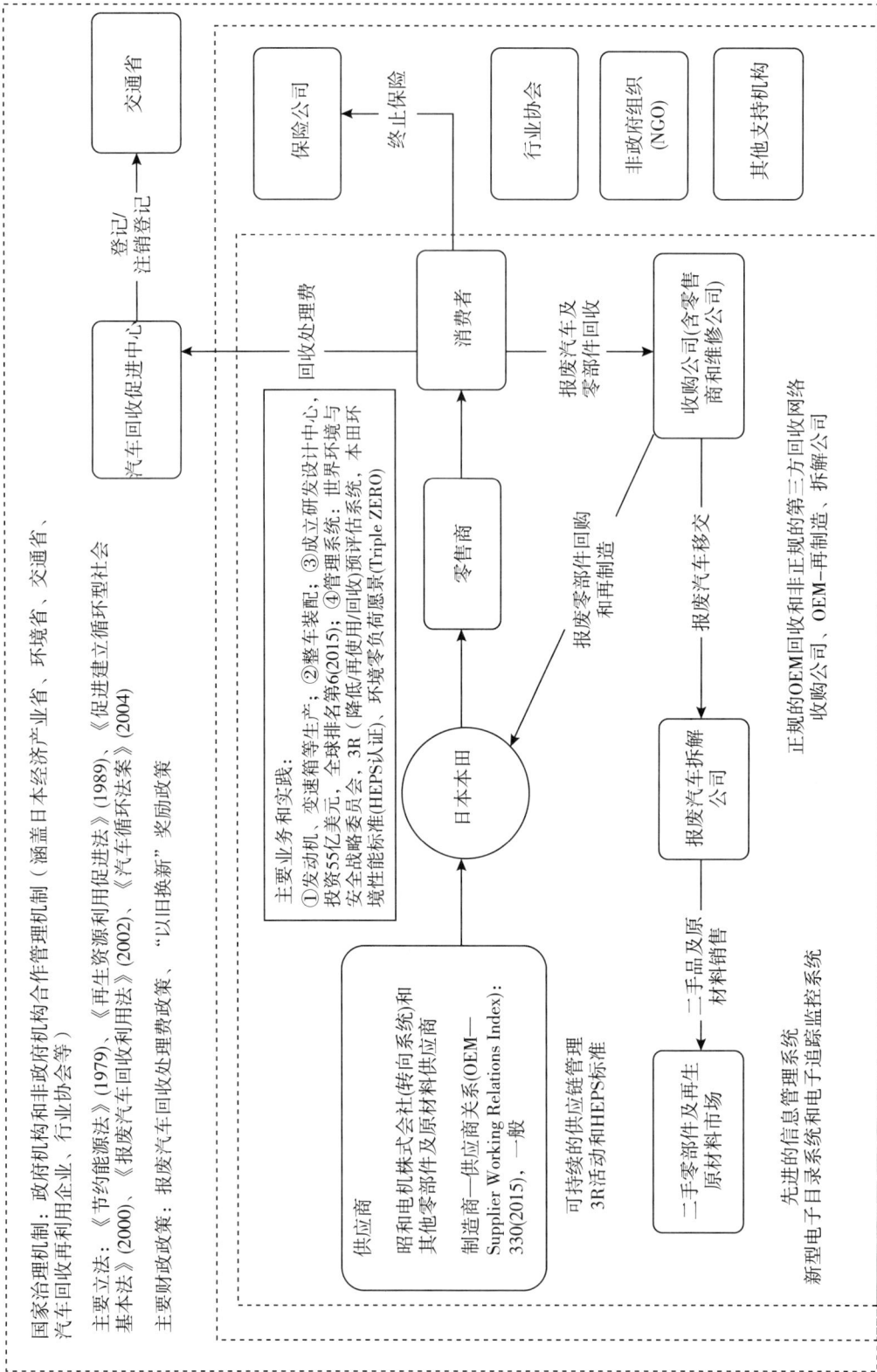

图7 "日本本田-EPR责任体"运营框架

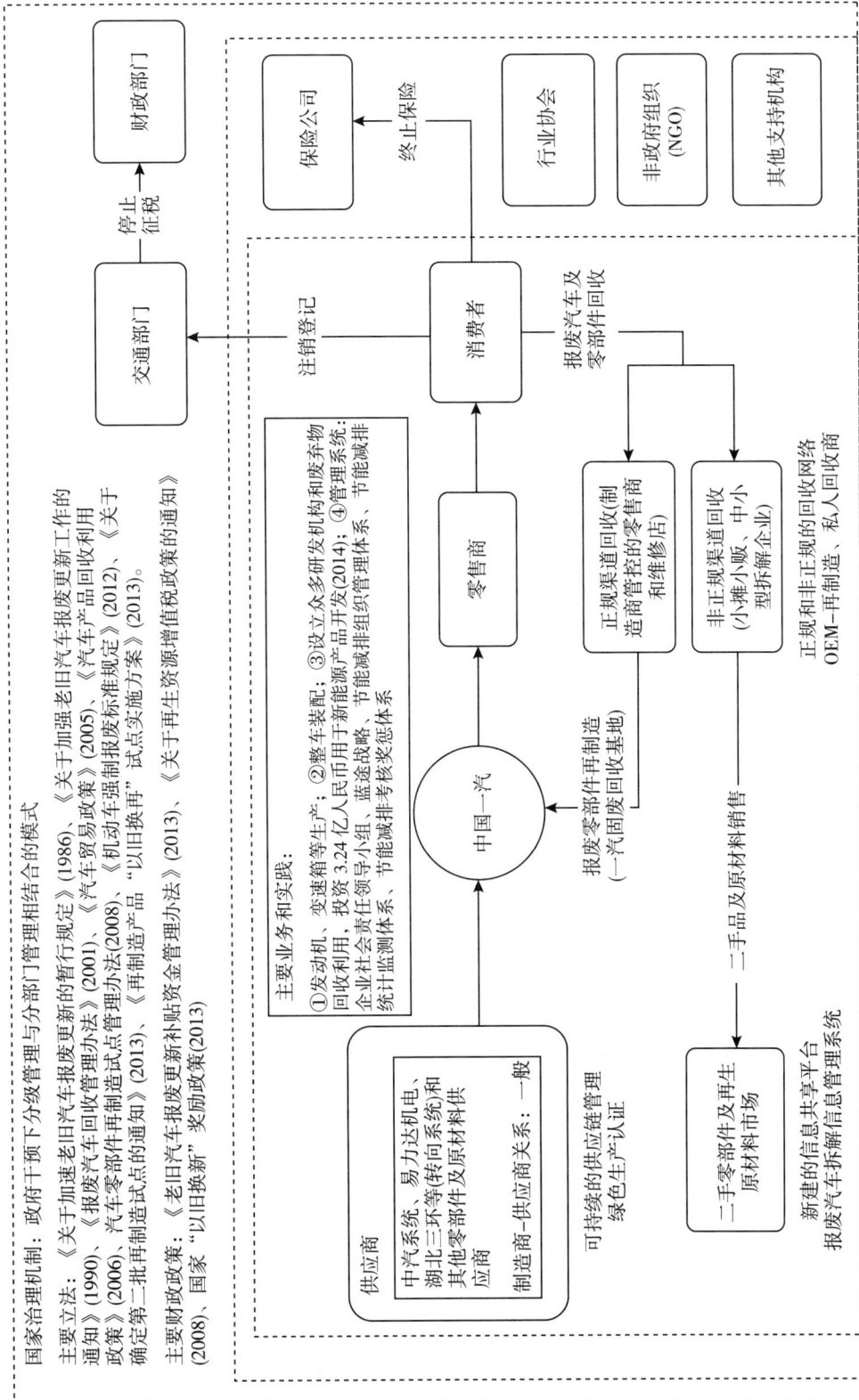

国家治理机制：政府干预下分级管理与分部门管理相结合的模式

主要立法：《关于加速老旧汽车报废更新工作的暂行规定》(1986)、《关于加强老旧汽车报废更新工作的通知》(1990)、《报废汽车回收管理办法》(2001)、《汽车贸易政策》(2005)、《汽车产品回收利用政策》(2006)、《汽车零部件再制造试点管理办法(2008)、《机动车强制报废标准规定》(2012)、《关于确定第二批汽车零部件再制造试点的通知》(2013)、《再制造产品"以旧换再"试点实施方案》(2013)。

主要财政政策：《老旧汽车报废更新补贴资金管理办法》(2008)、国家"以旧换新"奖励政策(2013)，《关于再生资源增值税政策的通知》

财政部门

交通部门

保险公司

行业协会

非政府组织(NGO)

其他支持机构

停止征税

终止保险

注销登记

报废汽车及零部件回收

消费者

零售商

中国一汽

正规渠道回收(制造商管控的零售商和维修店)

非正规渠道回收(小摊小贩、中小型拆解企业)

正规和非正规的回收网络 OEM-再制造、私人回收商

报废零部件再制造(一汽固废回收基地)

二手品及原材料销售

主要业务和实践：
①发动机、变速箱等生产；②整车装配；③设立众多研发机构和废弃物回收利用，投资3.24亿人民币用于新能源产品开发(2014)；④管理系统：企业社会责任领导小组、蓝途战略、节能减排组织管理体系、节能减排统计监测体系、节能减排考核奖惩体系

可持续的供应链管理绿色生产认证

供应商
中汽系统、易力达机电、湖北三环等转向系统和其他零部件及原材料供应商
制造商-供应商关系：一般

二手零部件及再生原材料原材料销售

二手零部件及再生原材料市场

新建的信息共享平台报废汽车拆解信息管理系统

图8 "中国一汽-EPR责任体"运营框架

第一步：通过汇总和整理"企业 EPR 案例库"中 57 个中外汽车制造企业的 EPR 相关实践，提取得 48 种企业实践行为是与 EPR 相关的(见表 5 中(1)[a])。之后，将其交予 5 名业内专家，由他们依照表 2 中"强制型 EPR 实践"和"自主型 EPR 实践"的分类描述，做出一致性"定型评判"(见表 5 中(1)[b])，识别出强制型和自主型 EPR 实践。

第二步：依据表 3 中用于 EPR 实践阶段分配的 6 个关键测量指标，运用德尔菲法得出每项 EPR 实践的 P_k 值，进而可得，属于阶段 1~5 的 EPR 实践有 1、5、9、21、23，即 $m_1 = 5$；属于阶段 2~5 的 EPR 实践有 15、22、27、28、31，即 $m_2 = 5$；属于阶段 3~5 的 EPR 实践有 2、3、6、7、10、11、24、25、26、29、30、32、34、35、39、43，即 $m_3 = 16$；属于阶段 4~5 的 EPR 实践有 4、8、12、13、14、16、17、33、38、40、41、42、45、46，即 $m_4 = 14$；属于阶段 5 的 EPR 实践有 18、19、20、36、37、44、47、48，即 $m_5 = 8$。

第三步：通过案例描述比对，找出德国宝马、美国通用、日本本田和中国一汽分别参与了哪几项 EPR 实践，分别计算出所参与实践的 D_k^i 之和，即 PC。如表 5 所示，$PC_{德国宝马} = 13.8$，$PC_{美国通用} = 10.8$，$PC_{日本本田} = 10.4$，$PC_{中国一汽} = 6.2$。由于此时的判别公式(2)可具体表达为：若 PC<0.5，则"案例企业-EPR 责任体"当前 EPR 实践属于阶段 1；若 0.5≤PC<1.5，则"案例企业-EPR 责任体"当前 EPR 实践属于阶段 2；若 1.5≤PC<6.3，则"案例企业-EPR 责任体"当前 EPR 实践属于阶段 3；若 6.3≤PC<11.9，则"案例企业-EPR 责任体"当前 EPR 实践属于阶段 4；若 11.9≤PC<15.9，则企业当前 EPR 实践属于阶段 5。由此，可判定"德国宝马-EPR 责任体"属于阶段 5，"美国通用-EPR 责任体"属于阶段 4，"日本本田-EPR 责任体"属于阶段 4，"中国一汽-EPR 责任体"属于阶段 3。

第四步：依据表 4 中用于 EPR 实践水平评估的 7 个关键测量指标，运用德尔菲法选出符合四个"案例企业-EPR 责任体"当前实践现状的描述类型，得出每项评估指标的 L_l^i 值，求和即可得"案例企业-EPR 责任体"当前 EPR 实践质量，即 PQ。如表 5 所示，$PQ_{德国宝马} = 14$，$PQ_{美国通用} = 20$，$PQ_{日本本田} = 10$，$PQ_{中国一汽} = 6$。根据此时的判别公式(3)，可判定"德国宝马-EPR 责任体"属于水平 1，"美国通用-EPR 责任体"属于水平 2，"日本本田-EPR 责任体"属于水平 1，"中国一汽-EPR 责任体"属于水平 1。至此，可得出"德国宝马-EPR 责任体"属于{阶段 5，水平 1}，"美国通用-EPR 责任体"属于{阶段 4，水平 2}，"日本本田-EPR 责任体"属于{阶段 4，水平 1}，"中国一汽—EPR 责任体"属于{阶段 3，水平 1}。

第五步：在确定各"案例企业-EPR 责任体"所属的 EPR 实践等级之后，可找出它们未来 EPR 实践的改进路径(如图 9 所示)。同时，通过分析当前的运营现状，分别找出哪些实践是为进入更高水平而急需完善的(即表 5 中▨方格部分)，哪些实践是为维持当前阶段而需弥补的(即表 5 中▨方格部分)，哪些实践是为进入更高阶段而需要战略筹谋的(即表 5 中■方格部分)，由此可设计出具体的 EPR 实践改进方案，指导"案例企业-EPR 责任体"按照"完善已有—弥补不足—筹划未来"的工作顺序，按部就班地开展改进工作。

表5 基于 EPRM 框架的"宝马/通用/本田/一汽-EPR 责任体"评估结果

基于 EPRM² 框架的"德国宝马/美国通用/日本丰田/中国一汽-EPR 责任体"EPR 实践评估

编号(k)	(1)¹ "X-EPR 责任体"EPR 实践项目	EPR 实践参与者	(1)ᵇ EPR 实践类型	p_k	(2) EPR 实践所属阶段	当前 EPR 实践情况			
						宝马	通用	本田	一汽
1	确保供应商所提供原材料和零部件的安全性(无毒无害)	制造商→供应商	强制型	0.15	阶段1、2、3、4、5	✓		✓	✓
2	鼓励供应商参与环境认证	制造商→供应商	自主型	0.23	阶段3、4、5	✓		✓	
3	优先向供应商采购可回收利用的原材料和零部件	制造商→供应商	自主型	0.23	阶段3、4、5	✓		✓	
4	资助供应商开展可回收原材料和零部件研发	制造商→供应商	自主型	0.32	阶段4、5	✓	✓		
5	按照国家绿色生产标准开展自产零部件制造和整车装配	制造商	强制型	0.15	阶段1、2、3、4、5	✓		✓	✓
6	参与构建废旧产品收集网络	制造商	强制型	0.25	阶段3、4、5	✓			✓
7	设立独立的 EPR 管理机构	制造商	自主型	0.24	阶段3、4、5	✓	✓		✓
8	实施可持续设计、再制造设计、可拆解设计	制造商	自主型	0.32	阶段4、5	✓			
9	获取国家授权资格并实施 OEM-再制造	制造商	自主型	0.16	阶段1、2、3、4、5	✓		✓	✓
10	投入废旧产品回收再利用技术研发	制造商	自主型	0.26	阶段3、4、5	✓			
11	实施合同再制造	制造商→第三方合作商	自主型	0.27	阶段3、4、5	✓			
12	通过与第三方合作收集废旧产品	制造商→第三方合作商	自主型	0.30	阶段4、5		✓	✓	✓
13	参与制定合理的第三方委托废利用责任收费标准	制造商→第三方合作商	强制型	0.28	阶段4、5	✓	✓		
14	确保第三方废旧产品再利用过程的绿色化	制造商→第三方合作商	强制型	0.29	阶段4、5	✓			
15	要求第三方合作者标注合法的"再利用产品(再制造产品)"标志	制造商→第三方合作商	强制型	0.19	阶段2、3、4、5	✓	✓		
16	制造商和第三方合作者共享产品信息	制造商→第三方合作商	自主型	0.29	阶段4、5	✓	✓	✓	
17	给予第三方合作者先进生产设备、专业技术人员等支持	制造商→第三方合作商	自主型	0.31	阶段4、5	✓			
18	资助第三方合作者开展废旧产品回收再利用技术研发	制造商→第三方合作商	自主型	0.38	阶段5	✓			

205

编号 (k)	"X-EPR 责任体" EPR 实践项目 (1)[1]	EPR 实践参与者	(1)[b] EPR 实践类型	p_k	EPR 实践所属阶段 (2)	当前 EPR 实践情况			
						宝马	通用	本田	一汽
19	设立"废品回收业务"战略合作与市场拓展投资专项	制造商→第三方合作商	自主型	0.35	阶段5	✓			
20	建立专门的再利用产品(再制造产品)品牌	制造商→第三方合作商	自主型	0.35	阶段5		✓		
21	联合零售商开展再利用产品营销	制造商→零售商	强制型	0.15	阶段1、2、3、4、5			✓	✓
22	要求零售商在售前告知消费者有关再利用产品的真实信息	制造商→零售商	强制型	0.16	阶段2、3、4、5			✓	✓
23	联合零售商开展废旧产品收集业务	制造商→零售商	强制型	0.15	阶段1、2、3、4、5	✓		✓	✓
24	联合零售商收集再利用品使用反馈信息	制造商→零售商	自主型	0.23	阶段3、4、5	✓			
25	联合零售商履行再利用产品(再制造产品)的售后质保承诺	制造商→零售商	自主型	0.22	阶段3、4、5	✓			✓
26	联合零售商提供"以旧换新"服务	制造商→零售商	自主型	0.24	阶段3、4、5	✓	✓		
27	宣传并促使消费者履行汽车报废义务	制造商→消费者	强制型	0.17	阶段2、3、4、5	✓	✓		✓
28	规范消费者交付废旧产品的正规流程	制造商→消费者	强制型	0.21	阶段2、3、4、5	✓			
29	给予消费者再利用产品(再制造产品)购买补贴	制造商→消费者	自主型	0.25	阶段3、4、5	✓	✓		✓
30	疏通消费者产品使用信息的反馈渠道	制造商→消费者	自主型	0.23	阶段3、4、5	✓	✓		
31	政府制定广泛使用的EPR法规和核心企业(制造企业)的废旧产品回收标准	政府	强制型	0.21	阶段2、3、4、5	✓	✓		✓
32	政府监控制造业的EPR实践	政府	强制型	0.24	阶段3、4、5	✓	✓		
33	政府设立独立的EPR管理机构	政府	自主型	0.30	阶段4、5	✓	✓	✓	✓
34	政府制定"废旧产品回收奖励"政策(如提供生产和销售补贴)	政府	自主型	0.25	阶段3、4、5	✓	✓		✓
35	政府制定"废旧产品不回收惩罚"政策(如征收环境税和汽车回收处理费)	政府	自主型	0.25	阶段3、4、5	✓	✓		✓
36	政府给予第三方处理企业资源支持以鼓励其产业化发展	政府	自主型	0.36	阶段5	✓	✓		✓

编号(k)	"X-EPR责任体"EPR实践项目 (1)¹	EPR实践参与者	EPR实践类型 (1)ᵇ	p_k	EPR实践所属阶段 (2)	宝马	通用	本田	一汽
						当前EPR实践情况			
37	政府构建一个统一而广泛使用的产品流信息查询平台	政府	自主型	0.34	阶段5	✓			
38	行业协会定期汇报，公布汽车制造行业生产及废旧产品回收现状	行业协会	强制型	0.28	阶段4、5		✓		
39	行业协会引导汽车制造行业法成废旧产品回收共识	行业协会	自主型	0.25	阶段3、4、5	✓	✓	✓	
40	行业协会制定业内认可的行业生产标准和市场准入规则	行业协会	自主型	0.30	阶段4、5	✓	✓	✓	
41	行业协会组织业内重大问题、关键技术研讨会，优秀经验分享会等	行业协会	自主型	0.29	阶段4、5		✓		
42	行业协会建立一个消费者与其他EPR参与者的对话互动平台	行业协会	自主型	0.32	阶段4、5				
43	NGO监督整个汽车制造行业相关利益者的EPR实践情况	非政府组织（NGO）	强制型	0.22	阶段3、4、5	✓	✓		
44	NGO提供相关的协助，如协助回收废旧产品，说服参与者允许信息共享等	非政府组织（NGO）	自主型	0.35	阶段5				
45	银行、信贷公司等融资机构不歧视第三方回收处理商，且给予EPR实践绩优者适当的信贷利率优惠	其他支持机构	强制型	0.28	阶段4、5	✓	✓	✓	✓
46	高校、科研院所等参与政府或企业主导的EPR学术研究项目，为攻克理论或技术上的EPR实践难题做出贡献	其他支持机构	强制型	0.31	阶段4、5	✓	✓	✓	✓
47	银行、信贷公司等融资机构参与设计和开发更为有效的供应链金融产品，提供各类其他EPR相关服务	其他支持机构	自主型	0.37	阶段5	✓	✓	✓	
48	高校、科研院所等科研开发项目，且整合战略性的"高校-政府-企业"联合研发项目，且整合政府咨询公司等"管理咨询公司"等社会研究机构的智力资源，为综合治理汽车制造产业提供系统科学的理论和技术支持	其他支持机构	自主型	0.39	阶段5	✓	✓	✓	✓

$$PQ = \sum_{k=1}^{n} D_k^i$$

(3) "X-EPR责任体"当前EPR实践阶段

	宝马	通用	本田	一汽
当前EPR实践阶段	13.8	10.8	10.4	6.2
阶段	阶段5	阶段4	阶段4	阶段3

标号 (I)	"X-EPR 责任体" EPR 实践评估指标	EPR 实践现状描述	当前 EPR 实践情况			
			宝马	通用	本田	一汽
1	"X-EPR 责任体"领导者 EPR 认知度	基本不了解	√			√
		了解一点		√	√	
		深入了解				
2	"X-EPR 责任体" EPR 运营决策自由度	基本无决策权	√		√	
		部分决策权		√		√
		决策自由				
3	"X-EPR 责任体" EPR 实践流程标准度	无标准	√		√	√
		一般		√		
		高度标准化				
4	"X-EPR 责任体"单周期废品回收量	低于行业均值				√
		基本等于行业均值	√	√	√	
		高于行业均值				
5	"X-EPR 责任体"废品主要处理方式	简单粗暴（主要是再销售，修理和简单拆解方式）				
		较高附加值（原材料再利用与再制造方式并存）	√	√	√	√
		高附加值且环境友好（主要是再制造方式）				
6	"X-EPR 责任体"业务工作关系友好度（尤其制造商一供应商关系）	非常差或差				
		一般	√	√		
		好或非常好			√	√
7	"X-EPR 责任体"产品信息共享度	基本不共享				
		部分共享	√	√	√	√
		几乎全部共享				
		$PQ = \sum_{i=1}^{7} L_i$	14	20	10	6
		（4）"X-EPR 责任体"当前 EPR 实践水平	水平 1	水平 2	水平 1	水平 1

208

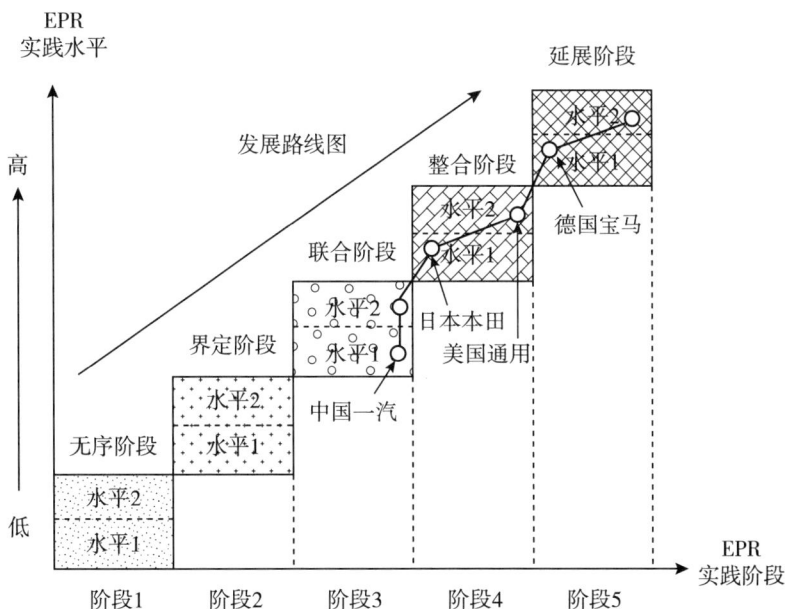

图 9 "案例企业—EPR 责任体"未来实践改进路径

4.3 案例研究启示

通过对四个案例企业主导的"EPR 责任体"展开 EPR 运作流程描述和 EPR 实践现状评价，除了发现它们所处的阶段和水平不同之外，本研究还发现了一些符合现实的有趣现象和研究启示。

（1）通用与合作者的协作水平比较低，尤其在技术研发的资金、人员支持等方面。这也符合美国的实情，因为在美国第三方市场化运作模式下，第三方回收商作为独立的产业，与原始制造商既是合作者关系，同时也是竞争者关系。

（2）宝马与合作者的协作水平比较高，在技术研发、信息共享、协商收费等方面展现出较好的优势。对于宝马来说，国家对废弃产品回收与再利用的管控强度很高，合同再制造是主要的模式，原始制造商和委托再制造商合作关系深厚，但是这也是此类依托原始制造商的再制造企业未来向产业化、市场化发展的一大障碍。

（3）一汽和本田比较具有相似性，国家干预程度均相对较高，政府扮演了推动者的角色，但相比美国和德国，日本和中国的行业协会、NGO、金融机构等的作用没有发挥出来，使得企业难以调动社会总资源，企业的实际运营绩效和政府的期望绩效间存在较大差距。另外，在日本和中国均存在双废品流通渠道，简单拆解后的二手零部件及原材料市场兴盛，这对正规回收渠道的产品回收和高附加值的回收利用运营产生了较大冲击。

（4）相较于宝马、通用和本田，以中国一汽为代表的中国汽车制造企业在前期的原始产品可回收设计、后期的再利用产品营销等方面实践不足，致使中国废品回收率、再利用率均相对较低，中国的再利用产品市场接受度也相对较低。因此，在当前情境下，中国应努力促使供应链企业、行业协会、政府、NGO、金融机构等各利益相关者达成 EPR 共识，规范正规渠道的回收流程，全面推进关键 EPR 实践环节的治理工作。

5. 结束语

本文对 EPR 运营实践的治理理论与方法展开了系统研究。首先，在分析 EPR 内涵界定及其相关理论基础上，肯定了制造型企业在 EPR 实践中的主导角色，明晰了 EPR 实践对制造型企业的重要影响，提出了"X-EPR 责任体"概念，即某制造型企业主导下的 EPR 责任共同体。进一步，本文将 EPR 实践治理问题引入成熟度模型框架中，提出了"EPR 成熟度模型"，开发了对应的"五步式"评估方法，为指导"EPR 责任体"改进 EPR 运营实践绩效提供了一套科学的理论与方法。

为了更加清晰地展示"EPR 成熟度模型"的构建过程及评估方法的应用过程，本文聚焦于汽车制造行业，选取中外四个典型"EPR 责任体"为研究案例，描述了其 EPR 实践运营框架，判断了其 EPR 实践的所属阶段和水平("德国宝马-EPR 责任体"属于{阶段 5，水平 1}，"美国通用—EPR 责任体"属于{阶段 4，水平 2}，"日本本田-EPR 责任体"属于{阶段 4，水平 1}，"中国一汽—EPR 责任体"属于{阶段 3，水平 1})，并进一步分析了其 EPR 实践的改进方案，探讨了不同案例企业 EPR 实践的差异。本文通过多案例研究，在验证"EPR 成熟度模型"应用价值的同时，也发现了一些有趣的、符合现实的现象，如美国通用与合作者的协作水平比较低，尤其在技术研发的资金、人员支持等方面，而德国宝马却与之相反，在技术研发、信息共享、协商收费等方面展现出较好的优势；中国一汽和日本本田比较具有相似性，国家政府的干预程度较高，但行业协会、NGO、金融机构等的作用没有发挥出来，而且均存在双废品流通渠道，当务之急是使各参与者达成共识，分工协作以整治正规回收渠道，全面推进关键 EPR 实践环节的治理工作。

接下来的研究将是集中精力设计一套适合中国汽车制造行业的 EPR 实践治理与规划方案，涵盖重点企业改进路径的设计、关键技术研发的资金配置、关键数据的收集与分析等。作为一个更长期的思考，将尝试设计一套更加科学而严密的 EPR 实践评估体系，并公布一份有关世界知名车企的"EPR 实践指数"，以便随时准确掌握全球汽车回收责任的实践进展。

◎ 参考文献

[1]李新然，吴义彪. 政府"以旧换再"补贴下的差别定价闭环供应链[J]. 系统工程理论与实践，2015，35(8).

[2]Achillas，C.，Vlachokostas，C.，Moussiopoulos，N.，et al. Decision support system for the

optimal location of electrical and electronic waste treatment plants: A case study in Greece [J]. *Waste Management*, 2010, 30(5).

[3]Agrawal, V. , Ferguson, M. , Souza, G. C. Trade-in rebates for price discrimination and product recovery[J]. *Kelley School of Business Research Paper*, 2015 , 15(11).

[4]Brouillat, E. , Oltra, V. Extended producer responsibility instruments and innovation in eco-design: An exploration through a simulation model[J]. *Ecological Economics*, 2012(83).

[5] Cahill, R. , Grimes, S. M. , Wilson, D. C. Review Article: Extended producer responsibility for packaging wastes and WEEE-a comparison of implementation and the role of local authorities across Europe[J]. *Waste Management & Research*, 2011, 29(5).

[6]Chan, J. W. K . Product end-of-life options selection: Grey relational analysis approach[J]. *International Journal of Production Research*, 2008, 46(11).

[7]Charter, M. , Gray, C. Remanufacturing and product design[J]. *International Journal of Product Development*, 2008, 6(3-4).

[8]Crosby, P. B. . *Quality is free: The art of making quality certain* [M]. New York: New American Library, 1979, 17.

[9]Gray, C. , Charter, M. Remanufacturing and product design: Designing for the 7th generation [D]//The Centre for Sustainable Design, University College for Creative Arts. Farnham, UK, 2007.

[10]Herbsleb, J. , Zubrow, D. , Goldenson, D. , et al. Software quality and the capability maturity model[J]. *Communications of the ACM*, 1997, 40(6).

[11]Humphrey, W. S. . Characterizing the software process: A maturity framework[J]. *IEEE software*, 1988, 5(2).

[12] Kovács, G. Corporate environmental responsibility in the supply chain [J]. *Journal of Cleaner Production*, 2008, 16(15).

[13]Kochikar, V. P. The knowledge management maturity model: A staged framework for leveraging knowledge[J]. *Proceedings of KM World*, 2000(1-9).

[14]Li, H. , Ji, Y. , Gu, X. , et al. A universal enterprise manufacturing services maturity model: A case study in a Chinese company[J]. *International Journal of Computer Integrated Manufacturing*, 2014, 27(5).

[15]Li, X. , Li, Y., Govindan, K. An incentive model for closed-loop supply chain under the EPR law[J]. *Journal of the Operational Research Society* , 2014, 65 (1).

[16]Lockamy, III A. , McCormack, K. The development of a supply chain management process maturity model using the concepts of business process orientation [J]. *Supply Chain Management: An International Journal*, 2004, 9(4).

[17]Maslow, A. H. A theory of human motivation[J]. *Psychological Review*, 1943, 50(4).

[18] Michaud, C. , Llerena, D. Green consumer behaviour: An experimental analysis of

willingness to pay for remanufactured products[J]. *Business Strategy and the Environment*, 2011, 20(6).

[19] Mosgaard, M., Riisgaard, H., Huulgaard, R. D. Greening non-product-related procurement-when policy meets reality[J]. *Journal of Cleaner Production*, 2013(39).

[20] Mosgaard, M. A. Improving the practices of green procurement of minor items[J]. *Journal of cleaner production*, 2015(90).

[21] Nagel, M .H. Environmental supply-chain management versus green procurement in the scope of a business and leadership perspective [C]//Electronics and the Environment, 2000. ISEE 2000. Proceedings of the 2000 IEEE International Symposium on. IEEE, 2000.

[22] Paulk, M. Capability maturity model for software [J]. *Encyclopedia of Software Engineering*, 1993.

[23] Paulzen, O., Doumi, M., Perc P., et al. A maturity model for quality improvement in knowledge management[J]. *ACIS 2002 Proceedings*, 2002(5).

[24] Pfleeger, S. L., McGowan, C. Software metrics in the process maturity framework[J]. *Journal of Systems and Software*, 1990, 12(3).

[25] Shu, L. H., Flowers, W. C. Application of a design-for-remanufacture framework to the selection of product life-cycle fastening and joining methods[J]. *Robotics and Computer-Integrated Manufacturing*, 1999, 15(3).

[26] Soh, S. L., Ong, S. K., Nee, A. Y. C. Design for disassembly for remanufacturing: Methodology and technology[J]. *Procedia CIRP*, 2014(15).

Research on Governance and Evaluation Methodology of EPR Operation Practice
——"EPRM"Construction and Multi-case Practical Application

Niu Shuiye [1]   Li Yongjian[2]

(1, 2 Business School of Nankai University; Collaborative Innovation
Center for China Economy, Tianjin, 300071)

Abstract: Based on the maturity theory and realistic practice, this paper studies the governance and evaluation method of EPR practice, and proposes "EPR Maturity Model" (EPRM2) for the special "Manufacturing Enterprises—EPR Community". By identifying EPR practice content and distinguishing EPR practice types, different stages and levels of EPR community's practice are determined, which depicts the mature process of EPR practice in accordance with the upgrade of Ad hoc Phase, Definition Phase, Linked Phase, Integrated Phase and Extended Phase. Further, this paper designs the building process and evaluation method for the EPRM2. Besides, taking four well-known automobile manufacturing enterprises as research cases, this article shows the actual application process of the EPRM and reveals EPR practices' different characteristics of four enterprises.

Key words：Extended producer responsibility（EPR）; EPR community; Multi-case study; Supply chain governance

专业主编：许明辉